U0165893

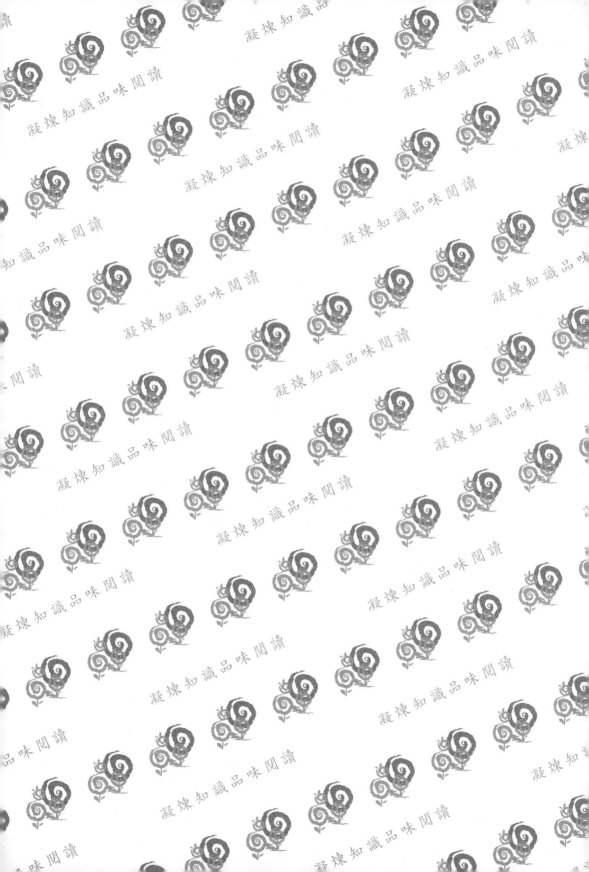

阿美族歌舞（1995 年花蓮縣奇美）

阿美族歌舞（1994 年台東縣長濱鄉白桑安）

卑南族的儀式（1986 年台東縣卑南鄉）

阿里山達邦村鄒族音樂調查（1974 年作者與鄒族高英明合照）

福佬民歌比賽（1981 年彰化縣員林）

搭錦棚演唱之南管曲（1979 年鹿港鎮龍山寺）

南管館閣之南管演唱型態（1986 年於金門城隍廟）

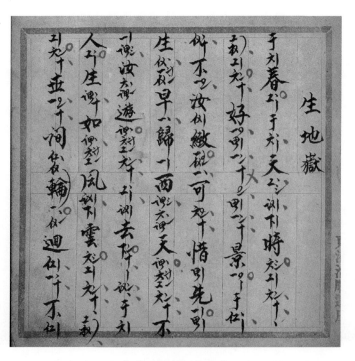

南管曲的樂譜樣式

交加戲的表演，前場使用南管唱腔（2004 年台北市保安宮）

交加戲的後場樂隊（2004 年台北市保安宮）

太平歌之演唱（1981 年於台南縣麻豆鎮）

北管細曲樂器全套（台北市王宋來藏）

知名北管細曲演唱家王宋來

北管細曲抄本樣式

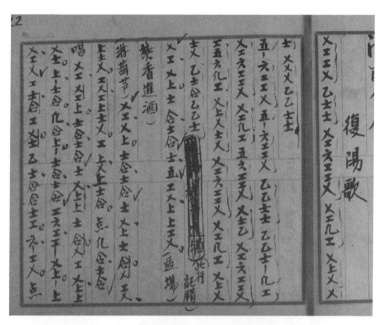

工尺譜形式的北管細曲樂譜

北管戲曲的表演（1997 年嘉義縣新港鄉）

北管戲曲的劇本俗稱總講

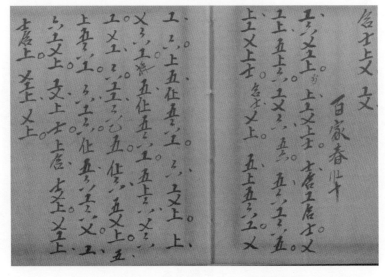

【百家春】為北管譜，並非南管曲

歌子戲之演出（1983 年宜蘭）

七字歌唱本

知名的布袋戲藝師李天祿操弄戲尪（1981 年台北市北投）

南管布袋戲的表演及後場（2004 年台北市）

小西園布袋戲班的後場樂隊（2002 年台北市大稻埕）

傀儡戲的表演（1996 年台北縣五股鄉）

東華皮影戲團的表演（1979 年台北市新公園）

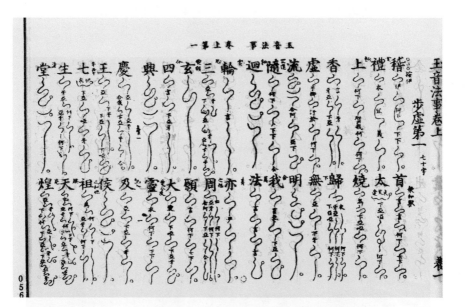

曲線譜──宋代的道曲樂譜

道教正一派建醮的儀式（1987 年桃園市鎮撫宮）

道教正一派建醮儀式的絲竹樂隊（1994 年三重市護山宮）

道教靈寶派建醮儀式（1987 年台南市鹿耳門）

道教靈寶派建醮儀式的絲竹樂隊（1988 年高雄縣茄萣鄉崎漏村正順廟）

法場奏狀儀式（1994 年三重市城隍廟）

法場送火儀式（1994 年三重市城隍廟）

Taiwanese Traditional Music :
Vocal Music

台灣傳統音樂概論

傳統音樂概論

●歌樂篇

呂鍾寬◆著

法國巴黎第四大學音樂學院高級研究文憑
國立台灣師範大學民族音樂研究所教授兼所長
國立台北教育大學音樂學系兼任教授

五南圖書出版公司 印行

懷念與感謝

音樂文化現象由創作者、展演者以及欣賞者所構織而成。台灣傳統音樂作品的創作者屬佚名之作,除了南管曲有樂譜傳世,其他諸多歌樂,完全依賴演唱者以流傳;亦即在台灣傳統音樂中,屬於藝術性的樂種,大體上只有展演者與欣賞者。民歌領域中,展演者在某層意義上則兼具創作者的腳色。在傳統音樂的世界,缺了滿腹樂曲以及技藝精湛的音樂家,將無法呈現豐富多彩的音樂文化,而台灣傳統音樂的藝術性,恐亦將黯淡無光。

本書的主體內容,可視為各類台灣傳統音樂的優秀藝師,其畢生演唱藝術的紀錄,作者有幸因調查傳統音樂的關係,能有機會結識各地的傑出藝師,因而增長了個人的見識以及音樂欣賞的品味。如今,隨著他們的逝去,加之學校音樂教育的偏差,技術養成訓練幾乎全面以歐洲古典音樂為內容,傳統音樂在後繼無人的情形下,部分的音樂藝術因而消失,令人覺得無限惋惜。

本書能夠順利出版,一方面要感謝五南出版社的董事長,以及承辦的工作人員,並藉此紀念,曾讓台灣傳統音樂添增光輝的音樂家:

黃根柏 (1910-1991)

鹿港雅正齋的館先生,洞簫、二絃的演奏技巧,最為南管音樂界推崇。他在南管曲的行腔轉韻方面的表現,為個人傳統音樂經歷中所僅見。柏先傳授南管的態度極其嚴格,作者向他學習的第一首曲【非是阮】,一整個下午才學了第一句,自認為已經模仿幾分,他仍直說不對,當時頗覺氣餒,對他的要求也覺得太誇張。若干年之後,才了解他所說的問題,並不在於曲調是否已經模仿得完全一樣,而在於唱唸頓挫的表現。目前南管的傳習活動雖盛於過去,「藝師」對唱唸頓挫的掌握已經難得,更遑論能在技術上對學習者有所要求。

林長倫（1924-1993）

從民國四十年代開始經營台南市南聲社。如果說，將台灣的南管推上國際，為南聲社藝術性表現的自然結果，我們認為最大的奉獻者，實非林長倫先生莫屬。他為人謙和，雖然獨立支持南聲社的活動經費，卻未聽聞他任何抱怨之詞。包括南聲社在內的館員、作者等，長年以來，以為他只是個支助經費的理事長，不會南管音樂藝術。約到了民國七十年，在某次閑居拍館的場合，由於館員人數不夠，他才下場演奏二絃，偶而又彈奏蔡小月女士演唱【風落梧桐】時的琵琶，才知道他的二絃音韻細膩，琵琶彈挑指法也頗為合節，且琶音圓潤。此後才了解，作為一個成功的傳統音樂團體的負責人，除了肯花錢與時間，又待人謙和之外，尚須懂得音樂藝術，自己則完全居於幕後，展技的機會則完全提供給館員。

葉美景（1905-2002）

北管戲曲大師，畢生從事北管戲曲的教學展演活動，所整理的北管戲曲總講（劇本）百餘冊，多屬於他演出過、或曾就教於師門者。他專習前場，能表現小生、老生、小旦、老旦等不同腳色的神韻。他九十歲高齡時，生命力仍極為旺盛，可以從關渡路步行，至國立台北藝術大學傳統音樂系教授北管，作者曾數次請他一起赴中部的北管館閣調查，從上午於台北火車站上車直到夜間，他皆精神抖擻，毫無倦容。

王宋來（1910-2001）

傑出的北管細曲演唱家。他從十四歲學得一套北管細曲，幸因他的優異音樂秉賦，該套樂曲得以保存流傳下來。作者認識王先生時，他已是八十多歲的高齡，演唱細曲的高亢音量，令人稱奇讚嘆，他笑答：我以前的音量像雷鳴一般宏亮，鄰居經常叫我小聲一些——每聞此言，實羨煞他的先天秉賦。

葉阿木（1918-2001）

投注四十餘年的時間與物力對北管館閣的經營，台灣最古老的北管館閣之一的梨春園，迄今仍能維持活力與藝術性，皆乃葉先生的功勞。在民國七十、八十年代，作者時而由台北到梨春園走走，開門進入館閣之後，一通電話，不出三分鐘，他老人家就騎著摩托車過來，並立即召集三、五館員前來，閒話北管遺事，或小唱一番，實令人難以忘懷。

同時也要感謝諸多南管館閣與北管館閣的樂友、道教界的道士朋友們，以及張鴻明先生（南管、台南市南聲社）、蔡小月女士（南管、台南市南聲社）、陳助麟先生（北管、彰化梨春園）、陳榮盛道長（靈寶派道士）、林舜卿道長（正一派道士）、朱坤燦道長（正一派道士）、李仙化先生（太平歌、麻豆鎮集英社）。

本書第二次印刷時，做了些必要的修訂，除了錯別字、詞彙的潤飾，主要修訂點，一為南管管門名稱、將原來的五空管訂為五孔管……，南管的樂曲組成、音階結構；釋教音樂—樂曲特徵。上述的疏誤，謹向第一版的讀者致歉。

呂錘寬 謹誌

2007 年 9 月 6 日

凡 例

一、本書敘述的內容，為台灣傳統音樂中的歌唱類部分，並不包括器樂音樂，如南管的指套、北管的牌子，或客家八音等。章節的編排，以生態的顯隱情形，依序為民歌、藝術類音樂、儀式類音樂，雖然其中的民歌已幾近失傳，至於儀式類音樂，則仍普遍存在廟宇的建醮或禮斗法會中。至於偶戲音樂，唱腔多從其他樂種或劇種吸收而來，在內容方面，彼此多有重複之處，故本書對偶戲音樂之描述，主要為偶戲的唱腔系統以及主要特徵，篇幅上乃較為簡短。

二、內文除以文字敘述、或分析樂種的相關現象，主要以樂譜表現各類台灣傳統歌唱類樂曲的曲調樣式。藝術類音樂中的南管或北管，雖都有傳統的樂譜，至於民歌或儀式音樂則皆以口傳，並無記譜法，因此，本書的所有樂譜都以五線譜呈現，而未以傳統的譜式工尺譜記譜。

三、有關五線譜的調性標示，南管屬於固定調系統的音樂，根據各首曲子的管門，倍士管、五孔管、五孔四仪管、四孔管等，分別以 D 調、G 調、C 調、F 調記譜。民歌、北管、歌子戲、偶戲音樂以及儀式音樂等，由於皆屬於首調系統，樂譜統一以 C 調記譜。

四、有過門的歌唱類樂曲，如北管戲曲、歌子戲唱腔，由於有過門的緣故，五線譜之中，以縮小比例的曲調表示過門，音符較大者為唱腔。唱詞的部分，以楷書體表示唱段的本辭，較小的細明體為聲辭或襯詞。

五、樂譜中的拍子與速度標示：南管曲的拍子結構不同於其他的樂種，每拍實由兩個小拍組成，故其拍子單位以二分音符表示，其餘樂種的拍子單位都相同地為四分音符。速度方面，南管曲的速度與拍法一致，亦即拍法越大速度越緩慢，故南管曲的部分不另行標示速度；其他樂種由於個別因素較大，且無固定的速度語彙，因此，都分別給予速度的標示，方法上為標示每分鐘多少拍

（beat），而不採取規約式的標示，如：慢板、行板等。

六、本書的所有樂譜，都為作者親自採譜，故每首樂曲的作曲者欄位，都不再另行標示採譜者，該欄位所標示者，包括樂種（或劇種）名稱、演唱者、錄音日期、或錄音地點等。

七、文中偶以羅馬拼音標示某些專有名詞或術語，聲母與韻母所採用的標示符號，主體上與沈進富編輯之《彙音寶鑑》相同，至於對「蕭毫」韻的韻母，則以 au 表之，而非 ao，原因為：五線譜中分析唱詞聲韻與曲調關係時，如根據唱詞與旋律的相應關係，將 ao 標示為 a----o 時，該組符號的聲音將不符於實際的語音。詞組後面上移的阿拉伯數字，表示語彙的聲調，上移的 n 表示鼻腔共鳴的語音，如天：thi^{n1}，至於鼻音字的 n，仍標示於同位置，例如安：an^{1}。

八、關於年代的表示，一般性的行文以西元紀年，如為某項法規或政策，則以民國表示，例如：國立傳統藝術中心於於民國八十五年執行、為期六年的『民間藝術保存傳習計畫』。

九、有關特殊字串的定義符號：

　【】：單篇的樂曲單位，如：【思雙枝】、【風入松】。

　〈〉：多樂章組成的樂曲或戲劇的折子，如：北管細曲〈昭君和番〉、
　　　　北管古路戲〈送妹〉；或單篇文章、專書的某一章。

　《》：專著，如：呂訴上著《台灣電影戲劇史》。

　『』：政府頒訂的法規或計畫，如：『民間藝術保存傳習計畫』。

　（）：對前面句子的補充文字，如：頭手絃（殼子絃）。

　「」：樂種專用的名詞或術語，如：「大倍」、「過枝曲」。

目 錄

第一章

總 論

　　本書所描述的音樂對象，為存在於台灣已經有相當長的歷史，且與傳統社會的習俗生活，產生相當互動關係的音樂品種而言；至於流傳於城市社會、以商業為主要導向的音樂，亦即通稱的流行歌或通俗音樂（popular music），並不在本書的論述範圍。此外，從二十世紀六十年代開始，盛行於城市的歐洲藝術音樂，雖已經成為某些階層常態生活的一部分，它的生態且比南管或客家八音為蓬勃，不過這類音樂作品的來源極其明確，都為歐洲作曲家的創作，且皆無台灣的歷史文化內涵，而該類音樂的內容、特徵等，不但市面有豐富的有聲與文字資料，從小學、國中以迄高中的音樂課，多數人多經歷長達十年的歐洲古典音樂洗禮，本書當更無須對此類音樂有任何的著墨。

　　以呈現方式觀之，台灣傳統音樂可分為歌唱類音樂以及器樂，兩者的生態雖有部分重疊，所反應的文化生活則有基本的差異，例如：民歌反應勞動生活或社會狀態，鼓吹音樂則反應宗教民俗；此外，歌唱類音樂與器樂的藝術性也有基本的差別。至於漢族各種歌唱類音樂之間，也存在若干相同的現象，例如：車鼓弄的表演所演唱的曲調，多吸收自南管曲；太平歌所演唱的曲目，大體上也與南管曲相同。為了呈現台灣傳統音樂之間的

相關現象，因此，本書乃以其中的歌唱類音樂為內容；至於器樂的部分，將以另外一部著作《台灣傳統音樂概論・器樂篇》論述之。

台灣傳統歌唱類音樂概述

由於歷史與文化背景的不同，台灣不同民族之間的音樂文化現象差異性頗大，很難一以貫之地用相同的架構論述。例如：漢族的戲曲音樂頗為繁盛多樣，原住民各族皆無。因此，本書在進行具體的描述時，基本上採取二分法──原住民音樂與漢族音樂。內容材料方面，除了第二章〈民歌〉之外，其餘各章所描述分析者，都為漢族社會的音樂文化現象。

㊀樂曲之分類

歌唱類音樂與器樂構成台灣傳統音樂的總體，兩者各有獨特的生態，不過也有重疊之處，如以樂種型態存在的南管與北管，相同的空間（館閣）即同時並存器樂與歌樂。關於音樂的分類，從不同角度切入，能有不同的分類。台灣的原住民音樂雖具有源流以及音樂樣式方面的獨特性，以數量言之，漢族音樂乃台灣傳統音樂的主體，而台灣的漢族傳統音樂，主要為源自中國大陸；因此，關於台灣傳統音樂的分類及其特徵，有必要回顧中國古代以及當代傳統音樂的分類概況。

1.中國古代的音樂分類

中國古代的哲學家兼音樂學者孔子，根據音樂的功能性，提出一套頗有系統的分類，他以三分法將當時的音樂分為風──民俗音樂、雅──藝術類音樂、頌──儀式音樂，並具體地表現於當時的音樂總集《詩經》，

該分類不但簡明且全面，使用的分類詞彙也極符合類目的內容；以「風」描述民歌的多樣性，「雅」體現宮廷燕居音樂的特質，「頌」刻化儀式音樂稱頌神明的特性。漢朝以後，以封建階級為主流的音樂系統，分類架構則採行二分法，將宮廷音樂分為雅樂、燕樂，此後中國音樂史所稱的雅樂，已經不是先秦時所稱的燕居之樂；至於常民階層的音樂，似乎已淡出主流的音樂史，不若先秦時期仍將常民音樂列為音樂的內容之一。

　　隋唐音樂活動的蓬勃，向為治中國音樂史的學者所樂道，當時的音樂也存在雅樂－燕樂（或俗樂）之分，具體的音樂生活則以樂曲的來源，以列舉式進行分類。在唐代中葉以前，該分類名目計有七部伎、九部伎、十部伎，進而則以演奏型態分為二部伎。宋代音樂基本上承襲唐代之舊，至於分類方面則出現了另一種三分法——雅部、俗部、胡部[1]，其中的雅部即漢或唐代的雅樂，俗部即俗樂或燕樂，胡部則泛指外國音樂。從元代以後，中國音樂在樂器、樂曲方面續有發展，音樂的系統分類上仍延襲前代之舊，並無基本的變革。

2.中國傳統音樂五大類

　　相較於古代，近數十年來的中國音樂研究日漸蓬勃，因應學習或研究的需要，乃出現了較為全面的音樂分類法，其中首當為由中國藝術研究院音樂研究所的研究群，於二十世紀六十年代所提出的傳統音樂五大類、或民族音樂五大類[2]，五大類的名目分別為：民歌、舞蹈音樂、說唱音樂、戲曲音樂、器樂。傳統音樂五大類所涉及的對象，主要為漢族音樂；對少數民族音樂而言，則有極大的不適用性。雖然如此，對生態多樣的漢族宗教儀式音樂，仍完全未觸及。傳統音樂五大類在分類上的侷限性，應為音樂

---

[1] 雅部、俗部、胡部的三分法，可參見宋·陳暘《樂書》中的樂器分類。

[2] 傳統音樂五大類的內容，參見中國藝術研究院音樂研究所編《民族音樂概論》（1964，北京：人民音樂出版社）。

學術研究發展過程，以及特定政治背景因素所造成。在二十世紀六十年代，中國傳統音樂的學術研究方肇始，以漢族學者為主體的音樂學者，對中國境內少數民族音樂的陌生或尚無接觸，應能夠理解。至於該時期的社會生活，在無神論的共產制度下，學術界當無法觀察到儀式音樂的活動。換言之，傳統音樂五大類在分類法上雖不周全，在考慮了政治因素之後，可以發現該分類實際上反映了特定時代的中國傳統音樂活動內容。

為了修正上述的傳統音樂五大類的缺點，音樂學家許常惠曾提出六大類的分類法[3]，除了另加入一類，分類順序也有所調整，而為：民歌、說唱、戲曲、器樂、舞蹈音樂、祭祀音樂。無論傳統音樂五大類或六大類，分類依據基本取法於演奏型態，而漢族傳統音樂經常有互用的情形，如戲曲音樂即包括歌樂與器樂，因此，戲曲音樂與器樂如何妥當地分割？而中國傳統音樂的生態，經常以具有相同歷史背景為基礎，成群組性的活動，亦即今日的中國音樂學界所稱的「樂種」，如西安鼓樂或福建泉州地區的絃管音樂，兩者實際上都包括歌樂與器樂，如以「五大類」處理，勢必要將相同性質的樂種進行切割。

3.台灣傳統音樂分類

關於台灣傳統音樂系統的分類，以功能切入，作者認為可分為儀式性音樂、民俗性音樂、以及藝術性音樂，基本上與孔子對周代音樂的分類一致；至於類目順序，則考慮了音樂產生的根源性，將儀式音樂列為第一目，藝術音樂為第三目。

儀式性音樂

以宗教言之，台灣傳統音樂中屬於儀式性者，計有佛教音樂、道教音

---

3 傳統音樂六大類分類法，參見許常惠著《民族音樂學導論》（1993，台北市：樂韻出版社）。

樂、法教音樂以及原住民自然宗教音樂;以生態觀之,則以道教音樂最為蓬勃,且有多樣的音樂文化現象。台灣的道教儀式,以道士的道法傳承,大體上分為正一派與靈寶派,兩者各分布於台灣的北部與南部,音樂風格差異頗大,對唱詞的處理方式也極為不同,提供了唱詞處理技巧豐富的材料。根據儀式主持者身分的不同,台灣的佛教儀式可分為寺院佛教儀式與鄉化佛教儀式:前者的主持者為經由剃度、過著戒律生活的和尚;後者為茹葷且育有家室的常民,為了與正統的佛教有所區別,該文化圈乃自稱「釋教」。

民俗性音樂

民俗性的音樂主要為民歌,其次為民俗節慶場合的音樂。前者為歌樂,後者多為器樂,曲調皆有頗高的不穩定性,亦即隨著人、事、時、地等因素的不同,而有不同的內容,因此,並不適於作為演唱技巧分析的材料,這類型的音樂適於作為區域文化或民俗研究的材料。由於社會生活的演變,漢族民俗性音樂中的民歌已幾近消失,目前所見的少數福佬民歌或客家民歌,都已經相當程度地被藝術化;至於原住民的民歌,仍存在於他們的儀式或休閒生活中。

藝術性音樂

藝術性音樂,指作為人們休閒娛樂的音樂節目,漢族的南管音樂、北管音樂以及戲曲音樂等,雖以廟會為主要的活動場所,而出現於該空間的諸多音樂戲曲,乃以敬神為名義的娛人活動。藝術性的音樂屬於歌唱者,可根據樂曲的源流以及音樂系統的不同,主要分為南管曲系統與北管戲曲系統,此外則為民歌系統,包括歌子戲與客家採茶戲。南管曲的系統包括南管館閣中的曲、太平歌、車鼓調、南管戲唱腔、交加戲唱腔,而道教靈寶派與釋教儀式也吸收了部分南管的曲調。北管曲系統包括北管館閣中的細曲、新路戲曲、古路戲曲、扮仙戲曲,後三種也見於北部的布袋戲與傀

傀戲，至於歌子戲舞台偶也吸收北管戲曲唱腔。

　　根據功能的不同，雖可將台灣傳統音樂分為上述三類，如從呈現的媒介觀之，實可將台灣傳統音樂簡化為歌唱類音樂與器樂，由於媒介的不同，故兩者風格的區別也頗為明顯。歌唱類音樂方面，雖也能隨著曲調構成或組織的差異，產生不同的風格，至於演唱時對唱詞予以不同的處理，也能讓相同的曲子產生不同的趣味。

歷史與文化背景

　　音樂可以怡情養性，調和人際社會的情緒，向來為各個社會所重視。例如：中國古代的統治者以音樂為教化的工具，士大夫階層視音樂為修身養性的媒介，兩者都極肯定音樂的功能。雖然如此，中國社會對音樂的從業人員則採取鄙視態度，俗語「上衰剃頭、歕（pun[1]）鼓吹」即為這種心態的寫照。對知識份子而言，音樂僅作為休閒娛樂的工具，而並非一門學問；所以即使中國古代的文章汗牛充棟，記錄各代音樂內容或生活的文字則寥寥可數，中國歷代各朝雖都有音樂志之編撰，內容皆為宮廷音樂的律制以及祭典樂章，並未涉及常民的音樂。因此之故，中國古代豐富的常民音樂，並未留下多少具體的音樂資料。

　　如果要問台灣傳統音樂出現於何時？並無法一言以蔽之，要解答台灣傳統音樂的歷史問題，需把民歌與其他藝術性音樂（以及儀式音樂）分開討論。不論漢族或原住民的民歌，都藉著口述流傳，毫無文字資料作為歷史發展論述的依據或佐證，因此，要論述某首民歌產生於何時，不可能獲得滿意的答案，我們所能討論的民歌現象，應為它所描述的社會文化特徵，例如：客家民歌的【老山歌】，為人們在採摘茶葉的勞動生活下之心境情態；恆春民歌【思雙枝】的多樣性，不但描述了該地的地理特徵，也反映農業生活、歲時民俗。時下的書寫形式，多將【思雙枝】寫為【思想起】，相關的分析參閱第二章〈民歌‧福佬語民歌〉。

原住民各族民歌的情況亦然，由於原住民皆無文字，其音樂的歷史發展問題，並無法經由文獻獲得佐證，至於豐富的原住民音樂曲目，除了休閒娛樂之外，能作為各民族社會或文化特徵的分析材料，例如：多數民族的歌唱樣式皆以合唱或眾唱為主，顯示原住民社會生活或勞動生活的群居特性；曲目之中的飲酒類歌曲也相當豐富，則為閒居娛樂生活主要形式的寫照。

至於漢族的藝術類音樂與儀式類音樂的歷史問題，則能透過兩種途徑尋求解答：上述漢族音樂除了歌子戲之外，樂種或劇種的原型多從中國大陸傳入，主要來源則為福建省的泉州與漳州，例如南管音樂與北管音樂。針對由中國大陸傳入之樂種或劇種歷史的探討，本質上應為中國傳統音樂歷史研究的課題之一，該些樂種或劇種都與歷史上的音樂文化有關，例如：南管音樂與唐宋時期的大曲、宋代的南戲，以至於明代的傳奇等，都有源流關係。由於擁有可互為佐證的歷史材料，上述各種類的音樂歷史，都能獲得相當程度的追溯。

作者認為，上述源自中國大陸的漢族音樂的歷史探討，重點應為它們何時傳入台灣，以及與台灣傳統社會之間的互動關係。漢族音樂傳入台灣的歷史，可以透過廟宇的興建與發展獲得實體證據。根據漢人的傳統習俗，每個聚落都有廟宇以作為人們的保護，廟宇的興建年代則有相關的記載，在「有廟宇就有音樂戲曲活動」的習俗下，掌握了廟宇與迎神賽會的發展，自能呈現傳統音樂與戲曲在台灣的歷史發展。

(三)分　布

台灣的歌唱類音樂之分布，大體上與民族的分布一致：原住民音樂分布於中央山地及其以東地區，由於民族的人口有多寡的懸殊，故分布地區也有大小之別。阿美族為原住民最大的族群，居住於台灣東部沿海一帶，從花蓮縣、台東縣一直到屏東縣的恆春。泰雅族也屬於大族群之一，分布

地區涵蓋花蓮縣、宜蘭縣、台北縣、南投縣等地。至於小的族群，如達悟族（昔稱為雅美族），居住地區為蘭嶼；賽夏族為新竹縣五峰鄉與苗栗縣南庄鄉；幾近漢化的邵族，居住地為日月潭附近。

　　漢族音樂中的客家民歌，分布於北部桃竹苗台地的客家莊，以及高雄縣美濃鎮一帶。南管音樂主要分布於鹿港鎮與台南地區，而高雄地區、台北市、基隆市，以及澎湖、金門等地，也有南管曲的演唱活動。北管戲曲主要分布於中部地區的彰化市、鹿港鎮、台中市、豐原市，北部地區的台北市、板橋市、基隆市以及宜蘭縣。歌子戲與布袋戲的分布較無地域性的特徵，它們的活動型態為職業營務，凡是有廟會之處，大體上就有歌子戲或布袋戲的演出活動。皮影戲的劇團分布於高雄縣，至於傀儡戲劇團，由於有風格的區別，北部的傀儡戲班主要見於宜蘭縣，南部的傀儡戲分布於高雄縣；由於皮影戲或傀儡戲都非業餘的劇團，都為各鄉鎮根據習俗之需而聘僱演出，因此，劇團的分布雖有區域特徵，演出活動則無此限制。

第二節

演唱方式概述

　　演唱方式，指歌曲的組織以及呈現的方式，由於原住民音樂與漢族音樂的組成型態極為不同，故本文乃將兩者的歌唱方式分別論述。

㈠原住民音樂

　　台灣原住民音樂有不少極為特殊的曲子，有的可以提供音樂起源的材料，如布農族的【祈禱小米豐收歌】，或音階形成的例子，如賽夏族的【取尾歌】，屬於最簡單的二音音階形式，至於複音音樂的例子更是不勝枚舉。由於台灣原住民音樂的多樣性與豐富性，因此，吸引了不少音樂學者的投

入，其中累積性成果最為豐富者，為日本學者黑澤隆朝、我國的學者呂炳川，許常惠教授也有頗為豐富的實地調查資料傳世，三位對原住民音樂都提出了一套演唱方式的分類。依黑澤隆朝的見解，他認為台灣原住民歌唱方式可分為三類[4]：

> Ⅰ單旋律的歌謠：應答唱法、朗詠唱法、民謠調
> Ⅱ和聲的歌謠：協和音唱法、自然和音唱、自由合唱
> Ⅲ複旋律的歌謠：4度並行唱法、カノン（canon）唱法、斜進行唱法、對位法的唱法

呂炳川教授對原住民演唱方式的觀點，並未提出一套較具系統的分類，他以列舉的方式，將台灣原住民的歌唱樣式分為：對位法唱法、協和音唱法、異音性唱法、並行唱法、輪唱唱法、應答唱法、持續音唱法、變奏曲唱法、半音階唱法，共計九類[5]。另根據許常惠教授，他將台灣原住民音樂的歌唱形式分為四大類[6]：

> Ⅰ單音唱法：朗誦唱法、曲調唱法、對唱法、領唱與和腔唱法
> Ⅱ複音唱法：五度或四度平行唱法、頑固低音唱法、輪唱法、自由對位唱法
> Ⅲ和聲唱法：自然和絃或泛音唱法、協和和絃唱法
> Ⅳ異音唱法：異音唱法

綜觀上述三位學者的分類，大綱方面雖有差異，細目方面基本上則一致，而要以黑澤隆朝的分類較具邏輯性，因此，本書乃採取黑澤隆朝的分

4　引自黑澤隆朝著《台灣高砂族の音樂》，第10頁。
5　參見呂炳川著《台灣土著族音樂》，第13-14頁。
6　引自許常惠著《台灣音樂史初稿》，第27頁。

類法。

1.單旋律唱法

單旋律唱法，指樂曲由單一曲調構成，如以樂曲的曲調結構言之，可分為抒情性或旋律性的歌曲，以及朗誦式的敘事歌。歌唱樣式採用單旋律唱法的朗誦式者，主要為達悟族與賽夏族，阿美族與卑南族的民歌中，也有相當數量的單旋律歌曲，曲調則為抒情式，亦即黑澤隆朝分類「單旋律的歌謠」中所指的民謠調，或許常惠分類「單音唱法」中的曲調唱法。

2.和聲唱法

和聲唱法，指樂曲由兩個以上的聲部組成，其中有一個為主要聲部，其餘則作為和音，根據聲部之間音程的組織關係，和聲唱法又可分為協和音程唱法與非協和音程唱法。關於協和音程或非協和音程的定義，本文所採取的觀點為物理學上的泛音現象，即 do-mi-sol 為協和音程，do-re 或 do-si 屬於非協和音程，而非漢族音樂、歐洲藝術音樂或原住民音樂的觀點。以居住在山上的民族言之，樹葉的沙沙聲或山澗的淙淙聲，為伴隨著民族生活的自然音響，本質上，風擺樹葉或泉水的音響並非協和，不過對山上的自然民族而言，它乃當下環境的天籟，因此，以原住民的觀點，應不至於將我們所不熟悉的沙沙聲或淙淙聲，視為非協和的音響。

和聲唱法中的協和音式歌曲，主要見於布農族與鄒族，兩族的歌曲有相當多採取此類唱法，且旋律音程與聲部之間的音程都相同地以 do-mi-sol 為主。非協和音唱法的現象較為多樣，一種為在旋律聲部之外，以一個聲部持續演唱相同的音，該音通常為調的主音，這種演唱樣式，通稱為頑固低音唱法或持續音唱法，可見於排灣族與魯凱族。

3.複音唱法

複音唱法，指樂曲由兩個以上的聲部構成，且聲部之間的旋律進行為

交錯的關係，亦即彼此之間的節奏型態並非齊一的，而是呈此起彼落的關係。複音唱法最突出的例子當為阿美族，該族的這類歌曲，不但曲調華麗，節奏輕快，演唱者的音色且極為明亮，讓人聞之頗為振奮。

㈡漢族音樂

漢族音樂的演唱方式隨著樂曲的性質而異，不論以何種方式歌唱，都屬於單旋律式的音樂，並無如原住民的複音音樂或和聲音樂。

1.獨唱

獨唱，指由一個歌者演唱的方式。多數的漢族民歌都屬於獨唱方式，且都相同地為清唱，無樂器伴奏。以樂器伴奏的方式屬於城市化，或樂曲轉化為藝術歌曲之後的現象。漢族民歌城市化之後，常加上樂隊伴奏，今日所聽到的客家民歌，常都以板胡、大椰胡、秦琴、洋琴，以及鼓、鑼等伴奏，即是明顯的例子。恆春民歌的曲調，某些藝人（如陳達）則藉著月琴彈唱，用以述說長篇的故事，此時的表演形式實已經轉變為說唱。

藝術類歌曲中的南管曲、太平歌、北管細曲等，都相同地由一個人獨唱，並以絲竹樂隊伴奏，歌唱者在演唱的同時，並需擊奏一件節奏性樂器──拍或板。至於戲曲唱腔，多數的情形也都採取由單一腳色演唱，不但如此，且有整出戲僅由一個腳色演唱到底者，如北管戲〈架造〉，或交加戲〈昭君出塞〉。

2.對唱或輪唱

對唱，指同一首歌曲由兩人輪流地各唱一句或一段，這種唱法偶可見於漢族的民歌，如：客家民歌中的【病子歌】，為男女兩人的對唱；恆春民歌中的【思雙枝】，也有以兩人對唱的例子。輪唱為由若干人輪流唱一首樂曲，這個詞彙則用於戲曲之中。不論對唱或輪唱，音樂的現象實相同。

漢族民歌中有少數對唱之例。

3.眾唱

眾唱，即一首曲子由多人一齊演唱，這種方式也能稱為合唱，不過目前音樂術語的合唱（chorus）已經具有特定用法，指由數個聲部組成的樂曲，亦即合唱除了作為演唱形式，合唱曲則成了特定結構的樂曲體裁之專稱。由多人演唱同一曲子的情形，主要見於道教正一派、道教靈寶派以及釋教的儀式，歌子戲劇場也偶有二或三位腳色合唱的現象，至於北管戲，根據實際調查，並未聞眾唱的情形。

4.幫腔

幫腔，指由特定的歌唱者演唱樂曲的主要部分，並由另一群在場的人員幫唱樂段的下句或疊唱的部分，這種演唱方式主要用於道教與釋教儀式，道教正一派與靈寶派都有這種唱法。幫腔唱法中，一首樂曲分為主要唱腔與幫腔，主要唱腔由「特定歌唱者」演唱，其中的「特定歌唱者」為儀式主持者，亦即道士或釋教的法師，幫腔部分由後場樂師擔任。

漢族民歌、南管曲、北管細曲或北管戲曲等，都無幫腔的現象；至於南管戲或南管布袋戲等，則仍有幫腔。

第三節

唱唸法概述

唱唸法為漢族歌唱類音樂的特色，原住民語言屬於拼音式，故無唱詞如何處理的問題，因此，本節所描述者為漢族傳統音樂的現象，並未包括原住民音樂。在台灣的漢族音樂文化中，歌唱類樂種的風格形形色色，據個人的初步研究，認為因素之一，為各個樂種對唱詞的不同處理技巧。總

體歸納之，台灣傳統歌唱類音樂的唱詞處理方式計有：分解字音、加聲辭、以及加語辭三種不同的方式。

㊀分解字音唱法

分解字音唱法，指演唱之時將歌詞的語音分解，並逐次地用各音節的語音對應於旋律的唱法。分解字音唱法為漢語系歌唱類音樂的特點，此一特徵乃源於漢語語文之間的特殊關係。本文所分析的主要材料——南管與北管，雖使用不同的語言，如南管使用泉州話（或福佬話），北管使用稱為「正音」的中國北方話，然而文字上都相同地為中文或漢字，漢文屬方塊字型，文字之中並無記錄它的聲音，然而每個方塊字型所能表述的聲音，最多者可有三個音節，例如：東：由tu-o-ong，或都－喔－翁組成；江：由chi-a-ng，或基－阿－尫組成；蕭：由si-a-u，或西－阿－烏組成；歡：由hu-a-an，或乎－阿－安組成。

換言之，凡屬於東同、江陽、蕭豪、歡桓、天田等韻部的詞，語音皆由三個音節組成。關於歌曲演唱時口法的技術問題，十六世紀的曲論家已有頗為細膩的處理，其中要以明代曲論家沈寵綏的研究最具有系統性。根據沈寵綏對演唱中歌詞聲音結構的分析，他認為[7]：

> 凡數衍一字，各有字頭、字腹、字尾之音，頭尾姑未釐指，而字腹則出字後勢難遽收。尾音中間另有一音，為之過氣接脈，如東鍾之腹，厥音為翁紅。——由腹轉尾，方有歸束。今人誤認腹音為尾音，唱到其間皆無了結，以故東字有翁音之腹，無鼻音之尾。……

關於歌唱時的歌詞處理法，在沈寵綏的論著之中的篇幅頗多，可見該

---

[7] 引自沈寵綏《度曲須知》之〈收音問答〉。

一技巧在中國古典藝術歌曲中所佔的重要性。從沈寵綏的分析中，已清楚地提出漢語的歌詞在演唱之時分解為字頭、字腹、字尾等三個音節的情形。

在採用分解字音唱法的漢語系歌唱類音樂中，由於單字的音節仍有三節的情形，因此演唱時的唱唸法又分為字頭音唱法、字腹音唱法、以及字尾音唱法：

1.字頭音唱法

字頭音唱法，指在演唱之時以字頭音對應該唱詞大部分的旋律，至於字腹音與字尾音所佔的時值頗短，且幾乎同時在曲調將要結束之時一齊出口。採取歌詞的第一個音節——字頭音的唱唸法，係用於南管曲以及南管戲曲之中。多數的南管曲以及南管戲曲的演唱，都以歌詞的字頭運腔。

2.字腹音唱法

字腹音唱法，指演唱之時以字腹音對應於該唱詞大部分旋律，至於字頭音與字尾音所佔的時值比例則甚短。採取歌詞第二音節為主要腔值的唱唸法，最顯著的樂種當屬崑曲中的南曲；其次，如以劇種分布的廣泛性與藝術層次論之，則當為京劇，至於中國各省的代表劇種如豫劇、秦腔、越劇等，唱唸口法仍以分解字音之字腹音唱法為主。而台灣的傳統戲曲採此一唱法者，主要為北管的扮仙戲、細曲，至於歌子戲與靈寶派道曲仍有此種唱唸法。

多數北管扮仙戲的音樂屬曲牌體，該些曲牌屬於北曲的系統，若干劇目如〈天官賜福〉、〈卸甲〉，並與保存於崑曲中的同名劇目相同。北管扮仙戲中的崑腔唱唸法，仍採用與崑曲的方法一致，即分解字音之字腹音唱法。北管中的細曲的唱唸口法較為多樣，惟仍以分解字音的字腹音唱法的技巧為主，與崑曲或京劇之中的情形是相同的，如〈昭君和番〉的第一牌，歌者對唱詞的處理方法，大體上以採取分解字音為主，腔值較長的字如想、王，字腹音所佔的時值比例都超過一半以上。

3.字尾音唱法

　　字尾音唱法，指演唱之時以字尾音對應該唱詞大部分的旋律，至於字頭以及字腹音的時值則相對地短。以目前所知者，中國傳統戲曲以及藝術歌曲採用字尾音唱法的實例，只有部分南管曲，其他劇種是否有採用此一唱唸法？仍有待進一步的調查分析。如根據作者對崑曲、京劇、河南梆子、秦腔、越劇等之了解，仍未發現有以字尾音唱法的情形。

　　當本人在音樂風格的課程首次提出字尾音演唱的方法時，由於日常所接觸的戲曲、藝術歌曲，甚至民歌，並無此種唱法，因此心理上總覺得有些怪異，後來印證以明代曲論家沈寵綏先生的文章時，發現該唱法乃元明時期北曲的常態唱唸口之後，才逐漸習以為常。據沈寵綏在其論著《度曲須知》的分析[8]：

　　　　予嘗刻算磨腔時候，尾音十居五六，腹音十有二三，若字頭之音，則十且不能及一。蓋以腔之悠揚轉折，全用尾音，故其為候較多；顯出字面，僅用腹音，故其為時稍促。

　　上文沈寵綏對演唱時歌詞音節長短的分析，描述得頗為詳細且明確。論中所稱之磨腔當非指崑曲，果是，則以我們所知崑曲中南曲的唱唸法，皆採用字腹音唱法的情形，就須視為清代以後所產生的巨大改變。南管曲唱唸口法的系統為字頭音唱法，少數曲子則有字尾音唱法，如【玉交枝南北交・心頭悶憔憔】。

---

8 引自沈寵綏《度曲須知》之〈字頭辨解〉。

㊁加聲辭唱法

聲辭，指在歌曲的演唱中，只有聲音而無實際意義的語辭。加聲辭唱法為演唱之時不將歌詞的語音分解，而在出口之時即將整個字面交代完畢，歌詞所對應的其餘旋律則以歌詞以外的聲音敷唱。以歌唱的節奏言之，唱詞的字面在半拍的時值內即可予以交代，因此歌詞的旋律如有一拍以上之時就需要應用聲辭。

以整體中國的傳統戲曲與古典藝術歌曲觀之，完全沒有使用加聲辭唱法的樂種，據信只有崑曲：即使藝術性極強並講究唱唸法的南管曲，系統言之，仍有加聲辭的唱法。加聲辭唱法主要用於各地方戲以及民歌類的歌曲，根據所加聲辭的系統性，此種唱唸法可分為加單聲辭唱法以及加多聲辭唱法。

1. 加單聲辭唱法

加聲辭唱法指演唱時給予每一個唱辭所加入的聲辭只有單一個，這種唱法最具有系統性者，當為台灣的北管戲曲中的古路戲曲。北管屬台灣傳統音樂的兩大樂種之一[9]，它的樂曲種類包括鼓吹類、絲竹類、戲曲以及藝術歌曲；戲曲之中根據聲腔之別，又分為扮仙戲、古路戲曲、新路戲曲。北管戲曲中的古路、新路，一方面作為傳入台灣的時間前後之區別，另一方面亦作為唱腔系統。古路戲又稱福路，新路戲又稱西皮、西路，其中西皮乃平劇的西皮二黃的合稱。

北管扮仙戲曲的主要唱腔為崑腔中的北曲，此外尚有稱為【梆子腔】的曲調以及【南詞】，兩者的唱唸口法屬分解字音之字腹音唱法。新路戲曲的唱唸法有分解字音以及加聲辭，古路戲曲則完全採用加聲辭的唱法。

---

9 台灣傳統音樂的另一系統為南管。

北管古路戲曲所加聲辭又根據腳色聲口而呈現系統性，粗口的唱腔包括老生、大花，所加的聲辭為開口的「阿」音。

北管古路戲曲的唱詞形式與京劇相同，仍分為七字句以及十字句，不過唱腔中唱詞的分句節奏卻與京劇的西皮或二黃頗為不同，由於此一方面並不是本文的主題，故將其略過。

北管戲曲中細口類的唱腔，包括小生、小旦、正旦，演唱時仍採加聲辭的唱唸法，所加的聲辭則為「伊」音，如〈百壽圖〉中小生的唱段【流水】，樂曲之前有前奏，唱辭之間並有過門皆省略。歌詞為十字句，句型作：六（三・三）・四，及每句有兩個分句，分句之間有過門。演唱時，凡是有兩拍以上的詞，在唱過該辭之後皆立即加上聲辭「伊」。北管新路戲曲中西皮與二黃的唱腔，演唱之時仍採加聲辭的方式，所加的聲辭亦系統地分為開口的「阿」音以及齊口的「伊」音：凡是粗口的唱腔，聲辭為「阿」音；細口的唱腔，聲辭為「伊」音。

2.加多聲辭唱法

加多聲辭唱法，指演唱之時歌詞並不分解字音，而於本辭出口後加入二或三個不具辭意的聲辭。加多聲辭唱法並不若加單聲辭唱法之具有系統性，採用這種唱法的演唱，僅於某些曲調韻律處使用較多的聲辭，此外，其他的唱詞仍有使用單聲辭的情形。根據對崑曲、京劇以及梆子腔系統的劇種如河南梆子、秦腔、山西梆子等唱腔的考察，尚未發現有加多聲辭的情形。在台灣的藝術性與民俗性歌唱類音樂以及戲曲之中，亦未發現此種唱唸法；至於台灣的正一派道教儀式音樂中，則有加多聲辭的唱詞處理方式。

台灣的正一派道教音樂分前場的歌樂以及後場之器樂，歌唱類音樂中依樂曲體裁分為吟唱類與歌唱類[10]。吟唱類樂曲僅由道士演唱，無樂器伴奏，又分為引子曲以及神號，引子曲為韻文，如【步虛詞】、【散花詞】；

---

[10] 台灣道教正一派儀式音樂的整體性介紹，可參閱呂錘寬，1994，第181-211頁。

神號亦稱為天尊號，為單句式稱頌神明的口號。歌唱類樂曲為有拍法的曲子，由道士合唱，並以後場樂隊伴奏。台灣的道教儀式用以伴奏道士歌唱的樂隊皆為鼓吹編制，由於器樂的聲音遠超過歌唱的部分，因此如僅藉著錄音資料，並不容易分析歌唱式道曲的唱唸口法，從吟唱式的歌曲則能輕易地發現加多聲詞的唱法。正一派道士曲都有加多聲辭的唱法，吟唱類較具代表性者為【步虛】，該曲調分別用於發表科儀、啟請科儀、以及開啟科儀，彼此之間的文本雖不同，曲調以及所加的聲辭基本上都相同。

在已知的漢語系的主要樂種或劇種中，似乎並無加多聲詞唱法的情形。稽之中國古代的道教文獻，這種唱法應為道教特有風格的唱法，在宋代徽宗所編纂的道樂曲集《玉音法事》，每首具有曲線譜的道曲，都有大量的聲詞，如【步虛・稽首禮太上】（參見圖版：曲線譜・宋代的道曲樂譜）[11]，每個唱詞都有大量的聲辭，第二句「歸」字的聲辭則有「衣何下牙亞何下下啞亞何下」。

《玉音法事》所蒐集具有曲線譜的道曲【步虛第一】、【步虛第三】、【步虛第五】、【金闕步虛】、【空洞】、【奉戒】、【三啟第一】、【三啟第二】、【三啟第三】、【啟堂頌】、【敷齋頌】等，共計四十八首，都運用數量不等的聲辭，最多者甚至有單一唱詞加上二十餘聲辭的情形。

㊂加曲辭唱法

加曲辭唱法，指演唱之時在本辭之外加入具有詞義的唱詞，而根據所加入的唱詞之文字屬性，又可分為語辭與襯辭，語辭屬於口語性的語彙，並不具語意，例如：平常說話中的「這個」、「那個」，這類語彙雖無實際意義，卻能使唱詞更為口語化；襯辭為具有實體意義的詞組，而在句子

---

[11] 該份曲譜引自《正統道藏》第十八冊，567頁（台北市：新文豐出版社）。

的格律形式上，它則屬於附加的，並非主要的結構。

　　使用加曲辭唱法者，主要為歌子戲唱腔，以及部分福佬語民歌。在傳統的歌子戲舞台，利用【七字調】演唱的唱段，幾乎都運用加語辭的方式，以產生口語化的詞意。茲以《補破網》劇，苦旦瓊花的【七字調】唱段為例子，分析歌子戲唱腔中口語化語言的運用情形，唱腔中演員所唱的詞計為：

　　講大哥你是為著甚麼事，來嘛著來講出來度我知，
　　應該甚麼款事情嘛要辯解，怎樣的班頭縛你來。

　　將口語化的部分分析出來，則該段【七字調】的唱詞為：

　　大哥為著甚麼事，著來講出度我知，
　　甚款事情要辯解，怎樣班頭縛你來。

　　每句七字的辭意相當完整且明確，然而較之加上語辭的情形，仍有生動與否的差別。

第二章

民　　　歌

　　民歌為流傳於常民階層間的生活音調，用以反應勞動生活、歲時民俗、以至於農暇的娛樂生活。流傳於常民階層的生活音調，根據歌唱型態，可分為歌以及謠，亦即有民歌與民謠之分：具有固定曲調者為民歌，只有簡單的音調或誦唸式者為民謠。雖然流傳於常民階層的歌唱類音樂有上述兩種，不過兩者常未被嚴肅地劃分，經常有民歌、民謠互用或混用的情形。在一般社會語言中，將音樂性語彙混用的情形並非罕見，另一例子為鼓吹，案「鼓吹」為合奏型態，其中的旋律樂器為嗩吶，民間口語將嗩吶稱為鼓吹，也屬於不正確的用法。

　　由於民歌具有濃厚的社會性與文化性，不同社會或文化背景的民歌，文本與音樂型態方面的差異性頗大，為了能描述此一文化的特徵，本章乃根據語言的特徵，將台灣的民歌分為原住民民歌、客家民歌、以及福佬民歌。

第一節

原住民民歌

原住民為漢族之外的其他所有民族的統稱，根據語言、歷史文化的不同，台灣的原住民計有十一個族群。過去台灣原住民曾以居住地理特徵被區分為高山族與平埔族，其中高山族通常皆作為平埔族之外的十個族群的總稱——雖然他們並非都居住在高山地區；日本學者習慣上都將他們稱為高砂族，如黑澤隆朝的《台灣高砂族の音樂》。而另有居住於平原地區的原住民，則被統稱為平埔族，日治時期的相關論著也將高山族與平埔族分別稱為生蕃與熟蕃。有些論著也將台灣的原住民稱為土著族，如呂炳川《台灣土著族音樂》。

由於地理環境的特殊性，與外界交流不易所形成的文化保護，被稱為高山族的諸部落，音樂方面多擁有某些方面的特點或特色。日治時期就有若干日本籍的音樂學者，從事原住民音樂的調查採集，而民國五十年代以來，國內有多位學者從事原住民音樂調查研究，其中成果最豐碩者如呂炳川、史惟亮、許常惠，使得原住民民歌被記錄下來的數量相當多，因而能呈獻原住民音樂的多樣性。

由於台灣原住民音樂的多樣性，故投身其中的研究者頗多，如：日本學者黑澤隆朝於一九四三年實地調查，發現布農族【祈禱小米豐收歌】的半音階式唱法，因而揚名國際；我國學者呂炳川教授以原住民音樂調查所得的資料，取得東京大學的博士學位榮銜，錄音資料經日本唱片公司出版後，也獲得唱片大獎。台灣原住民音樂的概論性研究，可參閱黑澤隆朝著《台灣高砂族の音樂》、呂炳川著《台灣土著族音樂》；單一民族的音樂內容與特徵，可參見吳榮順著《布農族傳統歌謠及祈禱小米豐收歌的研究》、林清財著《西拉雅族祭儀音樂研究》；至於各個民族民歌的綜合性記錄採譜，可參閱許常惠採編《台灣山地民謠——原始音樂第一集》與《台

灣山地民謠——原始音樂第二集》。

㈠曲目概述

　　曲目為呈現音樂特徵的總體，因此，透過曲目，除了能概要地認識樂種或劇種的音樂內容，也能微觀地了解音樂風格的特色。關於台灣原住民音樂的曲目，完整的描述需建立在豐富的資料之上。多虧呂炳川教授曾將他畢生蒐集採錄的原住民音樂，委由第一唱片公司出版。而風潮有聲出版公司從一九九〇年代以來，在吳榮順教授的策劃製作下，有系統地將原住民各族的音樂錄製出版。至於原住民音樂早期的主要調查者之一的許常惠教授，作者在民國六十八年任職於中華民俗藝術基金會期間，曾替許常惠教授整理他的原住民音樂錄音，故對該批資料也有所了解。這三筆資料可視為台灣原住民音樂的珍貴資料，涉及的族群廣泛且深入。此外，作者也曾做過數次的阿美族音樂調查，因此，藉著上述資料所建立的台灣原住民音樂曲目，應具有相當程度的涵蓋性。

1.阿美族與卑南族

　　阿美族為台灣原住民中最大的族群，居住地區也相當廣，主要聚居於花蓮縣與台東縣，以及屏東縣的恆春地區。根據作者掌握的資料，阿美族民歌約有一百六十首，包括儀式、勞動以及閒居三類，各類的曲目如下，表中的資料來源，「呂炳川」指第一唱片行發行的呂炳川錄音，「風潮」為風潮有聲公司；錄音地點方面，待查者表示來源資料尚須進一步求證。

表 2-1　阿美族民歌一覽表

類別	曲名	錄音地點	資料來源
勞動	上山工作歌（三部合唱）	台東白桑安	呂錘寬
勞動	工作歌、夫婦上山工作歌、收穫小米喜悅歌、牧牛歌、捕魚歌、耙草歌、除草歌、採藤條	台東成功	許常惠

	歌、割小麥歌、插秧歌、農歌、慶祝稻米豐收歌、撿蝸牛歌		
勞動	犁田歌、舂小米歌	台東宜灣	呂錘寬
勞動	砍柴回家休息歌、除草歌	台東馬蘭	呂錘寬
勞動	除草歌	台東基納鹿角	呂錘寬
勞動	舂米歌	台東膽曼	呂錘寬
勞動	年輕人除草歌、老年人除草歌	花蓮玉里	許常惠
勞動	慶祝房子開工歌	花蓮豐谷里	許常惠
勞動	除草歌、粟之除草歌、搬運木材歌、獵人頭歸來凱旋歌	花蓮光復鄉	呂炳川
勞動	工作完工歌、除草歌、古老的工作歌、田間工作歌	待查	風　潮
勞動	水田除草歌、看牛歌、捕魚歌、除草歌、割小麥之歌、感謝收穫歌、撿蝸牛歌	待查	許常惠
閒居	古老合唱曲、失戀歌、同樂歌、合唱曲、情歌、歡迎歌	台東白桑安	呂錘寬
閒居	不懷孕感嘆歌、古歌、老人相聚歡樂歌、重唱、笑話歌、情歌、訪友歌、飲酒歌、感嘆身世歌、戀歌	台東成功	許常惠
閒居	一般舞曲、古老的舞曲、合唱曲、舞曲	台東宜灣	呂錘寬
閒居	招女婿在女方家唱之歌、招女婿歌、飲酒歌	台東馬蘭	呂錘寬
閒居	歌舞、歡迎歌	台東基納鹿角	呂錘寬
閒居	合唱曲、舞曲、歡迎歌	台東膽曼	呂錘寬
閒居	男女合舞歌1、男女合舞歌2、男女合舞歌3、兒歌、飲酒歌、跳舞歌、輪唱	花蓮玉里	許常惠
閒居	二重唱、三重唱、四重唱	花蓮豐谷里	許常惠
閒居	夫婦相愛歌、物體隨波逐流歌、悲傷之歌、飲酒歌1、飲酒歌2、歡送歡迎歌	待查	呂炳川
閒居	物體隨波逐流歌	待查	呂炳川

閒居	召喚青少年聚會歌、老人教青少年跳送客舞、老人聚會歌、即興曲、歡迎歌、歡樂歌	待查	風　潮
閒居	古歌、失戀歌、年輕人歡樂歌、老人嬉遊歌、老年人歡樂歌、求愛歌、求對象歌、迎送親人歌、春海歌、笑話歌、情歌、領唱與眾唱、離別歌	待查	許常惠
閒居	山地民歌、老人嬉遊歌、求愛歌、求對象歌、兒歌、春海歌、馬蘭古歌、情歌、飲酒歌、跳舞歌、離別歌、歡迎客人歌、歡樂歌、自慰歌	待查	許常惠
儀式	巫婆之歌	台東白桑安	呂錘寬
儀式	豐年祭老人開幕歌、豐年祭跳舞歌、豐年祭歌	台東成功	許常惠
儀式	祈雨歌	台東基納鹿角	呂錘寬
儀式	散會歌、豐年祭上午歌、豐年祭下午哥、豐年祭全體歌、豐年祭招賓歌	花蓮玉里	許常惠
儀式	豐年祭跳舞歌1、豐年祭跳舞歌2	花蓮豐谷里	許常惠
儀式	祈雨歌、親人亡故歌、豐年祭歌1、豐年祭歌2、豐年祭歌3、豐年祭歌4、豐年祭歌5、豐年祭歌6	花蓮豐濱鄉	呂炳川
儀式	巫師治病歌1、巫師治病歌2、祈雨歌	待查	風　潮
儀式	祭祀歌、慶典跳舞歌、慶祝稻米豐收之歌、豐年祭全體歌、豐年祭男女和舞歌1、豐年祭男女和舞歌2、豐年祭男女和舞歌3、豐年祭招財歌、豐年祭散會歌、豐年祭跳舞歌1、豐年祭跳舞歌2、豐年祭跳舞歌3、驅邪歌、豐年祭老人開幕歌	台東檳榔村	許常惠

　　卑南族的人口較少，聚居於台東縣卑南鄉，與阿美族比鄰而居。卑南族的人口雖少，音樂的量卻頗為豐富，總觀由呂炳川與許常惠兩位教授的錄音，以及風潮有聲公司的出版品，可以看到該族的音樂包括勞動類、閒居類以及儀式類，演唱的樣式都屬於單旋律，有單人獨唱或眾人齊唱。音階形式為五音音階，旋律動聽流暢的歌曲頗多，節奏性頗強。根據相關的資料統計，卑南族音樂的曲目如下：

表 2-2　卑南族民歌一覽表

分類	曲名	錄音地點	資料來源
勞動	凱旋歌	台東太麻里鄉	呂炳川
勞動	上山工作歌、工作歌、英雄獵首凱旋歌、除小米草之歌、除完小米草後聚會歌 1、除完小米草後聚會歌 2、除草時工作歌、獵隊凱旋歡迎歌	台東卑南鄉、太麻里鄉	風　潮
勞動	下山歌、工作歌、婦女農忙互助歌、種田歌	待查	許常惠
勞動	古老除草歌、砍柴歌	台東市南王里	許常惠
閒居	捉迷藏之歌、童歌、感謝來客贈物之歌	台東卑南鄉	呂炳川
閒居	幻境歌、古老的聚會歌、再見歌、即興曲、我的孩子在何方之歌、刺球歌、報佳音之歌、搖籃歌 1、搖籃歌 2、搖籃歌 3、搖籃歌 4、溜樹皮之歌、遊戲歌、學牛叫、懷念獵人歌	台東卑南鄉、太麻里鄉	風　潮
閒居	迎賓歌、祝賀生女歌、祝賀生男歌、結婚祝福歌、歡送歌	台東市南王里	許常惠
閒居	結婚歌	待查	許常惠
儀式	符咒歌、猿祭歌、葬禮悼歌	台東太麻里鄉	呂炳川
儀式	年祭中青少年諷刺老人歌、祈雨歌、年祭之歌、年祭短歌、年祭傳統舞 1、年祭傳統舞 2、收穫祭之歌	台東卑南鄉、太麻里鄉	風　潮

| 儀式 | 祈禱降雨歌、豐年祭跳舞歌1、豐年祭跳舞歌2、豐年祭跳舞歌3 | 台東檳榔村 | 許常惠 |

2.泰雅族與賽夏族

　　泰雅族為台灣原住民的第二大民族，人口僅次於阿美族，其居住地則最為廣袤，包括宜蘭縣、台北縣、桃園縣、新竹縣、苗栗縣、台中縣、南投縣、以及花蓮縣。根據呂炳川、許常惠兩位教授的錄音，以及風潮有聲公司的出版品，泰雅族的音樂包括勞動類、閒居類、以及儀式類，其中除了【婚禮舞蹈歌】（呂炳川），【找朋友遊戲歌】、【傳統舞之歌】、【快樂聚會歌】（風潮），【迎新娘歌】（許常惠）為複音的卡農式唱法，其餘的歌曲都屬於單旋律的歌曲。而呂炳川教授所錄的【婚禮舞蹈歌】、許常惠教授錄的【迎新娘歌】、以及風潮的【傳統舞之歌】，都為相同的曲調，卡農插入的方式也相同。

　　泰雅族音樂的音階主要為四音音階，其形式為：

此外，也有若干三音音階的歌曲，其形式為：

。

根據所取得的錄音資料統計，泰雅族音樂的曲目如下：

表 2-3　泰雅族民歌一覽表

分類	曲名	錄音地點	資料來源
勞動	獵人頭歌	南投仁愛鄉	呂炳川
勞動	換工對歌	待查	風　潮
勞動	田裡工作歌、春小米歌1、春小米歌2	宜蘭大同鄉	許常惠

勞動	上山工作收工歌、收穫小米歌、收穫歌、春小米歌、準備工作歌	宜蘭南澳鄉	許常惠
勞動	工作歌	待查	許常惠
閒居	親戚見面歌	宜蘭大同鄉	許常惠
閒居	我是小姑娘之歌、拋棄女子之歌、被拋棄的女子答唱歌	南投仁愛鄉	呂炳川
閒居	二部舞歌輪唱、三部舞歌輪唱、夫妻吵架之歌、古老的情歌、伯引那威的自誇之歌、快樂聚會歌、找朋友遊戲歌、求婚歌、見面歡迎歌、兒歌、怨歌、美麗的女孩之歌、泰雅族舞會之歌、酒醉之歌、情歌對唱、傳統舞之歌、感恩歌、懷念老人聚會歌、懷念老友之歌、驕傲的環山女子之歌、戀歌、讚美歌	待查	風　潮
閒居	泰雅族史詩	待查	風　潮
閒居	古老山地歌、古老的歌、見面歌、相聚歡樂歌、情歌、情歌、敘事歌、感謝之歌、歡迎歌	宜蘭大同鄉	許常惠
閒居	女兒出嫁歌、相聚歡樂歌、情歌、惜別歌、童謠、飲酒敘事歌、飲酒跳舞歌、飲酒歡樂歌、感恩歌、跳舞歌、聚會歡樂歌、離別歌、贈給子孫歌、贈歡樂聚會歌、歡迎客人歌、歡迎歌1、歡迎歌2、戀愛歌	宜蘭南澳鄉	許常惠
閒居	和好歌、愛人如愛己歌	南投信義鄉	許常惠
閒居	田野之歌、情歌1、情歌2、歡迎歌	待查	許常惠
儀式	婚禮舞蹈歌	待查	呂炳川
儀式	慶祝結婚飲酒歌	宜蘭大同鄉	許常惠
儀式	迎新娘之歌、祝結婚之歌、結婚歌	待查	許常惠

　　賽夏族與居住於蘭嶼的達悟族、日月潭的邵族等，同屬原住民中的小族群，分布地區小，為新竹縣五峰鄉、苗栗縣南庄鄉。賽夏族的文化雖受周圍泰雅族的影響，不過音樂語彙則有明顯不同之處。音階方面，該族擁有最原始的音階形式，即二音音階，如：【取尾歌】，全曲由la-do構成；【矮人祭迎神歌】以二音音階 sol-do 為骨幹，偶而則以 re 裝飾。三音音階與四音音階的例子相當多。

　　賽夏族音樂被記錄下來者，多為矮靈祭儀式中的音樂，其歌唱樣式，除了少數為和聲式的四度平行唱法，多數的歌曲都為單旋律，曲調雖多為樸素無華，唱詞的文學性則頗高。根據呂炳川與許常惠教授的錄音，賽夏族的音樂以儀式類為多，勞動類歌曲僅一首。該族音樂的曲目如下：

表 2-4　賽夏族民歌一覽表

分類	曲名	錄音地點	資料來源
勞動	除草歌	新竹五峰鄉	許常惠
閒居	童歌	新竹五峰鄉	呂炳川
閒居	少女戀愛歌、兒童遊戲歌、取尾歌、現代的政府之歌、飲酒歌、離別歌、聚會歌	新竹五峰鄉	許常惠
儀式	矮靈祭祭神之歌2、矮靈祭祭神之歌5、矮靈祭祭神之歌9	新竹五峰鄉	呂炳川
儀式	矮人祭迎神歌：lo le、ka pa pa a pa lai、pe lo pe lo、a a la o a li mu	新竹五峰鄉	許常惠
儀式	矮人祭祭典歌：a a lao la la a、a a lao la lo、bo lu lu、la lu mu、u ku i、ya a ya lo。	新竹五峰鄉	許常惠
儀式	ai ai yo、bi u la ya u、ka pi li pi li yo u、ka te lo lo o、祭故人之歌	新竹五峰鄉	許常惠

3.布農族與鄒族

布農族的居住地區廣闊，僅次於泰雅族，根據吳榮順教授的調查，該族目前分布於南投縣仁愛鄉與信義鄉，花蓮縣的萬榮鄉、瑞穗鄉、卓溪鄉等，高雄縣的三民鄉、桃園鄉，以及台東縣的延平鄉、海瑞鄉、金峰鄉[1]。

布農族的音樂以和聲式歌唱為主，演唱場合包括勞動、閒居以及儀式，各類的數量皆頗豐富。該族音樂在音樂學上最受矚目者，為【祈禱小米豐收歌】，屬於和聲式唱法，上聲部的旋律以半音的方式上行，這種極為少見唱法的音樂，由日音樂學者黑澤隆朝於一九四三年首次蒐集到[2]，並公諸於世。隨後吳榮順教授對布農族音樂有進一步的概論性研究，關於該族音樂的內容與特點，可參閱他所著的《布農族傳統歌謠與祈禱小米豐收歌》。總括呂炳川、許常惠兩位教授的蒐集，以及風潮有聲公司的出版資料，布農族音樂的曲目如下表：

表 2-5　布農族民歌一覽表

分類	曲名	錄音地點	資料來源
勞動	出草凱旋歌、兒時獵歌、背負重物之歌、賺錢歌、邀請工作歌、獵前祭槍歌	台東海瑞鄉、南投信義鄉	風　潮
勞動	獵歸凱旋歌、打麻雀歌、打獵歌、出草凱旋歌、工作快樂歌、送夫出草歌、丈夫上山打獵歌	花蓮卓溪鄉	許常惠

---

[1] 布農族的詳細分布狀況，參見吳榮順著《布農族傳統歌謠與祈禱小米豐收歌的研究》，第 36-37 頁。

[2] 布農族【祈禱小米豐收歌】於 1940 年代的歌唱樣式曲譜，可參見黑澤隆朝著《台灣高砂族の音樂》，第 136 頁。

閒居	爬樹歌、飲酒歌、讚美歌	南投信義鄉	呂炳川
閒居	爸爸媽媽、問答歌、接龍歌、敘述寂寞歌、童謠、飲酒歌、誇功歌、誰在山上放槍之歌、歷劫歸來歌	南投信義鄉、仁愛鄉，花蓮萬榮鄉	風 潮
閒居	失戀歌、抓耳歌、娛樂歌、寂寞悲哀歌、飲酒歌、飲酒快樂歌、慶祝總統就職之歌	花蓮卓溪鄉	許常惠
閒居	悔改歌、寂寞歌、飲酒歌、過年之歌	待查	許常惠
儀式	治病歌、祈禱小米豐收歌、首祭之歌1、首祭之歌2	南投信義鄉	呂炳川
儀式	治病驅邪歌、祈禱小米豐收歌、首祭之歌	南投信義鄉	風 潮
儀式	Pasihaimo1、Pasihaimo2、Pasihaimo3	花蓮卓溪鄉	許常惠
儀式	巫女之祈禱歌、獵前祭歌、豐年祭祭神歌	待查	許常惠

　　鄒族，往昔曾被稱為曹族，以其居住地區分為北鄒與南鄒，北鄒分布於阿里山上的吳鳳鄉（目前已改稱阿里山鄉），南鄒分布於高雄縣桃園鄉與三民鄉。根據呂炳川、許常惠教授的錄音，以及風潮有聲公司的出版品，鄒族音樂的數量頗為豐富，歌唱方式包括單旋律與和聲唱法，其中和聲式的音樂，聲部之間的關係皆為協和式，垂直的音響結構為 do-mi-sol，所產生的聲音色彩頗具特色，詳細情形參見後文（和聲式音樂）。

　　鄒族音樂在音樂型態方面的另一特點，為三拍子的運用，這種型態的樂曲在漢族音樂中極為罕見，甚至也有複拍的音樂（6/8），如【史蹟歌】、【歡樂歌】。該族音樂的曲目如下：

表 2-6　鄒族民歌一覽表

分類	曲名	錄音地點	資料來源
勞動	捉螃蟹 1、捉螃蟹 2、捉螃蟹 3、勞動歌	嘉義阿里山鄉	風　潮
勞動	從石頭裡面摸魚蝦、打獵歌、獵首歌	高雄桃源鄉	風　潮
勞動	十二月令歌	高雄三民鄉	風　潮
勞動	砍老樹的樹枝之歌、凱旋歌、報告出草建功歌	嘉義阿里山鄉	許常惠
閒居	月令之歌、離別之歌	南鄒	呂炳川
閒居	老人之歌、孤兒怨之歌、拍手歌、俏皮歌、鬼鳥歌、鬼歌 1、鬼歌 2、飲酒歌、搖籃歌、滑稽歌 1、滑稽歌 2、滑稽歌 3、跳躍之歌、對唱之歌 1、對唱之歌 2、對唱之歌 3、對唱之歌 4、對唱之歌 5、對唱之歌 6、對唱之歌 7、對唱之歌 8、說笑話歌、確實如此之歌 1、確實如此之歌 2、諷刺歌 1、諷刺歌 2、醜女歌、勸勉歌 1、勸勉歌 2、勸勉歌 3、勸勉歌 4	嘉義阿里山鄉	風　潮
閒居	男女對唱情歌、你們的男裙之歌、歡樂歌、我一直在哭之歌、飯盒歌、調情歌、懷舊之歌、鳥吃果樹之歌、去過年歌、拿阿布開玩笑之歌、搖籃曲	高雄桃源鄉	風　潮
閒居	藤橋之戀（情歌）、取笑歌、歡聚歌、紅隼鳥之歌、快樂相見歌、母親懷念亡兒歌、藤橋之曲、快樂頌、咱們今天快樂之歌、藤橋之戀、從石頭裡面抓魚蝦之歌、問候歌、孩子卜卦歌、搔癢歌、釣蜻蜓及數數兒之歌	高雄三民鄉	風　潮
閒居	口令報告歌、鄒族小調、歡樂之歌 1、歡樂之歌 2	嘉義阿里山鄉	許常惠
儀式	二年祭之歌 1、二年祭之歌 2、祭神之歌、勝利之歌	嘉義阿里山鄉	呂炳川
儀式	薯鄉歌、準備歌、被好的山蘇花、跳舞歌、數人數之歌、活該貝殼被我們偷了之歌、分開之歌	高雄桃源鄉	風　潮

儀式	母親父親之歌	高雄三民鄉	風潮
儀式	豐年祭：迎神曲、祭歌1、祭歌2、史蹟歌、年輕人之歌、相親相愛歌、青年舞祭、歡樂歌	嘉義阿里山鄉	許常惠

4.魯凱族與排灣族

　　魯凱族為台灣原住民的中等族群，分布於高雄縣（茂林鄉）、屏東縣（高樹鄉、霧台鄉）、以及台東縣（卑南鄉），亦即三縣交界的山區。該族的音樂分為單旋律與和聲式，其中和聲式音樂的特點為持續低音的現象，亦即一個聲部唱主旋律，另一聲部反覆地唱曲調的主音。關於魯凱族音樂的綜合特徵，可參閱呂炳川著《台灣土著族音樂》的介紹。綜合呂炳川、許常惠教授，以及風潮有聲公司的資料，魯凱族音樂的曲目如下：

表 2-7　魯凱族民歌一覽表

分類	曲名	錄音地點	資料來源
勞動	田裡工作疲倦時之歌	屏東高樹鄉	呂炳川
勞動	工作時所唱的情歌、工作歌、婦女織布歌	屏東高樹鄉、	風潮
勞動	凱旋之歌	待查	許常惠
閒居	信號的吆喚聲、哭泣之歌、婚禮之歌、婚禮飲酒歌、向男人招呼之歌	屏東高樹鄉、高雄茂林鄉	呂炳川
閒居	主客對答歌、平民對頭目的讚頌、男子誇功歌、勇士頌歌、相褒歌、相親之歌、情歌對唱、結婚歡樂對唱歌、雲豹的故鄉之歌、搖籃曲、溫柔之歌、跳舞之歌、榮譽之歌、聚會歌、黎明之歌、憶祖先的教誨之歌、懷念往事之歌、勸誡歌、歡迎歌、讓我們攜手在一起之歌	屏東高樹鄉、霧台鄉	風潮
閒居	介紹之歌、住結婚之歌、情歌、聚會相睦之歌	屏東霧台鄉	許常惠
儀式	頭目家的喪歌、豐年祭結束歌	屏東高樹鄉	風潮

儀式	報告本事歌1、報告本事歌2、報告本事歌3、報告本事歌4	屏東霧台鄉	許常惠

　　排灣族的人口僅次於阿美族與泰雅族，居住地區的分布則屬中等，主要為屏東縣與台東縣的山區，其中有少部分則居住於花蓮縣的卓溪鄉，以及高雄縣的三民鄉與桃園鄉。該族的音樂有單旋律與和聲式兩種，和聲式音樂中的和聲方式，仍採取持續音的唱法，據呂炳川教授的看法，這種唱法為受到魯凱族的影響[3]。排灣族音樂的曲目如下表：

表 2-8　排灣族民歌一覽表

分類	曲名	錄音地點	資料來源
儀式	婚禮之歌1、婚禮之歌2	屏東三地門鄉、瑪家鄉	呂炳川
儀式	祈雨歌、治病歌、詛咒歌	屏東三地門鄉	風潮
儀式	凱旋祭人頭歌	台東市太麻里	許常惠
閒居	出閣之歌、姑娘尋求戀人之歌、重逢歡喜歌、贈達歌	屏東三地門鄉、瑪家鄉	呂炳川
閒居	女子炫耀歌、回憶古老之歌、好臭的東西之歌、吹牛的小男孩之歌、孤獨歌、勇士歌、相思之歌、送別歌、追求女友之歌、情歌對唱、接尾歌、貪吃的父親之歌、感傷之歌、搖籃曲、慕情之歌、數數兒歌、諷刺歌、離異夫妻互相思念歌、歡聚歌、戀歌	屏東三地門鄉	風潮
閒居	老山地情歌、英雄歌、情歌、催眠歌、歡樂之歌、戀歌	屏東三地門鄉	許常惠
閒居	初戀歌、祝福結婚歌、情歌	台東市太麻里	許常惠

---

3 引自呂炳川著《台灣土著族音樂》，第88頁。

勞動	粟祭之歌、獵人頭之歌	屏東三地門鄉	呂炳川
勞動	換工歌	屏東三地門鄉	風　潮
勞動	小姐們工作歌、出草歌、收穫歌、報告打獵成果歌、報告打獵歌	台東市太麻里	許常惠

5.其他

　　除了上述諸族群，台灣原住民尚有達悟族、邵族、以及平埔族。達悟族昔稱雅美族，居住於蘭嶼。根據呂炳川、許常惠教授的錄音，以及風潮有聲公司的出版資料，達悟族的音樂極其樸素，完全沒有華麗的歌曲，都屬於誦唸式，基本音階為下行的三音音階形式（mi-re-do），由於演唱時誦唸的音調頗強，因此，所形成的三個音的音律，並非如同漢族音樂中的該三音的相對高度關係；換言之，如以漢族音樂為中心的分析，會把該現象解釋為唱不準。達悟族歌曲的曲目如下：

表 2-9　達悟族民歌一覽表

分類	曲名	錄音地點	資料來源
勞動	工作合唱歌、水竽之歌、划船之歌、捕捉飛魚之歌、新居落成之歌	台東蘭嶼鄉	呂炳川
勞動	工作房落成之歌1、工作房落成之歌2、主屋落成長子繼承歌、主屋落成親友祝福歌、長者歌頌主屋落成謝歌、在鬼頭刀漁場捕魚歌、收穫小米之歌、到小蘭嶼捕飛魚返航歌、到小蘭嶼捕飛魚歌、盼夫捕魚歸來歌、捕飛魚划船歌、捕飛魚返回家中敘事歌、種水竽之歌。	蘭嶼	風　潮
勞動	十人划船到小蘭嶼之划船歌、紅頭村捕飛魚歌	蘭嶼	許常惠

閒居	打架之歌、高興之歌、船歌、棒舞之歌、搖籃曲1、搖籃曲2	蘭嶼	呂炳川
閒居	甩頭髮舞之歌、年輕男子的歌、竹竿舞、思念之歌、情歌、敘述寂寞之歌1、敘述寂寞之歌2、敘述懷念漁場之歌、催女兒化妝一起去跳舞、搖籃歌1、搖籃歌2	蘭嶼	風　潮
儀式	下水典禮之歌、船祭之歌1、船祭之歌2、粟豐收祭之歌	蘭嶼	呂炳川
儀式	春小米儀式歌1、春小米儀式歌2、粟米收穫祈願歌	蘭嶼	風　潮

　　邵族為台灣原住民中最小的族群，聚居於日月潭，曾自稱屬於鄒族的一支。由於逐漸漢化，所保存的傳統音樂已經很少，曾被記錄下的曲目僅有下列數首。

表 2-10　邵族民歌曲目

分類	曲名	錄音地點	資料來源
勞動	獵人頭歌	日月潭	呂炳川
勞動	杵歌	日月潭	許常惠
閒居	遇蛇之歌、杵和杵歌	日月潭	呂炳川
閒居	情歌、敘事歌1、敘事歌2、農家樂	日月潭	許常惠
儀式	祭祀歌	台中日月潭	許常惠

　　平埔族，顧名思義，為已經漢化的原住民，為總稱式的族群名稱，實際上漢化的原住民族可分為西拉雅族、巴則海族、噶瑪蘭族等。由於漢化的關係，民族的固有文化現象，包括傳統音樂等，多已經消失，呂炳川教授曾蒐集到的樂曲如下表，至於許常惠教授似未蒐集到這類族群的音樂。

居住於台南縣大內鄉與東河鄉的西拉雅族，近十餘年來常舉行民族的祭典儀式，藉著該活動，部分的儀式音樂得以保存，駱維道教授曾以專文〈平埔族阿立祖之祭典及其詩歌之研究〉（《東海民族音樂學報第二期》）探討該族的儀式音樂，林清財教授也曾就該族的祭典儀式音樂，做深入的研究。

平埔族的音樂多數雖已消失，而西拉雅族唯一保存迄今的祭祀阿立祖儀式，則讓我們得以一窺該族的音樂特色。根據作者於一九八六年於台南縣大內鄉頭社村、一九九七年於東山鄉東河村的調查，祭阿立祖儀式由一位法師主持，儀式中並有一個由年輕少女組成的歌隊唱曲，少女需為未結婚，並穿著白色衣服，頭上則戴鮮花編織的花圈。這種演唱現象，她們稱為 khan[1]-khiek[4]，即牽曲或刊曲。

表 2-11　平埔族民歌曲目

分類	曲名	錄音地點	資料來源
閒居	八則海族開國之歌	待查	呂炳川
閒居	希拉雅族歌謠 1、西拉雅族歌謠 2、希拉雅族的舞蹈歌	待查	呂炳川
閒居	噶瑪蘭族歌謠	待查	呂炳川

複音式音樂

複音（polyphony），指由兩個以上具有交錯關係的聲部所組成的樂曲，根據結構的特性，複音的樂曲可以是對位式（counterpoint）、或卡農式（canon）。對位式樂曲的各聲部旋律彼此不同，並無模仿的關係；卡農式樂曲的不同聲部，則為相同旋律或模仿，彼此的差異只為演唱時間為前後的關係。這一音樂術語雖為歐洲藝術音樂的詞彙，不過音樂現象並非歐洲藝術音樂所獨有，台灣原住民的若干族群仍有複音的樂曲。台灣的各式

漢族傳統音樂屬於合奏式的音樂之中，不同的樂器聲部雖有細微的旋律差異，不過彼此之間並無聲部交錯的情形，該些不同聲部所存在的旋律差異，並不構成複音現象。

1. 阿美族【招女婿歌】

台灣原住民音樂具有複音樣式者，主要為阿美族，根據呂炳川教授的調查，該族甚至有四聲部以及五聲部的樂曲[4]。阿美族音樂中屬複音者，為對位式，由一位歌手以獨唱的方式演唱一段曲調，這種方式稱為領唱，其他歌者隨後再插入，形成聲部交錯的演唱。阿美族於閒居生活演唱的歌曲，許多都為複音方式的演唱，例如作者於一九八六年九月九日隨著音樂學者許常惠教授[5]，在台東市馬蘭阿美族所採集到的歌曲【飲酒歌】、【嬉遊歌】、【招女婿歌】、【招女婿在女方家唱的歌】，以及勞動歌【除草歌】、【砍柴回家休息歌】等，都以對位方式演唱，因此每首歌曲都為複音的。例如：【招女婿在女方家唱的歌】，樂譜如下，由一位男性先領唱一個完整樂段（A1），第二樂段（A2）由該位男性歌者與第二位歌者起始，第三位（女性）稍後加入。阿美族複音式合唱音樂中，基本上都會有一個女聲的聲部，該聲部的發聲法頗為獨特，音調相當高——他們認為如果不具備這樣的音色，就不能算好的聲音。閒居類歌曲的文本，常為不具辭意的聲音，該些不具語意的唱辭，如參照以漢族歌唱類音樂的分析辭彙，可稱為聲辭。

---

4 阿美族四或五聲部的樂曲，參見呂炳川著《台灣土著族音樂》，第 13、54 頁。

5 該次為國立台灣師範大學音樂研究所的實地調查，由許常惠教授帶領，參與的研究生有吳榮順、林清財、以及吳宜玲，並由阿美族音樂學者林信來教授協助翻譯。

2. 排灣族【婚禮之歌】

　　阿美族之外，其他的民族也偶有複音式音樂，如排灣族的【婚禮之歌】，根據呂炳川教授蒐集的錄音顯示[6]，該曲第一段由女聲起唱，接著由第一部男聲反覆先前女聲聲部，一小節之後，男聲第二部以相同的旋律插入，構成卡農式唱法，過了一些時間，女聲再以持續低音的方式反覆演唱主音。此首樂曲的樂譜如下，僅採其中的前兩段。

　　主要為單音唱法的泰雅族民歌，有一首於結婚時演唱的歌【婚禮舞蹈歌】，根據呂炳川教授的調查與分析[7]，該首樂曲由一位女性領唱，兩拍（2 beat）之後，女眾演唱與領唱者相同的旋律，形成錯綜的樂曲，這種一聲部模仿另一聲部的演唱，類似歐洲藝術音樂中的卡農（canon）技巧。

---

6 排灣族的【婚禮之歌】，參見呂炳川著《台灣土著族音樂》，第 89 頁。

7 該首樂曲以及分析，參見呂炳川著《台灣土著族音樂》，第 80 頁。

【招女婿在女方家唱之歌】

阿美族
台東縣 馬蘭
呂錘寬錄音
1986年

19
o ho in ya e o i o u a i yo ho o a o ho i ya hai ho e ya
25
〔A2〕
i yan,
ho e ha yan. he a hai yo i he e ai ho i yan,
e ai o i he e ai ho i yan,
31
hai ya o a i ho a u a i ya
he a hai yo i he e a ho i o hi a hai a yin e he ya ho i hu
he a hai o i hu e a ho i o hi a hai ho a u a ya ho in ha

【婚禮之歌】

🔲和聲式音樂

　　和聲（harmony），指樂曲由若干聲部組成，不同聲部之間並無如複音音樂的交錯節奏現象，其中一個聲部為主要旋律，其餘則作為和音，且和聲聲部的節奏基本上與主旋律的節奏一致。根據黑澤隆朝的分類，他認為台灣原住民屬於和聲式的音樂又可分為協和音唱法、自然和音唱法、以及自由合唱[8]。許常惠教授早期對台灣原住民音樂的研究，所抱持的分類觀點與黑澤隆朝相同[9]，後期論著則將原住民音樂屬和聲唱法者修改為自然和絃或泛音唱法、協和和絃唱法[10]；呂炳川教授以列舉的方式提出一套原住民音樂歌唱法的分析，共分為九類[11]，其中的協和音唱法、異音性唱法、並行唱法、持續音唱法、半音階唱法，可歸納為和聲式唱法。

1. 鄒族【迎神歌】與【青年舞祭】

　　原住民和聲式唱法音樂在音樂學上最受重視者，當為布農族的【祈禱小米豐收歌】，呂炳川教授認為該曲的特殊性，「在世界自然民族間沒有類似的唱法」，他所蒐集到的該首曲子為三個聲部，每聲部都以等值的節拍演唱（每音四拍），其特殊性在於領唱聲部的進行方式，以約高半音的方式慢慢地上升，其他兩聲部則以三度、四度、以及五度的關係進行[12]。

---

[8] 該項分類參見黑澤隆朝著《台灣高砂族の音樂》，第 10 頁。

[9] 許常惠教授早期的原住民音樂歌唱形式的分類，參見許常惠採編《台灣山地民謠原始音樂第一集》，第 11 頁。

[10] 許常惠教授後期的原住民音樂分類，參見許常惠著《台灣音樂史初稿》，第 27 頁。

[11] 呂炳川教授的原住民音樂歌唱樣式分類，參見呂炳川《台灣土著族音樂》，第 13-14 頁。

[12] 【祈禱小米豐收歌】重要性的說法，以及該曲的分析，皆引自呂炳川著《台灣土著族音樂》，第 65 頁。

日本學者黑澤隆朝於一九四三年也曾蒐集到該首樂曲，他稱該曲為【passi pot-pot】，根據他所採的譜，當時錄到的演唱為兩聲部 [13]。近若干年報章或原住民音樂介紹的相關文字，常見將布農族【祈禱小米豐收歌】描述為八部和音的樂曲，究其根據，當為將男聲以低音方式演唱長音時，所產生的泛音計算在內——事實上只要是低音的演奏或演唱，經常都能產生高音區的泛音。從黑澤隆朝、呂炳川至吳榮順的研究，並未見八個聲部的樂譜。

　　從音樂欣賞角度言之，具有特色的和聲式唱法見於阿里山的鄒族。鄒族的和聲唱法屬協和音的結構，水平的旋律以 do-mi-sol 為架構，垂直的和聲聲部也為相同的 do-mi-sol 架構，如同歐洲藝術音樂的第一級和絃的和聲（　　），如：譜例【迎神歌】與【青年舞祭】，前者的速度緩慢，表現出祭祀儀式的莊嚴氣氛；後者的速度快，演唱的方式較為輕快，而四或五度和聲的運用，使樂曲產生空泛高遠的感覺。

2.魯凱族【祝結婚之歌】

　　魯凱族也有多聲部音樂，該族和聲音樂的特點為，一個聲部唱主旋律，另一聲部反覆地演唱相同的音，該音通常是曲調的主音。這種歌唱樣式，音樂詞彙稱為持續低音或頑固低音唱法（ostinato），以持續低音作為和聲的歌曲，如【祝結婚之歌】、【工作歌】[14]，或【向男人們招呼之歌】[15]。根據許常惠教授的錄音，【祝結婚之歌】分為兩個樂段：第一段由女聲領唱起始，稍後加入眾人的合唱，以具有對位的方式形成複音式的樂段；第二段的拍法轉為一拍，速度變得稍快，演唱的樣式也改變為一個主要聲部，

---

[13]【祈禱小米豐收歌】的樂譜，可分別參閱呂炳川著第 66 頁，黑澤隆朝著《台灣高砂族の音樂》，第 136 頁。該兩首樂譜也可見於許常惠著《台灣音樂史初稿》，第 68 頁、62 頁。

[14] 該兩首的樂譜，可參閱黑澤隆朝著《台灣高砂族の音樂》，第 202 頁、204 頁。

[15]【向男人們招呼之歌】的曲譜，參閱呂炳川著《台灣土著族音樂》，第 74 頁。

另一聲部持續地反覆演唱主音，該首曲的樂譜如下。

　　賽夏族的音樂雖多為單旋律唱法，不過仍有若干和聲音樂的例子，如【聚會歌】與【祭敵人之歌】[16]，兩個聲部是以四度音程的距離演唱，形成平行式的歌唱。

【迎神歌】

鄒族
阿里山達邦村
許常惠錄音
1978年8月

---

[16] 該兩首歌曲的樂譜，可參閱許常惠採編之《台灣山地民謠》的第一集與第二集，或黑澤隆朝著《台灣高砂族の音樂》中的賽夏族曲譜。

【青年舞祭】

鄒族
阿里山達邦村
許常惠錄音
1978年8月

台灣傳統音樂概論・歌樂篇

【祝結婚之歌】

魯凱族
許常惠錄音
約1970年代

女聲領唱：la mi a, la jo na ja e ga la je

眾唱：

e le ja lo ga o la ge lo wa mi ya

o a i ya lo la ja la ya ma a

la mo mo ja, ha ja a. e i ya la ja

㈣抒情式音樂

相對於前述的複音式與和聲式音樂，台灣原住民音樂的第三種歌唱樣式，為單旋律音樂或單旋律唱法。根據黑澤隆朝的分類，台灣原住民歌唱樣式的第一類為單旋律歌謠，又以聲部之間的對應方式，分為應答唱法（antiphonal singing）、朗詠唱法（recitative singing）、民謠調（folk-song style）[17]。呂炳川教授對原住民歌唱樣式的分類，並未特別提出單旋律唱法，觀其九類歌唱樣式中的第六類——應答唱法[18]，所指當相同於黑澤隆朝單旋律唱法中的應答唱法。許常惠教授的原住民歌唱形式，三類分法中的第一類仍為單音唱法，他又根據歌唱型態，把單音唱法分為吟誦唱法、民歌唱法、對唱唱法、領唱與應答唱法[19]。如以歌曲旋律型態特徵為觀，及音樂欣賞為角度切入，台灣原住民屬於單旋律的音樂，大體上可以分為抒情式以及誦唸式，其中誦唸式音樂請參見後文。

1.阿美族【情歌】

上文所提到的三位音樂學者，似乎都一致地認為阿美族為台灣原住民最善於歌唱的民族，作者在綜合欣賞過由呂炳川、許常惠、以及風潮有聲公司出版的原住民音樂，也確信這一事實。阿美族的音樂多數以合唱方式表現，其中仍有單旋律者，如【迎送親人歌】、【老人嬉遊歌】、【情歌】、【笑話歌】[20]，其中由台東縣成功阿美族演唱的【情歌】，其旋律

---

[17] 單旋律唱法的分類，參閱黑澤隆朝著《台灣高砂族の音樂》，第 10 頁。

[18] 呂炳川教授所稱的應答唱法，參閱其著作《台灣土著族音樂》，第 13 頁。

[19] 許常惠教授的單音唱法分類細目，參見其著作《台灣山地民謠原始音樂第一集》，第 11 頁。

[20] 阿美族這四首曲子的樂譜，可參見許常惠採編《台灣山地民謠原始音樂第一、二集》。

的柔美抒情，幾乎可以媲美於舒伯特（F. Schubert）的藝術歌【菩提樹】

（Der Lindenbaum）。依許常惠教授的錄音，該曲子的唱詞以及歌詞大意

如下：

mio zor kiso ina,	英勇的少年郎，
mio zor kiso ina,	家住在鄰村莊。
mi sala mado yawawa,	爹娘催我去採訪，
hinam nana za,	怎想到他的媽媽，
makoto lai kuwi nani la.	冷冰冰教我冷落一旁。

　　翻譯為中文的詩篇，句子押韻且富有辭藻[21]，能充分表現出歌曲的優

雅。

【情歌】

阿美族民歌
台東縣成功鎮
許常惠採集

mi o zor ki so i na, mi o zor ki so i na, mi sa la

ma do ya wa wa, hi nam na na za, ma ko to lai ku wi na ni la.

---

[21] 阿美族【情歌】的中文唱詞，引自許常惠《台灣山地民謠原始音樂第一集》，第
　　24頁。

2.卑南族【收穫祭之歌】與【跳舞歌】

　　阿美族之外，卑南族也屬於善歌的民族，該族的音樂風格頗近似阿美族，因此呂炳川教授認為該兩族屬於相同的音樂文化群[22]。根據作者對兩族的曲調之分析，發覺兩者的曲調組成上仍有明顯差異，阿美族歌曲多未有轉調情形，卑南族歌曲則常有轉調現象。卑南族的音樂多屬單旋律唱法，其中不乏曲調流暢、節奏輕快的歌曲，如下面譜例之【收穫祭之歌】，該曲以男女聲齊唱[23]，全曲以相同的樂段反覆唱兩遍，樂段由兩樂句〔A〕與〔B〕組成，樂句〔A〕的中心音為 re，樂句〔B〕的音階轉到上方大二度的調子，如果將第一樂句〔A〕的音階設為C調，則第二樂句〔B〕的音階為 D 調，樂曲的中心音為該調的第五級音，即 sol。

　　【結婚歌】為女聲齊唱，全曲共四樂段，以相同的樂段〔A〕反覆演唱，樂段〔A〕由兩個樂句（a、b）組成，樂句〔a〕的主體調子以 la 為中心音，而在最後四小節則轉到同名的大調，如將以 la 為中心音的部分解釋為a小調，則結束的四小節轉到A大調。樂句〔b〕共計十六小節，很強烈地以 la 為調中心音。

　　【跳舞歌】為卑南族另一首流暢動聽的歌曲，根據許常惠教授的錄音，該曲以女聲齊唱，它的樂曲形式為 A-B1-C-B2，其中〔B1〕由兩樂句〔b1、b2〕組成，〔b2〕為〔b1〕的反覆，〔B2〕只有一個樂句〔b〕；全曲的調中心一致地為 la，其中以〔C〕為樂曲的高潮。

---

22 卑南族與阿美族屬相同音樂文化群的說法，參見呂炳川著《台灣土著族音樂》，第 57 頁。

23 【收穫祭之歌】的音樂，可參見風潮有聲公司出版的《台灣原住民音樂紀實 4─卑南族之歌》。

【收穫祭之歌】

卑南族民歌
台東縣卑南鄉
風潮有聲公司

〔A1〕 na lo wa na i la na lo a o na

i a o, 〔B1〕 i na na na lo ha na

i ya na ya a i ya oi.

〔A2〕 na lo wa na i la na lo a o na

i a o, 〔B2〕 i na na na lo ha na

i ya na ya a i ya oi.

【結婚歌】

卑南族
許常惠錄音
約1978年

女聲和

〔A1〕(a1)
i na a o a ma a a, i na a o a ma

a ma a e yo ai a yin e ya ai o ai ya.

〔A1〕(b1)
i na o ai ya, i na o ai ya ha na e,

ai yo i yo a, hai ya ha na e, ai ya i ya o hai ya. i

〔A2〕(a2)
ti ya ka tu a za a, i ti ya ka ya a za a i

〔A2〕(b2)
yo i a na e ai a ai yo ai ya. i ya a ai

ya, i ya o hai a ha na e, ai yo i yo

〔A3〕(a3)
a ai yo ha na e. ai a i a o hai ya. o ni yan ni ta ka

ko la   o ni yan ni za ka ta ma ku a, i yo ai a han

i ai ya ai o ai ya.   i a a ai

ya,   i ya o ai a ha na i.   ai yo i o

a ai yo ha na i ai a i a o ai ya.   i o ha ma

na mi zu la ya,   i o a na la pa na za gna, i

a ai a han i e ya ai yo ai ya.   i ya o ai

ya,   i ya o ai a ha na e,   ai o i o

a ai a ha na e, ai a ia o hai ya.

【跳舞歌】

卑南族
許常惠錄音
約1978年

女聲和：

bi no li ya i ta yan, bi no si ya

en si yan, sa ga no lo le yi yo no

ka i ba na lo ka lo no ta la lo a

li ku so no li a no sa hai yo hai yan.

a to wan hai na ya wan hai yo hai

yan. hai yan hai ha o yan ho i yan

ho i yan ho hai yo hei ho hai i ha ho yan ho an na

hen i hei yan na ho hen hai yan. i yo o

yan a i yan an lo hai yo hai yan en hai i yan ho

yan ho ha yo hen ho hei yan a o ho en hoi

〔C〕

yan. o ni na zu i ki na ki na

lo yo ne, li hi a la sio si a

si no si a e. a i ya en ho ai

〔B2〕

i e an a in an ai, ho yo yan o

i ai yo ai yo hai an yo hai i yan o yan ho

hai yo he hi ei an a o ho en hai yan.

㈤誦唸式音樂

　　台灣原住民屬於單旋律的音樂，第二種歌唱樣式為誦唸式，至於單旋律音樂中曲調華麗者，為突出音樂的特徵，本書將它以「抒情式音樂」單獨介紹，相關文字請參閱前文。誦唸式的歌唱也可稱為朗誦式（recitative），以歐洲藝術音樂的情形言之，朗誦式唱法常用於歌劇，為劇中人物說白敘述的主要方式，如為抒情的情感，即詩文的部分，作曲家多以歌曲的形式譜曲，這種形式的演唱通常稱為詠歎調（aria）。以曲調的結構言之，朗誦或誦唸式的旋律較樸素，多為同音的反覆；而詠歎調的曲調華彩，較富於變化。

　　誦唸式的唱法或歌曲，每個民族中都可找到例子，而居住於蘭嶼的達悟族（以前稱為雅美族），幾乎所有的歌曲都以誦唸方式演唱，該族歌曲的音階基本型態為由三個音組成的下行音階 mi-re-do，不過由於演唱時誦唸音調的作用，三個音的律高關係，並不同於漢族音階中該三個音的音程關係。關於達悟族的音樂，可參見風潮有聲公司出版的《台灣原住民音樂紀實3──雅美族之歌》，或第一唱片行出版的《卑南族與雅美族民歌》，至於歌曲的分析，可參見呂炳川《台灣土著族音樂》或黑澤隆朝《台灣高砂族の音樂》。

1. 泰雅族【朋友相聚歌】

　　黑澤隆朝的調查研究成果顯示，泰雅族的音樂都為單旋律，呂炳川教授的調查成果中，除了一首較特殊的曲子（【婚禮舞蹈歌】）為卡農式的合唱，其餘的歌曲也都為單旋律。根據呂炳川與許常惠兩位教授的錄音，泰雅族音樂的音階為三音或四音，曲調的進行喜歡用下行的方式，如【朋友相聚歌】與【泰雅族的歌】，該兩首歌曲為李哲洋先生於一九八三年在宜蘭縣南澳鄉所錄，兩首都為四音音階，其形式

為 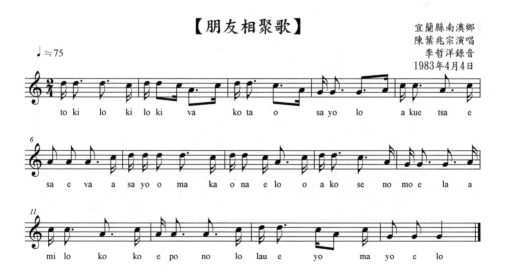【朋友相聚歌】的調中心音為 sol，【泰雅族的歌】的調中心音為 la。【泰雅族的歌】反覆唱三次，第一次段旋律所使用的音階，除了慣用的四個音之外，第二小節的 re 音用了一個上方大二度的音作為裝飾，因此如果將該音計算在內，該曲為五音音階，不過如以整體來看，很顯然地，mi 音並非有意識地運用。

2. 賽夏族【取尾歌】

台灣原住民的誦唸式音樂中最純樸者，可以在賽夏族的歌曲中找到若干例子。根據許常惠教授的錄音，賽夏族民歌中的【取尾歌】的唱詞共有四段，以相同的樂段反覆演唱，該樂段的長度為八小節，拍子形式為 4/4 ＋3/4，並以之作規律性的反覆，至於曲調只使用兩個音，因此為二音音階，屬於最原始的音階形式。【離別歌】的唱詞計為兩段，以相同曲調反覆唱兩遍，拍子為 3/4 拍，音階形式則為三音音階。兩首歌曲的樂譜如下。

【泰雅族的歌】

宜蘭縣南澳鄉
陳葉兆宗演唱
李哲洋錄音
1983年4月4日

[A1]
la ma ko sa mo men te, mo ke o ko la mo ta, pa ma ko le

ma to le. la mas ma bo ma wa la, ko a ko na ke ka ke,

na lo ko be na yo wa, se ya ga bo mo la o se.

[A2]
ko o meng na ma ko na lo, la sue ba ko so wue sue,

ko no wa na ko va le, la na ka la na mo ke, tue ho sua e zi ya la,

ho mo lo lo ma mo ke, to ge bo kue o ya ke.

[A3]
mo wa ma bo ma re la, ka na be ya ga sa ma, se ya sa ko ba sae la,

sa ka bo so go to la, sa we bo kue e sae te.

【取尾歌】

賽夏族
新竹縣五峰鄉
許常惠錄音
約1978年

【離別歌】

賽夏族
新竹縣五峰鄉
許常惠錄音
約1978年

第二節

客家民歌

　　客家民歌為流傳於客家地區的歌曲，根據族群居住的狀況，台灣的客家人主要分布於北部的桃園、新竹、苗栗，以及南部地區的高雄、屏東一帶，而以美濃為最密集的居住區，至於中部的台中縣、南投縣，東部地區的花蓮縣、台東縣，也有客家人散居。而我們所熟知的客家民歌，主要指流傳於桃、竹、苗地區，也就是所謂的北部地區的客家人社會。客家民歌的數量並不如原住民民歌，不過卻比福佬語系的民歌稍豐富些，本節將擇要地敘述較具代表性的客家民歌，並略述其音樂特徵。客家民歌的主要著作，可參見楊兆禎著《台灣客家系民歌》。

　　客家民歌除了作為勞動生活，或閒居娛樂時發抒情性，其中多數曲調也能見於客家地區的戲曲，這種情形與福佬民歌與歌子戲唱腔之間的關係一樣，歌子戲唱腔除了屬於歌子戲劇場所固有，也有部分吸收自福佬民歌，如【宜蘭調】等。客家地區的戲曲，種類與福佬地區的戲曲一般，也有一定的豐富性，如歌子戲、北管戲、四平戲等，其中具有客家文化特色者，為客家採茶戲。流傳於客家地區的戲曲，通稱為採茶戲，早期的形式則稱為三腳採茶戲。較早期三腳採茶戲所使用的唱腔，曲目多與客家民歌相同，客家戲曲中所使用的唱腔與客家民歌的關係，可參閱鄭榮興著《台灣客家音樂》。

㈠曲目概述

　　根據楊兆禎先生的調查，桃竹苗地區的客家民歌計有：老山歌、山歌子、平板、送郎歌、初一朝、苦力娘、羅東調、上山採茶、病子歌、十二

月古人、勸世文、桃花開、撐渡船、十八摸、送金釵、思戀歌、賣酒、瓜子仁、陳士雲、洗手巾、五更歌、過新年、誦經調，高屏地區的客家民歌有：美濃山歌、下南調、賣茶調、搖籃調，宜蘭地區者有羅東調。楊兆禎先生的調查研究顯示[24]，台灣的客家民歌主要流傳於北部的客家地區，這種現象符合南北兩地的客家人口密度的情形。

　　學術界對傳統音樂曲目的論述，常有含混地描述其數量多的傾向，客家民歌方面的研究情形亦不例外，皆以「九腔十八調」描述客家民歌數量的豐富性。如根據客家民歌專家楊兆禎教授《台灣客家系民歌》，流傳於台灣客家地區的民歌計有二十八個曲調，該書所採譜分析的另外十三首樂曲（十二個曲調），其傳唱地區則為福建省與廣東省的客家社會。

　　流傳於客家社會、以客家語演唱的民歌雖有上述的二十八個曲調，不過如以曲調的源流觀之，上述二十八個曲調之中除了客家民歌固有的曲目，部分則屬於吸收運用，如【思戀歌】的曲調來自中國傳統樂曲【銀柳絲】，【五更歌】來自【孟姜女調】，而【從軍歌】則為一首當代創作歌曲[25]。

㈢無固定文本之曲調及其特徵

　　客家民歌的音樂特徵，如以拍法結構論之，可分為散漫式拍法與規律式拍法，如果以唱詞與曲調之間的關係，則可分為無固定文本曲調以及固定文本曲調兩類，無固定文本的曲調以【老山歌】、【山歌子】最具代表性。

---

[24] 資料引自楊兆禎撰《台灣客家系民歌》，該書並著錄十三首福建省與廣東省的客家民歌。

[25]【思戀歌】、【五更歌】、【從軍歌】，參見楊兆禎《台灣客家系民歌》，第92頁、99頁、104頁。

1.【老山歌】

　　客家民歌有時也稱為客家山歌，這當與傳唱空間有關係，特徵場所為茶山，於採茶工作時演唱，以排遣漫漫且孤寂的工作，或作為工作間的休閒娛樂。這種情況下的客家山歌，隨著演唱者與工作情境，而有不同的唱詞內容，至於歌唱者（工作者）所使用的曲調並非各唱各調，而是利用若干固定曲調，以演唱者的狀況、文藝素養等，即興地填入唱詞。

　　無固定文本的客家山歌，最典型者為【老山歌】，該曲的節拍屬散漫式拍法，因此表現的幅度較大，亦即唱得動聽與否，隨著歌者音樂能力與文藝素養的不同，而有較為明顯的差異。以知名的客家山歌演唱者賴碧霞女士的演唱為例，她曾唱過的【老山歌】之文本如下[26]：

　　　　日日落雨起大風，毋得天晴見哥容。
　　　　按久冇看情哥面，心肝愁爛目愁矇。
　　　　摘茶愛摘兩三皮，三日冇摘老了哩。
　　　　三日冇看情哥面，一身骨節酸了哩。
　　　　久冇看哥心內愁，可比天上冇日頭。
　　　　行路毋知高低崁，睡目毋知眠那頭。
　　　　一日冇看三日愁，千斤石板壓心頭。
　　　　食菜毋知菜鹹淡，食飯可比吞石頭。

　　唱詞中的「冇」意思同於「無」。一首【老山歌】的篇幅，可由演唱者視當場的狀況予以決定長短，基本上為整齊的七字句，不過演唱時於必要處仍會加入聲辭，以便於運腔，或加入語辭甚至襯字，使歌曲的詞義更

---

[26] 賴碧霞演唱的【老山歌】曲詞、以及採譜所憑藉的錄音資料，皆引自第一唱片公司所出版的《賴碧霞的客家民謠》。

為流暢生活化。以賴碧霞女士的演唱為例，如將唱腔中的本辭、語辭、以及聲辭記錄下來，則上述第一段的文本為：

　　日日落雨起大風哪，毋得唎天晴阿見哥容阿。按久冇看情哥面哪，心肝唎愁爛阿目愁矇阿（ga^{n}）。

　　賴碧霞女士演唱的【老山歌】，每四句以絲竹過門分隔，故形式上為以四句為一樂段，如細審其旋律，實乃以兩句唱詞為一個樂句。楊兆禎教授採譜的三首樂曲，則以兩句為一樂段[27]，彼此之間的句法雖不同，曲調的架構皆相同地為 mi-la-do-mi，亦即音域在 mi-mi 的八度內。

　　觀察上述兩例，【老山歌】的樂曲形式並不相同，它究竟為以二句或四句為一段？詳細分析賴碧霞女士所演唱【老山歌】的唱詞與旋律語法的關係，前兩各句子的結構為：七（四‧三）‧七（二‧五），第一句的結腔（即第七字）在以 la 為中心作自由的吟唱；第二句分為兩個分句，第一分句的結腔（第二字）由 la 下行滑唱至 mi，第二分句的結腔（即第二句的第七字）唱法同第一句的結腔。第三句與第四句的旋律雖相同於第一句與第二句，唱詞的句法則不同為：七（二‧五）‧七（二‧五），亦即第三句與第四句並非第一句與第二句的反覆，由此可以判斷【老山歌】的樂段由四個句子組成。

　　【老山歌】的音階，主體結構為三音，而當從 la 下行到 mi 的過程中，常有一個滑行的裝飾音，該音僅出現於各句的結腔處，然而也因為該音的運用，添增【老山歌】特殊的腔韻。【老山歌】的音樂以兩句為一個樂段，如果以唱詞的文意分段，則以四句為一段。茲以上述賴碧霞女士的演唱為例，將【老山歌】的音樂採譜如下。

---

[27] 參見楊兆禎著《台灣客家系民歌》，第 56-59 頁。

【老山歌】

客家民歌
賴碧霞演唱
1982年，第一唱片

〔A1〕

日日落雨　　起大風，哪

毋得咧　　天晴阿見哥容。阿

按久　　冇看情哥面，

我心肝　　愁爛目愁矇。

〔A2〕

摘茶愛摘　雨三皮，

俺三日喔摘　老了哩。

三日　　有看俺情哥面，哪

俺一身咧　骨節酸了哩。

2.【山歌子】

具有特色的客家山歌,【老山歌】之外當為【山歌子】,它亦屬於沒有固定文本的樂曲,由歌唱者視情況填入唱詞,不過它的樂曲樣式與【老山歌】有基本的差別,為具有規律拍法的曲子,也由於如此,樂曲有一定的規範,較無法讓演唱者做彈性的發揮。【山歌子】以兩句為一樂段,並視文本的篇幅長短,可以做多次的反覆,如下例由賴碧霞女士所演唱的唱段[28]:

> 米篩篩米谷在心,喊哥戀妹愛真心。
> 莫做千眼米篩樣,妹愛蠟燭一條心。
> 妹當阿哥一團金,阿哥嫌妹恁無心。
> 飯甑肚裡放燈草,久裡正知妹蒸心。
> 錫打禁指金包皮,一心打來送界你。
> 哥嫌禁指銅打介,心中有錫哥毋知。

上述的演唱,每兩句就有絲竹過門作為樂段的分隔,句子的結構為:七(四・三)・七(四・三);曲調的主體架構為 la-do-mi-la,亦即主要音域在la-la的八度內,第二句的第二分句則上揚至高音的mi。第一句與第二句的結音分別為la與mi,第二句的結腔(第七字)由la下行滑唱至mi,唱法相同於【老山歌】的結腔。

如同【老山歌】,唱腔中的【山歌子】文本也並非只有七個字,演唱者也經常加入聲辭,以便於演唱或使詞情更為生活化,如上述由賴碧霞女士演唱的音樂,文本所包括的唱詞與聲辭如下:

---

[28] 賴碧霞演唱的【山歌子】曲詞、以及採譜所憑藉的錄音資料,皆引自第一唱片公司所出版的《賴碧霞的客家民謠》。

米篩唒篩阿米谷在唒心阿，喊哥喔戀阿妹阿愛真喔心喔。

【山歌子】與【老山歌】的曲調頗為近似，主要區別為曲調型態，前者有固定節拍，音域較廣；後者的節拍自由，音域在八度之內；至於兩者的音階都相同地為三音音階，並有裝飾性的第四音。【山歌子】以兩句為一個樂段，根據唱詞的詞義，則仍為四句為一段。

【山歌子】

客家民歌
賴碧霞演唱
1982年，第一唱片

3.【平板】

客家山歌中沒有固定文本的曲調之一為【平板】，它與北管古路戲板式之一的【平板】為同名異曲，彼此之間並無任何關係。客家民歌的【平板】為規律式拍法，該曲調的特徵，據楊兆禎教授的解釋，云為「不高不低，平平穩穩的曲調，又稱改良調」[29]，他推測該調產生於【老山歌】與【山歌子】之後。

【平板】的音樂仍以兩句為一樂段，並視文本的篇幅長短，可以做多次的反覆，如下例由賴碧霞女士所演唱的樂曲[30]：

> 河裡無水起沙屯，阿哥人才蓋一村。
> 芋荷醃生榜酒食，喊妹怎般毋會昏。
> 雙腳來到大河唇，鯉魚鯽子群打群。
> 兩罐藥漿丟落水，毒倕毋死也會昏。
> 韭菜開花像包針，緊想阿哥緊入心。
> 阿哥可比狗抓豆，食得多來也會昏。

樂曲雖以兩句為一個樂段，詞義上則為四句為一段。如同【老山歌】或【山歌子】，唱腔中的【平板】文本也並非只有七個字，演唱者也經常加入聲辭，以便於演唱或使詞情更為生活化，如上述由賴碧霞女士演唱的音樂，文本所包括的唱詞與聲辭如下：

> 河裡唷無水起沙唷屯阿，阿哥阿人阿才阿蓋一阿村阿。

---

[29] 引自楊兆禎著《台灣客家系民歌》，第 64 頁。

[30] 賴碧霞演唱的【山歌子】曲詞以及採譜所憑藉的錄音資料，皆引自第一唱片公司所出版的《賴碧霞的客家民謠》。

賴碧霞女士在上述的唱腔中所運用的聲辭，主要為開口的「阿」音，與北
管古路戲粗口唱腔所用的聲辭相同。

(三)固定文本之歌曲及其特徵

除了【老山歌】、【山歌子】以及【平板】之外的客家民歌，唱詞都
屬固定的，亦即歌唱者在演唱這類曲子時，並無文本上的差別。知名客家
民歌演唱者賴碧霞女士在由許常惠教授策劃的『第一屆民間樂人音樂會』
中所唱的曲目[31]，屬於固定文本者有：送金釵、跳酒、剪剪花。

固定文本歌曲中之一的【病子歌】，內容詼諧逗趣，其唱詞如下[32]：

男：正月裡來新年時，女：娘今病子無人知。
男：阿哥問娘食麼介，女：愛食豬腸炒薑絲。
男：二月裡來是春分，女：娘今病子亂紛紛。
男：阿哥問娘食麼介，女：愛食糕子煎鴨春。
男：三月裡來三月三，女：娘今病子心頭淡。
男：阿哥問娘食麼介，女：愛食酸澀虎頭柑。

唱詞以四句為一個樂段，該段設為 A，每段的第四句則有對唱與合唱，
此段設為 B。以第一段為例，樂曲中的處理如下：

女：愛食豬腸炒薑絲。男：愛食來去買，
女：炒薑絲，合：愛食豬腸炒薑絲。

每段的第四句都做相同的處理。這首曲子的速度較快，拍法為二拍子，
音階與調式則稍不同於前述各曲。為了便於描述該曲的音階與調式特點，
假設樂曲開始的音階為 C 調音階，則每段四句的曲調（即 A）為五音音階

---

31 參見由書評書目社出版之《第一屆民間樂人音樂會選粹》唱片。
32 該段唱詞引自第一唱片公司所出版的《賴碧霞的客家民謠》。

的 la 調式，B 段則轉到 F 調音階的 la 調式。

可能出自【病子歌】的對唱性，具有這種效果的曲子，在漢人傳統樂曲中似無第二例，故該曲也被歌子戲劇場所吸收，歌子戲劇場稱這個曲調的唱腔為【串調】33、或【藏調】34，此曲調主要用於兩個腳色互相對罵的場面，如下例《玉堂春》中老鴇頭逼迫玉堂春前往酒樓陪客，玉堂春不從之後的責罵情節：

老鴇頭：我罵你這可惡這個死賤婢，

玉堂春：彼個我勸媽媽你就甭受氣。

老鴇頭：趕緊俗我是款人客，

玉堂春：我是不愛來賺錢。

老鴇頭：敢有影，

玉堂春：甭受氣，哀求媽媽你來甭受氣，甭受氣。

前四句對唱的曲調為【病子歌】的 A，隨後答唱的曲調為【病子歌】的 B。責罵的場面基本上都使用此曲調，又如下例《王文英認親》中的唱段：

老生：可恨文英是膽包天，煞死辰父（？）的女婢，

小生：岳父近前我欲問你，

老生：你今煞死在房邊。太無理在房邊，煞死女婢，

合唱：在房邊，伊－伊囉伊。

---

33 將該曲調稱為【串調仔】者，參閱徐麗紗著《台灣歌仔戲唱取來源的分類研究》第 219-221 頁。

34 稱該調為【藏調】者，參見《聽到台灣歷史的聲音》第 73 頁之〈審郭槐前集第七〉。

　　生氣時責罵的場景多為兩個腳色的對唱，不過也有單一腳色的獨唱，如《三娘教子》中的例子：

　　　　予我看著再罵你，就罵你這個畜生較無理。趕緊你這金錢就來提起，若無較停你就穩當死。穩當死，若無較停你就穩當死，死奴婢。

　　該段以【病子歌】演唱的唱腔，就由同一腳色演唱到底。【病子歌】除了用於生氣的場合，有些較為抒情性的答唱場面，演員也運用該調，如《補破網》中的情形：

正旦：東爿一欉是紅牡丹，
貼旦：西爿一欉我過腳蘭。
正旦：叫君伸手復佮伊摘，
小生：我摘返房間復插花矸，
正旦：插花矸，
小生：我摘返來，
正旦：我摘返房間來去插花矸，
合唱：伊，伊囉伊。

　　茲以《玉堂春》中老鴇頭責備玉堂春時兩者所演唱的【串調】為例，呈現歌子戲劇場吸收客家民歌【病子歌】的情形。

【串調】

歌子戲《玉堂春》
汪思明劇團
1955年

♩≒130

〔A〕

鴇母：我　　罵你這可惡這個死賤婢，

玉堂春：彼個我　　勸　媽媽你就甭受氣。

鴇母：
趕　緊　佮我是　款人

玉堂春：
客，　　　　　我　是　不愛

鴇母：　　　　　　玉堂春：
來賺　錢。　敢　有影，　甭受　氣，

〔B〕
唉　求　媽媽　你來　甭　受

氣，　　　伊

甭　受　氣。

第三節

福佬民歌

　　福佬語過去通稱為台語，目前「台語」則作為包括客家語以及原住民語言的總稱；另有稱為閩南語，不過在音樂文化圈如採用閩南語，則「閩南民歌」或「閩南語民歌」將涵蓋福建省泉州地區與漳州地區的民歌，詞義太廣泛且定義不清，故本書乃採用「福佬語」以及「福佬民歌」的詞彙，以相對於「客家語」以及「客家民歌」。

　　福佬民歌的數量並不多，如果將許常惠教授《台灣福佬系民歌》中的樂曲全部計算在內，總數也僅有二十七首，而其中多首皆流傳於歌子戲劇場與車鼓弄。福佬民歌皆屬於單旋律樂曲，由一個人演唱，並未見合唱的現象，更談不上如布農族或鄒族的和聲式音樂，或阿美族的複音音樂。多數的福佬語民歌都為固定旋律以及唱詞，曲調方面都較為簡樸，沒有如同阿美族或卑南族的華彩曲調，因此，從音樂的觀點言之，福佬民歌中實很難稱得上有無代表性樂曲；如從唱詞的創作性與多樣性觀之，值得一提的樂曲可以【思雙枝】與【宜蘭調】為代表。

㈠曲目概述

　　相較於原住民，福佬語系民歌的數量相當少，形成這種現象的因素約可歸納為三：社會結構的演變、娛樂生活、民族的藝文性。民歌通常存在於社會仍處較初始狀態的階段，以現況仍能檢視此規律，例如民國五十年代的福佬語社會，正處於農業與工商業轉型之際，社會生活型態已經產生改變，民歌雖已逐漸消失，仍能從人們的記憶中挖掘出目前我們所看到的這些曲目；社會高度發展的今日台灣社會，民歌的活傳統（英：living tradition，法：tradition vivante）幾乎已經完全消失。作為社會文化現象之一的民歌，它的存在乃以娛樂性為基礎。傳統社會時期，福佬語系社會的主要休閒節目頗多，包括各類樂種與劇種，後者的娛樂效果當比民歌高出若干倍。在這種藝文生態下，民歌不但無法發展，且必然受到其他藝文形式的排擠作用。

根據知名的音樂學者許常惠教授的的研究，福佬系的民歌計有 35：宜蘭調（丟丟銅仔）、宜蘭哭調（正哭）、台北調、崁仔腳調、彰化調、台南調（駛犁歌）、車鼓調（桃花過渡）、艋舺哭調、台南哭調（反哭）、五更鼓調、草螟弄雞公、思想起、四季春、牛尾擺、台東調、三聲無奈、耕農歌、六月田水、一隻鳥仔哮救救、一隻鳥仔、六月茉莉、卜卦調、農村歌、天黑黑、搖嬰仔歌、乞食歌、哭調（哭喪歌），上述諸曲多數皆未標示演唱者。根據該書曲譜中唱詞的內容，以及演唱者的資料，宜蘭哭調、台北調、彰化調、台南調、艋舺哭調、台南哭調等，都來自歌子戲，固然，我們也可以將這種現象解釋為，該些曲調為早期歌子戲劇場吸收自福佬民歌者。至於【彰化調】一曲，據測當為引自呂訴上《台灣歌仔戲史》，該曲在歌子戲劇場中稱為【走路調】36。

民歌的文本反應特定社會的種種特徵，故流傳都有特定的地域性，根據許常惠教授的研究，產生於嘉南地區者有：駛犁歌、桃花過渡、台南哭調、彰化調、天黑黑等，產生於宜蘭地區者為：宜蘭調、丟丟銅仔、六月田水等，產生於恆春地區者為：思想起、四季春、牛尾擺、台東調等，產生於台北者有：台北調、艋舺調等37。作者於民國四十年代生長於彰化縣八卦山下的農村，所聞聽過的民歌並未超出許常惠教授所描述的範圍，且

---

35 該些曲目引自許常惠撰《台灣福佬系民歌》。

36 歌子戲的【走路調】曲譜，可參見徐麗紗著《台灣歌仔戲唱取來源的分類研究》，第 263 頁。

37 引自許常惠著《台灣福佬系民歌》，第 12-13 頁。

在二十五年的傳統音樂調查研究過程中，偶能發現有關樂種或儀式音樂方面的材料，但都未曾看到實際的民歌生態，因此，個人認為上述由許常惠教授所建立的曲目，可視為福佬民歌歷史遺存的總結。

（二）【思雙枝】

從相關資料以及個人實際接觸的經驗，屏東縣的恆春地區應為台灣福佬語系較富有音樂的社群。根據有限的資料顯示，該地農村社會的人們日常生活中，歌唱似乎為僅有的娛樂方式，因此民歌較為發達。專門針對恆春地區民歌調查研究者，當為許常惠教授，其後陳俊斌也曾以該地的民歌，完成碩士學位論文《恆春調民謠研究》。從許常惠教授或陳俊斌先生的調查，顯示恆春地區的民歌仍有一定的數量，至於曲調方面則只有五首，其中又以一首被文化界稱為【思想起】的曲子，生態最為蓬勃。

1. 曲名分析

恆春地區民歌中最為當地以及外界熟知者，當為一首稱為 su¹ siang¹-ki¹ 的樂曲，該首樂曲的名稱，藝文界都普遍地將它寫為「思想起」。透過中國廣播公司高雄電台於一九六三年在恆春車城鄉舉辦的「恆春民謠歌唱比賽」的演唱錄音資料，該次演唱會的樂曲共計十三首，其中三首分別以【牛犁歌】、【四季歌】、【五空小調】演唱，其餘由不同歌者演唱的十首曲子都為相同的曲調，且每個歌手於各段唱詞中所唱的文本及語音，都相同地稱為 su¹ siang¹-ki¹。按「思想起」的福佬語為 su¹-siong² khi²，它與 su¹ siang¹-ki¹ 的語音雖近似，卻不完全相同，最大的差異則在語意方面。根據語音，第三音節的聲母為沒有送氣的顎音，符合 su¹ siang¹-ki¹ 的中文為「思雙枝」，至於該詞的詞義是否符於該首曲子的特徵？福佬語系基層社會中有 bai²-bai² ma³ su¹ siang¹-ki¹ 的俚語，語意為對當時環境的企盼，中文為「醜醜嘛思雙枝」。而根據作者所聽過的【su¹ siang¹-ki¹】，有一首的文本為：

su¹ siang¹-ki¹，甘蔗好吃雙頭甜，大某娶了伊就娶細姨阿伊就唉唷喂。

因此，透過樂曲語音的仔細比較，以及語意與台灣基層社會民俗的觀察，個人認為的曲調名稱應以【思雙枝】，方能紀錄詞彙的真實語音，以及該首歌曲所反應農業時代以男性為主體的社會心理。

2.自由拍的【思雙枝】

【思雙枝】並非一首固定的樂曲，每個人演唱的文本都不相同，基本的曲調則相同，而由於演唱型態的差異，因此存在著兩種不同拍法形式的唱法，其一即為自由節拍的歌唱。許常惠教授曾對這首樂曲進行分析[38]，他所記錄的樂曲都有劃上小節線，不過如仔細觀察樂句的組成，仍可將該批樂曲分為自由拍以及規律式拍法兩類。至於陳俊彬先生在恆春民歌專著中所呈現的八首【思想起】樂譜，都以自由拍的形式記譜[39]，顯示他所採集到的該首歌曲都屬於自由拍的形式。

由中國廣播公司高雄台於一九六三年在車城鄉所錄的十首【思雙枝】，其中有八首屬於自由拍，能聽寫出較完整唱詞的曲子如下：

陳　　達：思雙阿枝，祝賀聖壽阿處過○○，喔今來就鬧倉倉啊喂。
　　　　　啊棚腳的人處吵這人啊喂，唷看你來今會輕鬆。思雙枝，
　　　　　大廟坐東阿東阿在坐西，唷三間大廟在起規排啊喂。明明
　　　　　功果欲予伊這個在啊喂，南北二路 chiau³-chiau³ 來啊喂。

廖萬枝：思阿雙阿枝，八阿月是十五阿是人中秋，大家來快樂才來
　　　　　看月亮啊喂。月亮阿你光阿光嘛好思賞啊喂，唉唷舉辦阿

---

38 許常惠教授所記錄的十四首【思想起】樂譜，參見他所撰的〈恆春民謠思想豈知
　比較研究〉。

39 參見陳俊斌著《恆春調民謠研究》之二〈歌詞與譜例〉。

歌唱阿你比賽啊喂。思阿雙阿枝，今日是歌唱在比賽，各
阿位阿歌手嘛佮阮chiau³-chiau³來啊喂，歌唱阿嘛咱大家阿
的娛樂代唉唷喂，唉唷就要那順事嘛合應該啊喂。

王昆錫：處思阿雙阿枝，你中阿秋人月餅阿來圓 lin²-lin²，就日阿福
德阿的誕辰啊喂，唉唷暫訂食菜來祝賀神啊喂，唉唷誠心
阿誠意阿敬阿福神啊喂。彼思雙阿枝，柴城安宮阿你有阿
靈阿聖，你直好地理伊一名。

陳　香：思阿雙阿枝，八月十五阿你鬧熱代，laᵖ⁴tue² siaᵗ⁴si¹ 處兩邊
排啊喂，下昏阿阮唱歌在比我賽啊喂，唉唷來佮老爺祝賀
才合應該啊喂。思阿雙阿枝，三處大廟阿你門向東，福德
老爺在蔭眾人啊喂，十一村的內底有願處望啊喂，唉唷伊
那替咱庄內那鬥幫忙啊喂。思阿雙阿枝，六十一阿我番落
癲，煩惱我會老處不少年啊喂，真真我有影現tu¹現啊喂，
唉唷事實的有影復無瞞騙啊喂。

　　以這種拍法演唱的共同特點為沒有伴奏，至於陳達則自彈自唱。唱詞
的文本以四句為一段，基本上以七字為一句，每段都以「思雙枝」作為引
曲。

3.規律拍的【思雙枝】

　　傳唱於城市社會或音樂廳之間的【思雙枝】，多數都為規律拍的二拍
子，這當起於規律拍較容易控制，且便於與伴奏取得協調一致。規律拍形
式的【思雙枝】並非進入城市社會之後因適應性產生的變化，在原來的生
態圈已經有該類型態的演唱，如下兩例所示，資料來源仍為中國廣播公司
高雄台。

林　本：彼處思雙阿枝，八阿月十五阿你中秋暝，老爺就祝阿你的日子啊
喂，今阿日亦無在做戲啊喂，唉唷大先就唱歌阿在戲棚啊喂。彼

處思雙阿枝，叫阮唸歌你阮就唸，不好就聽著阿來疼點啊喂，阮唱的歌那欠點啊喂，唉唷大家同情阿你願漏閃啊喂。彼處思雙阿枝，小阿妹今年處六十阿三，唱歌嘛較重呾啊喂，唉唷酣眠阿比賽就阮不敢啊喂，唉唷因為著寫批去交 kha^1 啊喂。

演唱者林本為女性，唱詞顯示她的年紀六十三歲，樂曲述說歌唱比賽，以及自己參加該場歌唱比賽的原因。曲中的詞彙「酣眠」語音 $ham^7\text{-}bin^5$，意為作夢，「重呾」語音 $tieng^5\text{-}ta^{n5}$，意指說話反反覆覆，其中呾為廣東潮州腔調，例如泉州腔的說話，潮州腔調則為呾話。

小妹妹：思阿雙枝，十八姑娘阿一阿朵花，面肉細白阿真迷人，紅紅嘴唇嘛真可的愛，唉唷，粉色 $chhui^2\text{-}phue^2$ 一啊喂。世間阿人真想伊啊喂，無錢的少年阿就想伊啊喂，有錢阿老人伊不嫁啊喂，十八姑娘阿一朵花啊喂。

演唱者的身分，根據錄音帶中的播報介紹，為八歲的小妹妹，文本主要取材自一首通俗歌曲【十八姑娘一朵花】。兩者的演唱都同樣地以殼子絃與月琴伴奏，樂曲的律動相當明確地為二拍子。至於另外有一首以【思雙枝】演唱的相褒歌，曲詞參閱後文，演唱者分別為陳玉枝與廖萬枝，仍有殼子絃與月琴伴奏，兩位演唱者的拍法並不相同，前者以自由拍、後者以規律式拍法演唱。

以規律式拍法演唱的【思雙枝】，演唱之前有一段器樂過門，樂曲以四句為一段，各句的結音分別為 la-sol-re-sol。樂曲可以做多次反覆，不過以兩段為較常見，每段之間仍有過門，旋律相同於起腔的過門。規律式拍法的【思雙枝】如下例，由林本女士的演唱。

【思雙枝】

福佬語民歌
林本演唱
屏東縣車城鄉‧1963年

許 處 思 雙 阿 枝，

八 阿 月 十 五 阿 咧 中 秋 冥，

老 爺 祝 壽 的 日 子。阿

喂

廟 前 亦 無 在 作 戲，

阿 喂 代 先 就 唱 歌

在 戲 棚。阿 喂

㊁【宜蘭調】

產生於宜蘭地區的福佬民歌，許常惠教授認為有【宜蘭哭調】、【丟丟銅仔】、【六月田水】等，其中【丟丟銅仔】一曲的流傳最廣，因此該曲也稱為【宜蘭調】，這當起因於該首歌曲較為膾炙人口，本文所稱的【宜蘭調】即指該首曲子。

1. 名稱略述

作為特定曲調名稱的【宜蘭調】，為一般人所熟知、且最最為膾炙人口者，其唱詞如下：

> 火車行到伊就阿妹伊就唉唷 pong³-khang¹ 內，pong³-khang¹ 的水伊就 tiu⁴-tiu⁴ 動阿伊就阿妹伊就 tiu⁴ 阿伊就滴落來。

只要對該曲的文本稍加分析，可以看出文本為描述男女的情愛動作，也因此之故，民國八十年代以前，這首歌曲與【補破網】、【綠島小夜曲】、【採檳榔】等，同被列為禁播歌曲。曲中的唱詞多俚俗之語，故文本中若干處的寫法頗為不一，其中-khang¹ 指以火藥炸出來的洞，pong³ 有「炸」的意思，因此 pong³-khang¹ 應書寫為「磅孔」較為妥當，而非「磅空」。至於 tiu⁴ 或 tiu⁴-tiu⁴ 的意思相同，後者屬雙聲疊韻的用法，「tiu⁴-tiu⁴ 動」為抽動的意思，語意接近抽抽動，常被以諧音寫為「丟丟咚」或「丟丟銅」。

將上述樂曲名稱題為【tiu⁴-tiu⁴ 動】，並不符於漢族傳統歌唱類樂曲的命名方式，漢族歌唱類樂曲的命名方式，分別有唱詞命名法，此方式者取唱詞第一句的前三或四字作為曲名，遠古者如《詩經》中的各篇章，近者如南管曲，而福佬民歌中的【思雙枝】或【六月田水】等，都屬該類命名法。

2.曲調的運用

傳唱於民間的【宜蘭調】，多數都以上述的文本演唱。被吸收後加以運用的【宜蘭調】，可由演唱者依曲調填新詞，這種情形主要運用於歌子戲劇場。可能出自對【宜蘭調】詼諧逗趣的瞭解，歌子戲劇場偶也於較輕鬆場面演唱該曲調，一九五〇年代的廣播歌子戲就能找到若干例子，如汪思明於《玉堂春》的不同場次所唱的文本如下：

> 想著公子伊就阿妹伊就 tiu⁴ 阿正歹害，一些白銀伊就 tiu⁴–tiu⁴–
> tiu⁴- tiu⁴ 動阿伊就阿妹伊就 tiu⁴ 阿伊就放心開。
> 金哥一時我就阿妹伊就 tiu⁴ 阿有主意，趕緊來去伊就 tiu⁴- tiu⁴ 動
> 阿伊就阿妹 tiu⁴ 阿伊就不通遲。
> 清早起來伊就阿妹伊就 tiu⁴ 阿賣瓜子，聽著眾人就 tiu⁴- tiu⁴ 動阿
> 伊就阿妹伊就 tiu⁴ 阿伊就在講起。

汪思明頗靈活地運用該曲調，除作為敘事，也作為趕路。【宜蘭調】原曲唱詞中的「阿妹伊就 tiu⁴ 唉唷磅孔內」，歌子戲劇場都根據場景的實際需要，將它意義化。有些例子則將【宜蘭調】詼諧化，如下例《李少明認妻》中的唱段：

> 孤獨一時伊就阿媽無目睭（後場：我哪無目睭？對白：哭父，
> 不是啦）復是阿妹伊就 tiu⁴ 要來去，趕緊落街就 tiu⁴-tiu⁴ 動阿伊就阿
> 妹伊就 tiu⁴ 阿伊就甭延遲。

根據錄音資料音色的判斷，演唱該腳色者與《陳三五娘》中扮演陳三者為同一人，故該段唱腔的演唱者當為陳金鸞女士。

【宜蘭調】

歌子戲《玉堂春》
汪思明演唱1955年

【宜蘭調】

歌子戲《李少明認妻》
汪思明劇團
1955年

(二) 褒 歌

褒歌為流傳於福佬語系社會的音樂體裁，為一種男女之間戲謔式的對唱。該體裁在福佬語系社會流傳得頗廣，以言語互相戲謔為農村社會的娛樂方式之一，主要發生於男女之間，內容多帶有情愛或挑逗的意涵。男女之間如此以富有詩意的方式相互交流，當為農業社會的常民階層人際交流的一項特色。褒歌的流傳地域頗廣，台北地區、南部地區、以及澎湖縣，都有褒歌的體裁，唱詞形式相同地以四句為一段。

1. 北部的褒歌

如果說山歌是客家的採茶歌，褒歌可稱為北部地區福佬語系社會的採茶歌，它主要流傳於北部採茶地區的農村。根據洪惟仁教授的調查，台北縣有褒歌的地區計有：石門、金山、八里、三芝、林口、汐止、土城、三峽、深坑、坪林、平溪、雙溪、石碇，以及台北市的陽明山、南港等地。根據演唱關係的互動性，洪惟仁教授認為，褒歌可分為相褒與唸歌。如果以內容題材分類，則褒歌可分為兩類：一為雜類，題材有勞動、生活、風俗、詠物、讚嘆、譏諷等，這類的數量約佔褒歌的三分之二；二為情歌，顯示情歌為褒歌的主要內容[40]。褒歌之分為相褒與唸歌，這當為文本呈現方式的型態，相褒為歌唱式，至於唸歌為誦唸式。

根據作者的實地了解，北部地區目前雖仍能採集到數量頗豐的褒歌，採集到的資料都是在特地邀請下的演唱，且多屬演唱者個人的獨唱，少有男女之間互相調弄對唱的情形——這當出自演唱者皆為年紀大的老年人，已經沒有對愛情生活的憧憬，而當下的年輕人已無人以具有詩意的褒歌形

---

[40] 本文所引洪惟仁教授的褒歌研究、以及北部地區褒歌的錄音資料，參見《台北褒歌之美》，該光碟片為由他主持的研究計畫之成果。

式互相追求笑樂。根據洪惟仁教授蒐集的一百二十九首北部地區的褒歌，除了少數例外，文本都互不相同，然而各鄉村的演唱者所採用的旋律，基本上只有兩個曲調。

(1) La -do-mi-la 音型

La -do-mi-la 音型的褒歌可視為北部地區褒歌的主調，具有小調色彩，曲調基本結構與客家民歌中的【老山歌】大體上相同。此型態的褒歌旋律在 La-la 八度之內，大寫的 La 表示低八度，曲調只有 la-do-mi 三個音，亦即三音音階的形式，這種曲調結構的褒歌所佔的數量最多，如坪林鄉高美鳳女士演唱的【大石也著】：

大石也著石子捷，我娘子無哥通牽成，無籬無壁通倚並，心肝無識一時清。

「捷」語音為 kieng[1]，意為墊、襯，四句末字皆押 ieng 韻，旋律各為 mi、la、mi、la，分別以主音與屬音作為韻腳。又如深坑鄉林旺先生所演唱的【內山出有】：

內山出有大松柏，溪底嘛出有大箍蝦，阿娘子生美講無愛嫁，害死庄中的少年家。

「箍」語音為 khok[4]，此首的二至四句押 e 韻，旋律仍為 mi、la、mi、la。北部褒歌中旋律為 La-do-mi-la 結構者相當多，文本較為浪漫者大體上為如下例的款式，由雙溪鄉黃朱速女士演唱的【兩枝甘蔗】：

兩枝甘蔗平平長，毋知哪一枝較有湯，兩個哥子平好要，毋知哪一個較久長。

四句皆押ng韻，此韻為無母音的鼻音，屬於較難發音的韻部。「較有湯」為汁較多，「平好耍（sng²）」意為都一樣地好玩，唱詞顯現傳統社會女性開放多情的一面。

(2) Sol-do-re-sol 音型

旋律為 Sol-do-re-sol 音型的褒歌，可視為 La-do-mi-la 音型的變體，曲調具有大調色彩。此型態的褒歌曲調仍為八度，sol 表示中音區，Sol 表示低八度，曲調的架構為 Sol-do-re-sol。這種型態的褒歌仍以四句為一首，如下例由三峽鎮范金蓮女士所演唱的【大石也著】：

> 大石也著石子來捷，阮娘子也著哥牽成，牽成阮娘若出眾，唯哥的人情答大先。

這首與前述由坪林鄉高美鳳女士演唱的【大石也著】，唱詞的前兩句相同，四句也都押 ieng 韻，不過曲調則不甚相同，四句的結音分別為 do-re-Sol-re，其中的 Sol 表示低音的 sol。如強欲分析本首曲子的調式，可稱為 re 調式或商調式。Sol-do-re-sol 音型的褒歌，前三句的結音也能有所變化，如下例由坪林鄉俞郭棗女士演唱的【雙腳行到】：

> 雙腳行到彎潭底，彎潭這頂是大溪，欲來挽茶袂得過，三支竹排放伴撐。

四句皆相同地押 e 韻，旋律的結音分別為 re-Sol-do-re。

【大石也著】

褒歌
台北縣坪林
高美鳳演唱

大石兮也著兮石子更，阮娘兮無哥　通遷成，

無籬兮無璧兮通倚憑，心肝兮毋識　一時　清。

【內山出有】

褒歌
台北縣深坑鄉
林旺演唱

內山　出有大欉柏，溪底嘛出有　大箍蝦，　阿

娘子　生美講　無愛嫁，害死　庄中的　少年　家。

【這爿看去】

褒歌
台北縣坪林
王蕭不演唱

這爿　看去　彼爿山，看見　山嶺　真難　盤，

正久　無俗　兄相看，目屎　親像　冷水　泉。

【大石也著】
褒歌
台北縣三峽
范金蓮演唱

講 大 石 也 著 石 子 來 捷， 阮 娘 子 亦 著 哥 邊 成， 阿
邊 成 阮 娘 那 出 眾， 唯 歌 的 人 情 答 大 先。

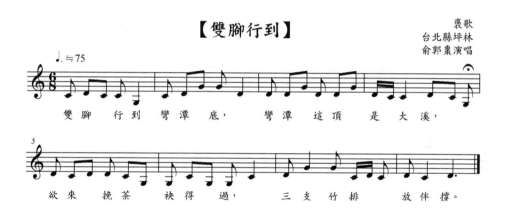

【雙腳行到】
褒歌
台北縣坪林
俞郭棗演唱

雙 腳 行 到 彎 潭 底， 彎 潭 這 頂 是 大 溪，
欲 來 挽 茶 袂 得 過， 三 支 竹 排 放 伴 撐。

2.南部的褒歌

　　根據作者蒐集的資料，民國六十年代屏東縣車城鄉已有褒歌傳唱，例如一九六三年，由中國廣播公司高雄台在屏東縣車城鄉所舉辦的恆春民歌比賽，陳玉枝與廖萬枝女士即一起演唱男女相褒歌，全曲的唱詞如下：

男：思阿雙阿枝，一尾好魚是攏袂食釣，一出江中阿尾會搖啊喂。是哥
　　阿阮的心神阿嘛用教會著唉唷喂，唉唷今來攀娘未得到啊喂。

女：思雙阿枝，抬頭看天阿擬就天清阿清，——，阿君你心阿神哪叫有
　　應啊喂，唉唷有彼個小路透房間啊喂。

男：思阿雙阿枝，lai^3-hio^2 是大隻是飛過河，粉阿鳥是大隻嘛像鶯哥啊喂。同枕的阿娘阿嘴在攏好唉唷喂，唉唷心肝才都未想哥啊喂。

女：思阿雙阿枝，曹操買番你就張周嫂，害死展威阿就性阿命無啊喂。空嘴步舌 boo^3-chi^2 欲佮娘好啊喂，唉唷娘你真心妳定時無啊喂。

男：思阿雙阿枝，一欉好花阿你栽正像，南風你處吹來伊是香麝香啊喂。看娘即人心肝嘛有在想唉唷喂，唉唷不敢出嘴阿去求娘啊喂。

女：思阿雙枝，一欉好花講圓料桃，欲摘 ban^2 一朵阿你就欲予哥啊喂。是哥你金嘴不敢討啊喂，唉唷有存哥 gia^2 免驚無啊喂。

男：思阿雙阿枝，予娘成了阿你君亦肯，佮娘阿人恭賀一對燈啊喂。一爿阿是寫君阿人的名復姓唉唷喂，唉唷一爿那寫娘子是恁絕情啊喂。

女：思阿雙枝，火燒孤寮阿你就全無望，挑沙填 thiam 海阿了 gong^3 工啊喂。無採你小妹在疼痛啊喂，唉唷疼痛阿郎君復別人翁啊喂。

全曲共計八段，男腔與女腔各四段，不過都由女士演唱。由於使用的曲調為【思雙枝】，故每段都以「思雙枝」開始，文本則仍為四句，每句七字。

3.澎湖的褒歌

根據洪敏聰先生的調查研究，澎湖褒歌的呈現方式，有講述與唸唱兩種：屬於講述者，即採用平常說話的方式敘述，並不具音樂性；唸唱式者，為一種具有音樂的吟唱。多數的澎湖褒歌體裁，皆以四句為一段，每句七字，如[41]：

十枝關刀十枝瘦，十雙弓鞋繡蝶婆，阿妹生嬌邀兄好，後日生囝親像哥。

---

41 引自洪敏聰《澎湖的褒歌》，第 24 頁。

　　澎湖褒歌中唸唱式所用的曲調,乃「以歌仔戲的調,或以一種吟唱詩
詞的調來唱」[42]。大體上與台灣北部褒歌之演唱方式相同。

[42] 引自洪敏聰《澎湖的褒歌》,第 14 頁。

南管曲

　　南管為保存於福佬語系社會的古老樂種，由於音樂語言的關係，客家地區並無這種音樂文化現象。南管音樂的歷史悠久，傳布的地區也較廣，因此名稱方面呈現多樣性，分別有：絃管、南音、南樂、南曲、五音、郎君樂、郎君唱等。南管名稱的多樣性，正反應它的音樂與生態特徵，猶如中國古代社會的知名學者或文學家，有相當多名號一般。

　　南管為一種風格典雅的室內音樂，樂曲種類包括指套、譜以及曲，其中的指套與譜為器樂，曲為歌唱類音樂。三種樂曲所使用的樂器與樂隊編制是相同的，樂曲的詮釋方法基本也相同。從曲目數量言之，曲為南管音樂的主要組成；另從展演方面觀之，曲為每場南管音樂會的主要節目——可見曲在南管音樂中所佔的重要地位。

　　南管曲除了是南管音樂的重要組成部分，也是台灣傳統音樂中藝術層次最高的樂種，它的原生態系統為南管館閣，也被其他樂種、劇種所吸收，包括太平歌、車鼓弄、南管戲、交加戲等，而道教靈寶派與釋教儀式中，也有豐富的南管曲資源。本章將從樂曲體裁、樂曲結構、詮釋與展演等三個方面，論述南管曲的種種特徵。

第一節

樂曲體裁

本節將從曲辭內容分類、曲調分類、樂曲組織三個方面，分析南管曲樂曲體裁的特徵。

㈠曲辭內容

從文本方面言之，南管曲共計兩千多闋，根據其內容的不同，南管曲可分為儀式、敘事、抒情、艷情等四類。南管曲目雖有內容方面的區別，演唱方式都相同地為由一人執拍演唱，並以四件樂器伴奏。

1. 儀式類

內容屬儀式類者只有【金爐寶篆】、【今宵喜慶】、【畫堂彩結】、【舉起金盃】、【堂上結綵】等五曲，這些樂曲用於各類祭祀場合，如祭郎君、祭先賢，或敬神的三獻禮、南管人過世時弔喪的三奠禮。曲辭內容主要區別為喜慶色彩與哀傷氣氛，如用於祭神等喜慶場合所唱的曲子【金爐寶篆】，其內容充滿歡慶色彩：

> 金爐寶篆香正香，銀台上紅燭光，星齊來慶賀。喜得高堂富貴，福壽成雙，福壽高堂。金爐內香香，銀台上紅燭正光星，蟠桃會嘉筵。……

喪葬儀式場合祭奠亡靈所唱的曲子，內容則充滿哀傷之詞，如【舉起金盃】的部分辭文：

初奠酒獻先靈，慇勤致祭來鑑領，今日竟一旦西歸去，肝腸寸裂淚瀅瀅，人生似夢，過眼雲煙空影。

儀式類曲目通常只用於特定場合，整絃排場時並不演唱。

2.敘事類

多數南管曲的內容屬於敘事性，以文本的角度觀之，儼如長篇的敘事詩，故事主要取材於宋元明時期的中國戲曲，曲目最多者為陳三五娘的故事；以曲調言之，【潮陽春】系列滾門所屬的曲子，相當大的比例都為描述陳三與五娘的愛情故事。描述陳三五娘故事的南管曲中，經常被演唱者如：

　　【短相思・因送哥嫂】：因送哥嫂欲去廣南城，才到潮州喜遇上元燈月明。偶然燈下遇見阿娘有這絕群娉婷。……幸逢六月恁在樓上適興，汝掠荔枝掞落，欲來共我眼裡偷情。我誤叫，誤叫汝有真心，即故意打破寶鏡，願甘心捧盆水，共恁掃廳堂。……

　　【序滾・值年六月】：值年六月在阮樓上敕桃，值曾不掠荔枝在阮樓上繡工藝，值一俊秀郎君不在阮樓前經過。……陳三白賊不那這一遭，說汝騎馬遊遍街市，定是共人提文走報。這般行來騙阮總不倒，磨鏡個工藝，想汝未是向好。……看汝頭尖耳唇薄，今旦乞恁看見，總是越添汝煩惱。汝說是官蔭人子弟，何不去建功立業，亦著去讀書教學，何欲做一光棍，來阮潮城宿泊。……

敘事類的南管曲，描述郭華買胭脂的故事者，如【雙閨・茶蘼架】：

　　茶蘼架日弄影，鳥鵲悲春意故欲來叫出斷腸詩。……咱娘嫺相隨行，去到相國寺，見伊人食得醉醺醺，挨來揀去、挨來共揀去，

伊身都全然不醒來。⋯⋯

唱詞中的「媚」為丫嬛之意。描述王昭君和番的故事者，如【長潮陽春‧出漢關】：

出漢關來到只，阮那為著紅顏命帶孤星。來到雁門關，那見禽鳥叫聲啼，阮心傷悲，今欲怙誰訴起。⋯⋯看見孤雁在許天邊，恰親像昭君一般無二。⋯⋯恨煞奸臣毛延壽，騙金不就，掠阮形圖進送外夷⋯⋯。

敘事類曲子的文本多屬長篇，換言之，凡屬於長篇的南管曲，都可視為敘事類樂曲，例如【相思引】滾門中經常演唱的曲目：昨冥一夢、回想當日、遙望情君、遠看長亭、風落梧桐，以及【長潮陽春‧出漢關】、【潮疊‧孤栖悶】，文本都屬於長篇的敘事詩。

3.抒情類

抒情類指抒發一般的情懷者，與豔情類的區別為：後者專指描述男女之間情愛過程中的激烈情緒；前者所抒發的情感較為昇華，非屬肉體方面的情愛。抒情類曲目與敘事類曲目實無法嚴格的區別，長篇的敘事詩所散發的內容仍為情感，為了使兩者能有較具邏輯性的區別，大體上可將篇幅較短的情歌歸為抒情類。總體言之，南管曲目中屬於抒情類者並不多，由於多數的南管曲文本都頗長。茲舉抒情類樂曲若干例如下：

【短滾‧冬天寒】：冬天寒雪滿山，東君一去值許萬里關外。床又空枕又單，教人再過五更寒。床空共枕單，教人再過長冥寒。

【長潮陽春‧有緣千里】：有緣千里終相見，無緣放早拆散分

097 第三章 南管曲

離。莫得三心共二意,耽誤我一身無依倚。為汝相思病沈重,我頭舉不起。若還割吊我身那欲先死,我陰魂欲來共恁相藤纏,若還割吊我身那欲先死,我陰魂定欲來共汝相交纏。

4.艷情類

艷情類的內容,為描述青年男女之間的情愛生活,內容屬豔情者如下述諸曲:

【雙閨‧喜今宵】:
喜今宵會佳期,正是姻緣月老結紅絲。鴛鴦群鸞鳳雙,做欲如魚游水。
君邀妾妾邀君,歡歡興興不甘拆分離。花露滴阮雲鬢欹,阮身都袂顧些厘。……

【福馬‧鼓返三更】:
鼓返三更阮欲邀君去睏,衣裳慢脫、衣裳且慢脫,阮欲任君恁所為。
掀開羅帳一陣清香味,鳳枕相排、繡枕相排,恰似鸞鳳相隨。……

上述兩首曲子的拍法為一二拍,為中等速度,唱詞也非綿長型。可能因此之故,演唱之時文本的詞情能產生一定程度的意象,所以在南管的排場整絃中,未聞有人演唱該兩首曲子。

【相思引‧回想當日】:
回想當日佛殿奇逢,忘餐廢寢、致使忘餐廢寢兩地相思各斷腸。
喜今宵得接繡闈紅妝,銷金帳裡、銷金帳內權做花月場。……

言情相就語意一同，再來挑起銀缸，脫落金釵解羅裳，咱雙人攜手並肩，相邀同上碧牙床。

囑東君慢把心慌，念妾身是菡萏初開放，葉秀嫩蕊含香，我未經風雨暴，必須托賴恁採花郎。

瓊瑤玉蕊艷色嬌香，惜花連枝愛，愛花連枝惜，東君怎忍擾花欉。……

上述曲子的文本對男女情愛的描述也頗為露骨，然而該曲在南管館閣的活動中，仍經常被演唱，可能也出自該首樂曲的特殊性，該曲為三撩拍，速度頗為緩慢，唱詞為多腔型。因此，在旋律的支解下，文本所描述豔麗的詞情，在緩慢的歌聲中，演唱者或欣賞者並無法捕捉其全貌。

㈢曲調分類

南管曲總計有二千二百餘闋，除了數量豐富，且樣式也多，因此，不但寫傳上有一定的分類法，即使活傳統方面也有普遍為各地南管館閣共同依循的分類法。綜觀寫傳和活傳統與南管曲有關的分類法，計分為音律、拍法以及曲調系統等三方面：

1. 音律特徵分類法

音律特徵的分類，亦即根據樂曲調子所採取的分類。南管曲關於音調的總稱為管門（或管色），所使用的管門，如以音律關係的理論言之，四個調子依序為倍士管、五孔管、五孔四仪管、四孔管，彼此之間的律高關係相當於西樂的 D 調、G 調、C 調、F 調，為五度循環的關係。如以南管文化圈的慣用分類順序，則為四孔管、五孔四仪管、五孔管、倍士管，或四孔管、五孔管、五孔四仪管、倍士管。大體上，倍士管的樂曲都排於最後面，這種情形究竟是否有深層的理論因素仍不得而知；然而就活傳統而

言，該現象乃源自民俗的禁忌，由於「倍士」的口語諧音為「背師」，因此，館先生都不以這類樂曲做為初學的曲目。

四孔管

四孔管的音律合西樂的 F 調，南管曲屬於四孔管的數量居第二，僅次於五孔管。判定曲調究竟是否屬於四孔管的方法，可從曲調名稱辨識，凡是曲調名稱之前冠有「二調」者，毫無例外都為四孔管，如：【二調宜春令】、【二調皂羅袍】、【二調繡停針】等皆是。而曲名凡為長滾、中滾、短滾、短中滾、趨滾者[1]，管門仍皆為四孔管。四孔管長見的曲調尚有【水車歌】、【北青陽】。

五孔管

五孔管的音律合西樂的 G 調，南管曲中屬於五孔管者數量最多。判斷曲調屬於五孔管的方法，仍可以透過曲名辨識，其意為，曲名之前凡有「中倍」或「倍工」者，都屬於五孔管，如：【中倍九串珠】、【中倍石榴花】、【倍工疊字雙】、【倍工巫山十二峰】等都是。

五孔管的南管曲中，有稱為「五孔大四子」的系列曲調，即：【北相思】、【沙淘金】、【疊韻悲】、【竹馬兒】，以及「五孔小四子」的曲調系列：【雙鸂鷘】（俗稱雙閨）、【序滾】。屬於五孔管的常見曲調尚有【錦板】、【相思引】、【短相思】。

1　曲調名【趨滾】，手抄本中常以諧音字書寫為：滑滾、屈滾、或掘滾。由於這首樂曲的拍法最小，屬於疊拍，至於長滾為三撩，中滾、短滾、短中滾皆為一撩拍，亦即手抄本中書為滑滾或屈滾的曲子速度最快，故如兼顧語意以及詞義，該曲調名稱應以【趨滾】為是。

五孔四仪管

五孔四仪管的音律合西樂的 C 調，本調的曲調數量居第三，如從曲目總數觀之則最少。判定五孔四仪管樂曲，仍可藉曲調名稱辨識，凡是曲名之前冠以「大倍」或「小倍」者，其管門都屬於五孔四仪管，並無例外。

五孔四仪管長見的曲調為【玉交枝】、【寡北】、【望遠行】。

倍士管

倍士管的音律合西樂的 D 調，本調所屬的曲調最少，不過曲目仍要多於五孔四仪管。南管曲屬於倍士管的曲調頗易辨識，凡是曲名中有「潮」字者，管門都屬倍士管，如：【長潮陽春】、【潮陽春】、【潮疊】等，其中的【潮陽春】也簡稱為中潮。屬於【潮陽春】的曲調又有：【潮陽春五開花】、【潮陽春望吾鄉】。

2.拍法特徵分類法

以微觀的分析，南管曲的拍法可分為散漫式拍法與規律式拍法，為描述與分析的方便性，本文亦將規律式拍法樂曲稱為「正曲」。如果以完整的樂曲論之，所有南管曲都屬於規律式拍法樂曲，拍法為散漫式者，都依附於某些特定的正曲。規律式拍法的節拍單位，南管語彙稱為撩，由於拍法構成的特殊性，同時速度極為緩慢的關係，每拍都由兩個小拍組成，亦即前撩與後撩，如以西洋藝術音樂理論表示，南管曲的拍子單位為二分音符，三撩拍的拍子形式為 4/2，其餘類推。

帶散拍樂曲

拍子為散漫式的南管曲，並非為獨立的曲子，都屬於規律式拍法樂曲的一部分，這類樂段如出現於正曲之前，該樂段稱為【慢頭】：以正曲的角度言之，即為「帶慢頭」，如【相思引帶慢頭】；活傳統的語彙使用上，

當演唱這類樂曲時，則稱為「起慢頭」，以作為提示。散拍類樂段如出現於正曲之末，該樂段稱為【慢尾】；以正曲的角度言之，稱為「帶慢尾」，如【相思引帶慢尾】；活傳統語彙則稱為「收慢尾」。至於散拍類樂段如插於正曲的中間，則稱為【破腹慢】。

根據南管排場的傳統，帶散拍的曲子應為活傳統的一部分，該類曲目為演出時必唱的節目之一，不過就作者所知，一九七九年以來，未見南管館閣間演唱帶散拍的曲。至於祭郎君儀式場合所演唱的【金爐寶篆】、【畫堂彩結】、【舉起金盃】諸曲，首尾都有慢頭與慢尾。

規律式拍法樂曲

規律式拍法指節拍有定值，並有強弱的週期性反復。根據拍法的大小，南管曲屬於規律式的拍法分為七撩拍、三撩拍、一撩拍以及疊拍，分別相當於西樂的 8/2、4/2、2/2、1/2。規律式拍法的曲調仍可透過樂曲名稱的觀察辨識。

曲調名稱之前凡是冠以「大倍」、「中倍」、「倍工」、「小倍」、「二調」者，這類曲子的調子（管門）雖然不同，拍法都為七撩拍，且速度都相同地為極緩板，而且演唱時間都很長，最短的曲子仍約需十二分鐘，多數曲子約為十七分左右，長者則在二十分鐘以上。由於速度緩慢、篇幅又長，學習頗不容易，作為音樂會節目亦嫌太長，因此，目前的活傳統已經少有此類曲子。

三撩拍類曲子的詞彙觀察法，凡是曲調名稱中有「長」字者皆屬之，如：【長滾】、【長水車歌】、【長柳搖金】、【長雙閨】、【長福馬】、【長序滾】[2]、【長望遠行】、【長玉交枝】、【長潮陽春】等，彼此的管門雖不同，拍法都相同地為三撩，亦即每小節有四拍，且速度同為

---

2 【長雙閨】、【長福馬】、【長序滾】的曲調名稱，根據作者的調查，只見於澎湖馬公的南管館閣，民間的手抄本或口語都作：疊韻悲、沙淘金、竹馬兒。

緩慢的曲子。

一撩拍類的曲子無法透過曲調名稱辨識，僅能靠逐一的認識，如：【水車歌】、【玉交枝】、【福馬郎】、【錦板】、【潮陽春】等，曲調名稱中都未顯示拍法的訊息，而拍法都相同地為一撩，即每小節二拍。疊拍類曲子則能從曲調名稱觀察，亦即曲名最後一字為「疊」者，拍法都為疊拍，如：【水車疊】、【青陽疊】、【玉交疊】、【望遠疊】、【雙閨疊】、【潮疊】等。疊拍類曲子雖分屬四個不同管門，速度方面皆相同地為稍快的，總體言之，該類樂曲為南管曲中速度最快者。

3.曲調系統分類法

南管曲目總數雖有兩千首以上，曲調數量則少了許多，只有兩百零八個不同曲調，亦即同一曲調有多闋曲目的情形，如同屬於【相思引】的曲子即將近六十首，這種情況與宋詞或元曲一般，兩者都為在固定曲調原型下從事填詞創作，該曲調原型分別稱為詞牌、曲牌，以實際曲目觀之，宋詞或元曲的總數都在數萬首以上，詞牌與曲牌的總數則各約三百首左右。

活傳統上，南管文圈將所有不同的曲調總稱以「門頭」或「滾門」，兩語彙雖不加區別地互用，作為曲調辨識時的總稱，不過如果對語彙稍加分析，並對所有曲調進行彙整，則能發現南管曲的曲調仍有性質上的區別。

滾門類樂曲

本類樂曲的分類，詞彙上直接取自南管文化圈的語彙「滾門」。從語彙上分析之，滾門為具有滾特徵的曲調門類，也能進一步地解釋為：曲調系統，或家族式曲牌。換言之，滾門為擁有某種共同特徵的曲牌家族，如將「滾門」視為該類型曲調的總稱，則每個滾門為具有某些共同特徵的系列曲牌，亦即每個滾門包括若干曲牌。

根據歸納分析，南管二百多個曲調中，有一類曲調名稱基本相同，而拍法分屬三撩拍、一撩拍、疊拍者，如：【相思引】－【短相思】－【相思

引疊】，【長水車歌】－【水車歌】－【水車疊】，【長玉交枝】－【玉交枝】－【玉交疊】等，彼此間的不同為拍法（或速度），為：慢－中－快的關係，至於彼此之間的共同特徵為具有相同的主腔（或主題）。由於這類家族曲牌之間具有速度緩急的固定關係，亦即速度為區別家族內曲牌的唯一特徵，因此，具有這種關係的曲牌，乃形成一個滾門。

南管曲的滾門體為不同速度的曲牌族群，這種情形也能在板腔體的戲曲音樂中找到普遍的例子。板腔體戲曲由於著重於劇情的發展推移，因此唱腔方面較曲牌式戲曲為簡略，該類戲曲乃藉著少數若干曲調，隨著情節的發展而變化板式（或速度）。以京劇為例，它的主要唱腔為【西皮】，由於它是曲調原型，因此也稱為【西皮原板】；當情節轉為哀傷時，唱腔速度放慢成為【西皮慢板】；如果劇情升高，唱腔仍以相同的曲調，僅將速度加快成為【西皮流水】；而如果劇情的情緒劇烈，則以更快的速度演唱，而為【西皮快板】，如參照以南管，西皮仍可視為滾門，該曲牌家族由西皮慢板、西皮原板、西皮快板所組成。

曲牌類樂曲

南管曲總稱中的「滾門」類所擁有的特徵已如上述。至於口語上「門頭」是否為「滾門」的另一說法，或為滾門之外的曲調總稱？

從語意與辭意的用法，「門頭」中的「頭」，當為如同「拳頭」或「斧頭」等語彙，屬於語後虛詞，而不具語意或詞義。以此論之，南管文化圈所稱的門頭，當指曲調門類，亦即以門頭做為區別不同曲調的通稱，以此觀之，它的語意相當於曲牌。

曲牌類樂曲的特徵為，每個曲牌只有一個樣式，並不存在相同曲調而有不同拍法樣式的曲調家族。

㊂樂曲組成

樂曲組成，指形成一首樂曲的材料。根據素材的不同，南管曲可分為單曲類樂曲以及集曲類樂曲。

1. 單曲

指全篇由一個曲牌構成的樂曲，為滾門類與曲牌類樂曲的主要組成方式。單曲類的南管曲，文本篇幅以及樂曲的長短篇幅頗為懸殊，以相同的滾門【短相思】言之，【因送哥嫂】的曲詞有二百三十六個字，樂曲長度為八十六小節，【看見前面】的曲詞只有七十四字，樂曲長度僅三十六小節，雖然兩者的曲辭與曲調篇幅有如此懸殊的差異，樂曲的主腔則相同，而差異性乃由主腔反覆次數不同所造成，【因送哥嫂】的主腔反覆八次，【看見前面】的主腔僅反覆三遍。

2. 集曲與犯曲

集曲，指集合若干不同曲牌所形成的樂曲，如以某一曲子為主體，插入若干其他門頭，則為犯曲或犯調。

屬於犯曲式的南管曲，仍可透過曲名予以辨識：一為曲名之中有「反」字者，如：【中滾三遇反】、【中滾四遇反】、【玉交枝三遇反】等，其中的「反」乃「犯」字的諧音，至於曲名中的數字表示組成的曲牌數目。第二種情形為曲調名稱中帶有數目字者，如：【相思引五韻悲】、【相思引八駿馬】等，其中的數目字看似屬於曲牌名稱的一部分，實際上乃該樂曲所集合的曲牌總數。而【巫山十二峰】乃由十二個曲牌片段所形成的新曲牌，則屬於集曲。

樂曲結構

對南管曲的樂曲結構的了解，可以從音階與調式、拍法組織、曲式三個方面予以分析，南管曲在這三方面都有其獨特性。

㈠音律方面

本文對南管曲音律方面的分析，包括調、音階形式以及調式。南管曲在這三個方面都有獨自的特色。

1. 調

「調」一詞在本國傳統音樂上有若干不同的指涉，它可以作為曲調（melody）的通稱。例如：當有人說「某位歌唱者唱的調子很好聽」時，話語中的「調子」所指為該人演唱的曲調；有人稱「某位歌唱者唱的調子不準確」時，其中的「調子」則指音律（tonality）。本文所稱的「調」指音調，亦即音律高低的總稱。

關於調子的總稱，南管文化圈稱為「管門」：其中的「管」指吹管類樂器洞簫，「門」則指門類，詞源來自宋代以管類樂器定調的傳統。由於中國古代的樂調有十二種，不同調子以不同顏色的管子表示，因此，不同律高的總稱為「管色」；至明代崑曲以笛子定調，不同調子的總稱乃改為「笛色」。南管曲所使用的調子計有四種，分別稱為倍士管、五孔管、五孔四仅管以及四孔管，如參照以歐洲藝術音樂，這四個調子的音階如下：

表3-1　南管曲管門音高表

管門	工	六	士	一	仪	仜
倍士管	re	mi	fa#	la	si	re
五孔管	re	mi	sol	la	si	re
五孔四仪管	re	mi	sol	la	do	re
四孔管	re	fa	sol	la	do	re

　　表中的工－六－士－一－仪為南管的音高符號，倍士管相當於 D 調，五孔四仪為 C 調，五孔管為 G 調，四孔管為 F 調。

　　南管曲的調子具有固定高度，亦即同一館閣不論於何時何地演出，其調子都是相同的。以知名的南管樂團台南市南聲社為例，蔡小月女士在台南市、台北市，或巴黎、西柏林所演唱的【茶蘼架】，都恆為五孔管（G調）。至於不同館閣之間的調子也幾乎都是一致的。南管曲的調子有高度的相同性，出自演唱時伴奏樂器中有洞簫之故（洞簫與定調關係參見後文）。

表3-2　南管曲管門各音區音階表

音區音階結構 / 管門別	低音區					中音區					高音區		
	芷	芺	乜	下	乂	工	六	士	一	仪	仜	伬	仕
倍士管	re	mi	fa#	la	si	re	mi	fa#	la	si	re	mi	
五孔管	re	mi	sol	la	do	re	mi	sol	la	si	re	mi	sol

音區音階結構 / 管門別	低音區					中音區					高音區		
	芷	芺	乜	下	乂	工	六	士	一	仪	仜	伬	仕
五孔四仪管	re	mi	sol	la	do	re	mi	sol	la	do	re	mi	
四孔管	re	fa	sol	la	do	re	fa	sol	la	do	re	mi	sol

2. 音階結構

南管曲的記譜法中，表示音高的符號只有五個工尺字：乂－工－六－士－一，有人乃以為南管音樂的音階為五聲音階，它的名稱之一「五音」，即顯示人們對南管音樂的認識。實際上南管曲的音皆有相當的複雜性，茲簡述如下。

歌唱聲部與伴奏聲部音階形式的不一致性，為南管曲演唱時所表現的音樂型態複雜現象之一，琵琶與三絃聲部的音階常與歌唱聲部（以及洞簫、二絃聲部）不相同。以琵琶聲部言之，凡是五孔四仅管或倍士管的曲子，不同音區都相同地為同宮的五音音階；五孔管或四孔管的曲子，不同音區的調主音則不同。實際演唱時，由於裝飾音運用的關係，四個管門的某一音區的音階，琵琶與三絃通常都為五聲音階，歌唱聲部則變成七聲音階或六聲音階。

3. 調式

調式（mode），為歐洲音樂術語，相當於中國古代音樂的宮調，指一首樂曲之中具有支配地位的主要音，及該音在所屬音階中的位置，例如某首樂曲的的主要音為 do，該首樂曲即為 do 調式，如果為 re 音，該曲則為 re 調式。調式的判斷建立於音階之上，以歐洲藝術音樂言之，C 調音階由於有七個音，因此可以有七種調式：do 調式（或 Ionian mode）、re 調式（或 Dorian mode）、mi 調式（或 Phrygian mode）、fa 調式（或 Lydian mode）、sol 調式（或 Mixo-lydian mode）、la 調式（或 Aeolian mode）、si 調式（或 Lorian mode），其中第七級的 si 調式，由於五度音程為減五度，並不容易演唱，也被稱為魔鬼調式，通常是不使用的。

如以中國古代的音樂理論審視調式問題，情況要比歐洲藝術音樂複雜許多，這起因於中國古代樂律系統的多樣性，宮廷祭典音樂使用雅樂律，燕饗音樂使用燕樂律，此外尚有清商律。另一方面，中國古代的標準音——黃鐘的音高，每隨著不同朝代而改變，而即使同一朝代如宋代，標準音高黃鐘也變更過五次之多。職是之故，要解釋南管曲的旋律主音現象，如套

用中國古代音樂理論，恐將使問題更為複雜化，本文乃利用歐洲藝術音樂的觀念，進行南管曲調式的若干說明。

南管曲使用的音階計為四個，即倍士管、五孔管、五孔四仪管、四孔管，每個管門各有一定的曲目，同一管門所屬曲目的調式為何？則需視個別的曲子而定，並非同一管門即為相同的調式。以同屬倍士管的曲子【七撩潮陽春生地獄‧為著人情】、【長潮陽春‧有緣千里】、【望吾鄉‧繡成孤鸞】為例，彼此的調式各不相同，三首分別為 re 調式、do 調式、la 調式。以工尺譜言之，三首樂曲的音階都相同地為工－六－士－一－仪，合於西樂律固定音高的 re-mi-fa#-la-si，或首調唱名的 do-re-mi-sol-la；工尺譜中，【七撩潮陽春生地獄‧為著人情】的調中心音為六，由於該音為倍士管的第二音，因此為 re 調式。

五孔管、五孔四仪管以及四孔管所屬曲目的調式之分析方法，與上述所舉三首倍士管的曲子相同。

㈡拍子方面

任何一首南管曲的演唱，演唱者在演唱過程中，必須從頭至尾擊打一件節奏性樂器「拍」以節制樂曲的拍子，因此，從節奏性樂器「拍」的使用情形，南管曲都屬於有拍的型態。如從拍子規律性方面觀之，「拍」在南管曲演唱中的擊打方式則分為散漫式拍法以及規律式拍法兩類。

1. 散拍

散漫式拍法指每個拍間隔的時間長度不同，這種形式的拍子，通常都被稱為自由拍，中國傳統戲曲如京劇則稱為散板。南管曲的散拍形式有別於其他戲曲的散板，崑曲中屬於散板形式者，為引子類的曲牌，例如〈牡丹亭‧遊園〉的第一闋曲牌【繞池遊】[3]，樂曲的節拍屬自由拍，演唱時後

---

3 該曲牌名稱也有寫為【繞地遊】者，案「地」與「池」為諧音，以名稱的意義性言之，當以書為【繞池遊】為佳。

場鼓師並未隨著樂節搖板。南管曲節拍屬於散漫式或不規則形式者，演唱過程中並有疏密相間的拍節，亦即屬於散拍形式的南管曲，音樂的組成包括歌唱旋律、伴奏的器樂以及繁密的拍節聲部。

　　散漫式拍法的南管曲並無獨立的樂曲，都附屬於某一首樂曲，如果冠於某一首規律式拍法樂曲之前，該段散漫拍法的樂段稱為「慢頭」，如接於規律式拍法樂曲的後面，稱為「慢尾」；如以具有規律性拍法的樂曲為中心，兩類樂曲分別稱為「帶慢頭」、「帶慢尾」，如【長滾大迍鼓帶慢頭】、【短相思帶慢尾】。

2.規律拍

　　規律式拍法的南管曲，根據樂節的長短，可分為疊拍、一撩拍、三撩拍以及七撩拍，口語上也常以簡略的方式稱為：一撩、三撩、七撩。拍法名稱中的「拍」，指節奏樂器拍須依規律性及打的拍節位置，該位置實即每小節的第一拍或強拍，「撩」為接於每小節第一拍之後的弱拍，亦即撩為樂節中所有弱拍的總稱。中國古典藝術歌曲崑曲的拍法總稱則為「板眼」，其中的板、眼，分別與南管曲的拍、撩同意。南管曲屬於規律式拍法的節拍組成如下表：

表 3-3　南管曲規律式拍法組成表

拍法類型	記譜法符號	樂節組成	說明
疊拍	○　　　　○	| ♩ | ♩ |	每小節一拍，速度中庸
一撩拍	○　、　○　、　○　、	| ♩♪♪ | ♩♪♪ | ♩♪♪ |	每小節二拍，速度近乎行板
三撩拍	○　、　　、　　、	| ♩♪♪♪ | ♩♪♪♪ |	每小節四拍，速度緩慢
七撩拍	○　、　、　、　L　、　、　、	| ♩♪♪♪♪♪♪♪ |	每小節八拍，速度極為緩慢

南管曲皆有樂譜，其中拍的符號為「。」，撩的符號為「、」，符號的意義與崑曲恰相反，崑曲表示板的符號為「、」，眼的符號為「。」，而由於較大的拍法，如一板三眼的樂曲有三個眼，故眼的符號又細分為頭眼、中眼、末眼，符號分別為「‧。‧」；南管記譜法中有關撩的符號並無區別，不過口傳上仍有頭撩、中撩、末撩的說法。

規律拍形式的南管曲，拍子結構仍可進一步細分為兩類型，一為全曲由一種拍法組成，凡是拍法為疊拍或七撩拍的樂曲，始終都相同地為疊拍或七撩拍。至於三撩拍的樂曲，最後常轉為一撩拍，如【長滾越護引‧三更鼓】、【相思引交相思‧風落梧桐】、【疊韻悲‧記得睢陽】等；若干一撩拍的曲，如滾門為【錦板】的曲子，常會轉為疊拍，如【錦板‧聽見杜鵑】、【錦板‧心中悲怨】。

㈢樂曲形式

相較於同屬曲牌體音樂的崑曲，南管曲的篇幅可謂相當長，以演唱時間而論：一撩拍的樂曲短者約需六至八分，長者約十二至十七分；三撩拍的曲子演唱時間約需十三至十八分；如為七撩拍的樂曲，則需將近二十分；至於崑曲曲牌的演唱時間，以〈牡丹亭‧遊園〉為例，該齣戲的曲牌計為：繞池遊、步步嬌、醉扶歸、皂羅袍、好姐姐、尾聲，整齣戲加上說白以及身段，演出時間約十八分鐘[4]，平均每首曲子的長度不到三分鐘。如以文本的長度觀之，南管曲的篇幅仍相當長，以本章後面所附的四首膾炙人口的南管曲【孤棲悶】、【荼蘼架】、【風落梧桐】、【杯酒勸君】而論，其小節數、字數的情形如下表：

---

4 〈牡丹亭‧遊園〉的演出資料，可參閱由國立傳統藝術中心發行，中國崑劇表演藝術團、江蘇省崑劇表演藝術團、浙江京崑藝術劇院等演出的《牡丹亭》。該系列的崑曲錄影帶，分別由國際新象文教基金會以及雅韻藝術傳播於 1997 年至 2000 年之間所錄製發行。

表 3-4　南管曲分析表

曲名	小節數	字數	演唱時間	演唱資料
孤棲悶	154	249	7 分 10 秒	蔡小月演唱 Radio France
荼蘼架	63	171	6 分 36 秒	蔡小月演唱，第一影音公司
風落梧桐	88	171	15 分 07 秒	蔡小月演唱，Radio France
杯酒勸君	30	163	14 分 40 秒	蔡小月演唱，Radio France

　　南管曲的篇幅雖然長，組成樂曲的材料，彼此之間仍有一定的關係，常見的情形為全曲以一個主題為基礎，藉著各種技巧將該主題樂段變化反復，另一種情形為全曲由兩個樂段組成。茲以上述四首南管曲為例，分析南管曲的樂曲形式如下：

【孤棲悶】

　　拍法為疊拍，亦即每小節一拍，由於每小節實際上有兩個小拍，故樂譜中的拍子記號以 1/2 表之。管門為倍士管，相當於 D 調。樂曲的小節數雖然多，不過由於拍法小，故樂句並不長。全曲由三個樂段組成，樂曲由一個十一小節的引句開始，接著以主要樂段 A 反復，前後共計五次，或完全反復，或樂句擴充，新增的材料則有 B 與 C。全曲的樂曲結構如下：

表 3-5 南管曲【孤棲悶】樂曲分析表

樂曲段落	樂曲材料	長度（小節數）	調中心音
01--11	引句	11	B-羽
12--21	A1	10	D-宮
22--31		10	D-宮
32--45	A3	14	D-宮
46--56	B1	11	D-宮
57--70	A4	14	D-宮
71--77	B2	17	D-宮
78--95	C	18	D-宮
96--119	B3	24	D-宮
120--138	A5	19	D-宮
139--152	尾聲	14	D-宮
樂曲長度		154	

【荼蘼架】

　　拍法為一撩拍，即每小節兩拍，拍號作 2/2，管門為五孔管，相當於 G 調音階。【荼蘼架】的滾門為【雙鸂鶒】，民間的手抄本多寫為【雙闈】，此外尚有多種寫法，如：雙歸、相歸、雙闈勒等。

　　【荼蘼架】為南管曲中曲式最具有特色者之一，全曲以兩個主腔循環反覆所形成，亦即曲式由兩個主題交錯反覆所形成，這種樂曲形式色相同於宋代的傳踏以「兩腔迎互循環」，或歐洲藝術音樂中的迴旋曲（Rondo），其曲式亦為 A-B-A-B-A-B-A。【荼蘼架】的樂曲結構如下：

表 3-6　南管曲【茶蘼架】樂曲分析表

樂曲段落	樂曲材料	長度（小節數）	調中心音
01--09	A1	9	a-商
10--16	B1	7	a-羽
17--25	A2	9	a-商
26--35	B2	10	a-羽
36--44	A3	9	a-商
45--50	B3	6	a-羽
51--58	A4	8	a-商
59--63	尾聲	5	a-商
樂曲長度		63	

【風落梧桐】

　　滾門為【相思引犯玉交枝】，亦即樂曲由兩個不同的曲調【相思引】以及【玉交枝】組成，民間的手抄本多書寫為【相思引交相思】，或簡稱為【交相思】。管門為五孔管，屬 G 調音階，不過由於樂曲中交錯地使用臨時變化音「倍士」以及「倍义」，故實際上的管門為五孔管與倍士管互用。

　　本曲由兩段互不相同的樂段組成：第一段為【相思引】，拍法為三撩，即 4/2 拍形式，管門以五孔管與倍士管交錯使用；第二段為【玉交枝】，拍法為一撩，即 2/2 拍形式，管門轉至五孔四仪管，亦即由第一段的 G 調音階轉為 C 調音階。第一段包括兩個主題 A 與 B，A 共計反覆三遍，A2 的末句曲調不同於 A1 或 A3，亦即如果以【風落梧桐】為主體的分析，由於 A 於第二次出現時不同於第一次與第三次，因此當視為變奏的形式，分析符號標示為 A2。如果參照以其他【相思引】的曲子如【遙望情君】，則【風落梧桐】中的 A2 乃【相思引】的主題（或主腔）。

　　【風落梧桐】的樂曲結構如下：

表 3-7　南管曲【風落梧桐】樂曲分析表

樂曲段落	樂曲材料	長度（小節數）	管門	調中心音
01--11	A1	11	五孔管轉倍士管	b-羽調
12--21	A2	10	五孔管	a-商調轉羽調
22--33	A3	12	五孔管轉倍士管	a-商調轉 b-羽調
34--46	B1	13	倍士管	b-羽調
47--55	B2	9	倍士管轉五孔管	a-徵調
56--71	C1	16	五孔四仪管	e-角調
72--80	C2	9	五孔四仪管	g-徵調
81--88	尾聲	8		a-羽調
樂曲長度		88		

　　本曲的音階以及調式較為複雜，第一段不斷地以五孔管與倍士管交錯使用，第二段轉至五孔四仪管，至最後的結速樂句，如果以旋律論之，乃第一段 A2 的結速樂句，因此可視為轉回原來的五孔管。

【杯酒勸君】

　　滾門為【倍工疊字雙】，拍法為七撩，每小節有八拍，拍子形式為8/2，由於速度極為緩慢，故常被不懂南管音樂理論者誤認為每小節十六拍，甚至三十二拍。管門為五孔管，即 G 調音階。本首的曲式極為規則，由一個六小節的樂段反覆演唱，除了第一段的頭與隨後的段落有些許的不同，A2-A4 幾乎為相同樂段的反覆，而尾聲的後樂句仍與 A 的後樂句相同。【杯酒勸君】的樂曲結構如下：

表 3-8　南管曲【杯酒勸君】樂曲分析表

樂曲段落	樂曲材料	長度（小節數）	調中心音
01--06	A1	6	g-徵調
07--12	A2	6	g-徵調
13--18	A3	6	g-徵調
19--21	A4	6	g-徵調
22--30	尾聲	6	g-徵調
樂曲長度		30	g-徵調

　　本曲子的唱詞形式與樂曲形式之間有不一致的現象，從 A4 至尾聲的唱詞段落為：

　　金榜上題出君恁名字，佳音捷報，免阮數歸期。
　　駟馬高車返來咱家鄉，耀前光後，即顯君恁真是好男兒。
　　駟馬高車返來咱家鄉，前呼後擁，即顯我君汝真是好男兒。

　　從南管曲的結構觀之，最後兩行曲辭當為尾聲。上述三行唱詞套上旋律之後，唱詞的段落則變為：

　　A4：金榜上題出君恁名字，佳音捷報，免阮數歸期。駟馬高車返來咱家鄉，耀前光後，即顯君恁真是。
　　尾聲：好男兒，駟馬高車返來咱家鄉，前呼後擁，即顯我君汝真是好男兒。

　　亦即從旋律語法上，本首曲子最後兩段唱詞的譜曲法並不正確，因而產生了錯誤的斷句情形。

【孤棲悶】

南管曲‧潮疊
台南市南聲社
蔡小月演唱

引句

孤棲悶， 懶怛 入繡 房， 房空

悽清， 床空蓆冷悶煞 人‧ 昨

冥　　　　於一夢，夢見是我三哥

A1

A2

於情人‧　　來在房 中

於哀 怨，　訴出伊人千般 於苦痛‧

A3

醒來尋 思　　　　　於無 人，

想 來 算 去 想 來 算 去 越自割阮腸肝

B1

作寸 斷‧　　伊是官蔭於人 子，

【荼蘼架】

南管曲・雙閨
台南市南聲社
蔡小月演唱

A1

茶　於蘼　架　日　於弄

影，鳥　鵲悲春意故　欲來　叫出　斷腸

B1

詩。　看紫燕　於啣泥歸，　黃蜂

尾蝶黃蜂　共尾蝶翩翩那障　飛來　採花

A2

蕊。　阮　於心　事　今　欲訴度誰

知，肝腸百結但得掠只　目屎　暗淚

B2

滴。　咱娘間　於相隨　行，　去到

相國寺，見伊人食　得醉醺醺，挨來束去阮挨來共

【風落梧桐】

南管曲・交相思
台南市南聲社
蔡小月演唱

第一段

A1

風　落　　梧　桐

兒，　　蔥　得　我　只　相　思，

不女蔥　得　我　只　相　思，　怨　忍　不　住　苦　傷

悲。　　　　　　　　　　阮　　不

是　　　　不　是　惜　花　於

春　早　　　起，　　　只　是

愛　月　夜　不女　眠於　遲。

A2

A3

阮　那　恨，　　　那　恨　許

【杯酒勸君】

南管曲【倍工疊字雙】
台南市南聲社
蔡小月演唱

台灣傳統音樂概論・歌樂篇

第三節

詮釋與展演

　　南管曲的風格古樸，為多數人所崇尚，至於演唱方法則頗為特殊，具有明顯的頓挫，唱詞的處理也異於民歌或其他戲曲唱腔，在未有聞聽經驗下，每令習慣於通俗歌曲或歐洲藝術歌曲的人無法接受，因此，優秀的南管演唱家的演唱，常被這類聽者認為是怪異的演唱，至於沒有頓挫、近似流行歌曲的演唱，卻被這類聽眾認為是好聽的。音樂活動在當前以通俗音樂或歐洲藝術音樂為主體，南管曲雖具有兩者無法取代的藝術性與品味，不過由於它的風格特殊，缺乏基本認識之下，每令愛樂者無法接近真正的南管。

　　從整體音樂生態觀之，運用南管曲調演唱的樂種，除南管館閣之外，尚有南管戲、交加戲、太平歌、車鼓調，至於歌子戲、布袋戲、傀儡戲、道教靈寶派儀式、釋教儀式等，也都吸收了數量不等的南管曲調。各個樂種所演唱的南管曲，風格上有若干程度的差異；至於各個樂種在詮釋南管曲調的差異性，主要則在於唱唸法以及樂隊編制方面。

㈠唱唸法

　　本文所論述的唱唸法，為南管館閣（或真正的南管）的演唱技巧，至於演唱語言、唱詞處理方式兩項，也適用於南管戲與交加戲。

1. 演唱語言

　　南管曲的演唱語言，主體上為泉州話，如以今日台灣的語言觀之，彰化縣鹿港鎮、台中縣清水鎮等沿海，原屬泉州籍移民的地區，居民所操持

的語言，或俗稱「海口腔」的福佬語，即為標準的南管曲演唱語言。此外，若干南管曲也採用一種稱為「正音」的語言演唱。

福佬語言與「正音」或當前所稱的「國語」，彼此之間最大的差異為聲調與收音。國語的聲調分為四等，分別為：第一聲（如：三）、第二聲（如：民）、第三聲（如：主）、第四聲（如：義），福佬語的聲調分為七等，不過在歌唱中由於旋律的因素，聲調並無獨立的地位。國語與福佬語的最明顯區別，即為收音之時有無入聲。以語言的發音原理言之，入聲即塞音，國語並無入聲。福佬語的入聲有三種，分別為唇塞音、舌尖塞音以及喉塞音，例如：合－結－國，如以羅馬拼音標示，為：hap^8-kat^4-kok^4。由於國語無入聲，注音符號並無法標示入聲，因此，在分析演唱的語音時，較清楚的標示方法為採用羅馬拼音，而唇塞音、舌尖塞音、喉塞音為在羅馬拼音的詞組之末加上 p、t 或 k。

至於不論海口腔調或一般的福佬語，在入聲方面並無差異，兩者的差別，為若干詞的韻母不同，也就是母音方面有些差異，至於聲母或子音方面則大抵皆一致。整體言之，福佬語言的最大特點為，多數的詞都有兩種發音，亦即語音與讀音，以數目字為例，除了七之外，每個數目字都有兩種不同的唸法：

表 3-9　福佬語讀音與語音對照表

數目	1	2	3	4	5	6	7	8	9
讀音	it^4	ji^7	sam^3	su^3	gon^2	$liok^8$	$chhit^4$	pat^4	kiu^2
語音	$chit^8$	$n'\eta^7$	san^1	si^3	go^7	lak^8	$chhit^4$	peh^4	kau^2

由於福佬語的此一特色，故南管曲的文本解讀時，須明辨語音或讀音，例如同為「月」，【風落梧桐】曲中的「愛月夜眠遲」讀為 gua^{t8}，【年久月深】中則讀為 ge^8，又如「遠」，【遠望鄉里】中讀為 wan^2，【遠看長亭】中讀為 hng^2，南管曲中頗多一字雙音的情形。

語音與讀音為包括海口腔在內的福佬語之特色，至於兩者的差別，歸納言之：一為「居魚韻」的字，如：居、魚、除、舉、鼠、語、汝⋯⋯，一般福佬語的韻母為 i，海口腔福佬語的韻母為介於 i 與 u 之間的音，亦即以 i 的口型發 u 的音；二為拿、洗、地⋯⋯，一般福佬語的韻母為 e，海口腔則為 ue；三為杯、尾、火、皮⋯⋯，一般福佬語的韻母為 ue，海口腔則為 e。

南管曲的語音，除了多數與鹿港等地的海口腔相同之外，也有部分為泉州的特殊鄉音，其中較為常見者如：風（huang^1）落梧桐、遠望鄉（hi^{n}u^{n1}）里、秀才先（su^{n}i^{n1}）行、遠看長亭（tan^5）、從（tzng^5）君一去、有緣千（tsu^{n}i^{n1}）里、繡成（chi^{n}a^{n5}）孤鸞⋯⋯上述諸曲中的黑底字，唸法與一般的福佬語非常不同。

2.唱詞處理方式

字頭音唱法

指在演唱之時以字頭音對應歌詞大部分的旋律，至於字腹音與字尾音所佔的時值則頗短。採取歌詞的第一個音節——字頭音的唱唸法，係用於南管曲以及南管戲曲之中。多數的南管曲以及南管戲曲的演唱，都以歌詞的字頭運腔，例如【長潮陽春・出漢關】[5]：

---

[5] 【長潮陽春・出漢關】的工尺譜可參見張再興編《南管名曲選集》，第388-390頁。

　　【出漢關】的文本敘述王昭君出塞和番之事，屬於南管的清唱曲，也用於南管戲〈昭君和番〉中。例中的每個字，不論兩音節或三音節，第一個音節字頭的腔值都極長，以清楚地具有三個音節的詞「關」言之，唱腔的時值共有九拍（beat），字頭音（或姑）佔了七拍，腹音 a 只有一拍又多，尾音 an 則不足一拍。

　　在南管曲以及南管戲曲的演唱中，以字頭音對應大部分唱腔的情形，上述的例子並非孤例，此種例子比比皆是，又如【雙閨‧茶蘼架】一曲[6]：

【雙閨‧茶蘼架】

　　【茶蘼架】除了做為南管的清唱曲，也用於南管戲《郭華買胭脂》一劇中。上例之中，「鳥」字的時值一拍半，字頭 ni 音佔了一拍，「腸」的時值二拍，字頭 ti 佔了一拍半。大多數的情形每個字的腹音與尾音皆同時出聲，所佔的時值也皆僅一拍或半拍。

　　分解字音為南管曲的主要演唱技巧，而對於曲調的律動不符歌詞聲韻或調值之時，則有加聲詞的技巧。南管曲逢加聲詞之時，所加的聲詞頗有規律，多數的曲子所用的聲詞為「於」，該聲詞使用的情況，一為曲調與詞的聲調不符之時，二為逢入聲字，例如【雙閨‧茶蘼架】開頭的句子：

　　樂曲開始的「茶」字，相對應的旋律為由三拍 la 音之後上升四度，此一音程的律動並不符於平聲的調型，因此上升的四度音乃填以聲詞，亦即

---

6 【雙閨‧茶蘼架】的樂譜，可參見張再興，1962，第 227-228 頁。

茶　　　於靡架　　日　　於弄　　影，

在 la 音結束之時，就把「茶」交代完畢。其次為「日」字，此字為入聲，詞音的時值短暫，然而相對應的旋律卻有三拍半，因此實際演唱時，在第二拍過後立即收「日」字的韻尾，亦即舌尖塞音 t，後續的旋律填以聲詞「於」。

字尾音唱法

南管曲唱唸口法的系統為字頭音唱法，少數曲子則有字尾音唱法，如【玉交枝南北交】：

字尾音唱法

【玉交枝南北交・心頭悶】

上例中的「頭、憔、吊」，字尾音皆為u，且字腹音仍皆同為a，字腹音在出口不久，立即轉入字尾音，在整首【心頭悶憔憔】之中的唱唸法皆如此。

南管曲【心頭悶憔憔】以字尾音為主的現象，有其空間上的普遍性，台灣各地南管藝人的唱法一致，且並有時間上的延續性。以台南市南聲社的演唱為例，著名的南管演唱家蔡小月女士在民國五十年代以及九十年代的出版品中皆有此曲，雖然時間上已有四十年的間隔，唱唸口法仍完全相同。

3.運腔方式

唱詞處理採用分解字音，並強調第一個音節——字頭音，固為一種獨特的演唱技巧，然而在音樂風格上真正不同於其他樂種或劇種者，應為南管曲的運腔方式。運腔方式中的「腔」指曲調中的每個音，運腔方式指歌唱者演唱時，將一個音運行至下個音的處理方法。大體言之，運腔方式可分為圓腔式與頓挫式，採用圓腔式的唱法，每個音之間是平順圓滑的，除非有特殊的表情記號，否則根據一般的演唱習慣，並不會以頓挫的方式處理。多數的漢族民歌、戲曲等，大體上都採用圓腔式唱法，而台灣原住民的民歌也都以圓腔式歌唱。

南管曲的運腔方式，係採用具有頓挫的方式演唱，整個唱腔是由具有頓挫的音所組成，亦即除了長音之外，任何相鄰的兩個音之間，都有頓斷的氣勢。頓挫式唱法中，同一個音在一拍的情況下，能有不同的運行方式，以 re（2）為例，可以為平直的進行：2，一拍之內兩個頓挫：2̲2̲，相同的音在一拍之內三個頓挫：2̲2̲2̲，同音在一拍之內四個頓挫：2̲2̲2̲2̲。換言之，在南管曲的曲譜中，2 2̲2̲ 2̲2̲2̲ 2̲2̲2̲2̲ 都具有特定意義，表示不同的頓挫方式；如衡之以歐洲藝術音樂，上述的記譜方式將被認為不正確甚至是錯誤的記譜方式。

□伴　奏

　　南管曲屬於清唱的音樂，意思為演出型態為只有唱而沒有身段動作，其中「清唱」乃相對於「劇唱」而言，劇唱為化妝的演出，演唱時並有身段動作。南管曲的演唱方式雖為清唱，不過仍有一個小型的樂隊為歌唱者伴奏，有關伴奏部分的情形如下：

1. 使用之樂器

　　南管曲的展演，由一人採取坐姿演唱，並一面擊打節奏性樂器——拍，以制樂節，同時，有一個小型樂隊為演唱者伴奏，樂器計有琵琶、洞簫、二絃、三絃以及拍。

　　琵琶為南管曲的主要伴奏樂器，如果不是正式的排場，館閣閑居生活中的演唱也常見僅以琵琶伴唱的情形。南管琵琶的主要形制特徵為：梨形、頸部稍微向後彎曲、四根絃、十三個柱位。柱位及可以按絃取音的點，根據材料以及佈置關係，又區分為四象九品，象位排列於頸部，品位安排於面板上，不過今日南管館閣的琵琶多為四象十品的形制。南管琵琶採取橫抱演奏，以指甲彈奏為佳，如指甲質地軟時則以義甲代替[7]。傳統上，琵琶四根絃皆為絲質，目前常見者為第一絃改為尼龍絃，其餘三絃仍為絲絃或混黃絃，如較不講究音色者，四根絃都改成尼龍絃，不過皆未見以鋼質作為琵琶絃的情形。至於目前國樂琵琶的絃，都已經為鋼絲絃。

　　洞簫屬於定調樂器，用於南管音樂中的該件樂器，形制上有較為嚴格的規定，除了長度須為一尺八寸，材料方面須為帶有根部的竹管，該根管

---

[7] 「義甲」，即甲的指甲，使用時以膠帶固定於指頭，由於南管琵琶僅以拇指與食指彈奏，故義甲僅需安置於該兩指，其餘手指無須義甲，不同於國樂琵琶的情形。

子並須有十個目九個節，這種規格的竹管才能造出合於音律要求的洞簫。由於製作工藝上對洞簫形制有嚴格的規範，因此，南管館閣間的洞簫音律頗為一致，高低相差多在半音之內。

二絃屬於伴奏樂器中音量最小者，它的形制，乃目前眾多台灣漢族傳統樂器中最為古老者，它的音箱（共鳴箱）呈通鼓型，琴柱（或稱琴桿）亦為帶有根部的竹桿，琴絃與絃軫安排在同一側。這樣的形制特徵，可見於宋代音樂學者陳暘編著的《樂書》，其中有一件稱為奚琴的樂器[8]，南管二絃的形制與該件樂器完全相同，而同名且形制相同的奚琴，也出現在韓國的國樂中[9]。伴奏南管曲的二絃，它的外型略似今日國樂器的胡琴（或稱為二胡、南胡），然而如果詳細觀察，可以看出它們仍有明顯的差異，因此，莫要不明究理地拿二胡伴奏南管曲，且名稱方面也不要混用，勿將南管二絃稱為二胡或胡琴。南管二絃的絃質為絲造，目前仍如此；至於其他傳統音樂中的擦奏式樂器，絃都改為鋼絲或尼龍。

伴奏南管曲的三絃，形制仍有若干特徵，它的琴柄細長，音箱略呈圓型而小，兩面蒙以蟒蛇皮，所有南管館閣使用的三絃，形制都相同，並無地區性的差別。至於北管細曲、北管戲、歌子戲或其他傳統戲曲場面也使用三絃，不過形制與南管三絃並不同，除了琴柄較短之外，明顯的差異為音箱部分，有雙面都為木質，或一面木質、另一面挖空，或一面蒙蛇皮、另一面挖空或木質。南管三絃以指甲或小的撥片撥奏，然而為了音色的圓潤結實，當以指甲彈奏為佳。

拍，為節制南管曲節拍的樂器，它的形制特徵為，由五片質地堅硬的木片組成，一端以繩線將五片木片繫住[10]。演奏時以雙手分別握住兩片與三片，逢每小節第一拍之處擊打一下。

---

8 奚琴屬擦奏式絃樂器，出現於唐代，它的圖像可參見宋・陳暘《樂書》卷一二八之奚琴條。

9 使用於韓國國樂中的奚琴及其形制，參閱《樂學軌範》卷七之奚琴條。

10 以繩線繫住的一端，持奏時位於上方。

2.樂隊編制

南管曲的伴奏樂隊為上述的五件樂器，演唱時樂隊的座序為：演唱者
執拍坐於中央，歌者右手邊依序為琵琶演奏者、三絃彈奏者，左手邊依序
為洞簫吹奏者、二絃演奏者，座序呈「ㄇ」字型或「八」字型，此一編制
毫無地區性或時間性的差異，台灣各地的南管館閣（包括金門與澎湖），
以及福建省泉州、廈門，或菲律賓等地的南管館閣，伴奏唱曲所用的樂器
以及座序，都是一致的。

伴奏南管曲的樂隊編制以及座序的安排，具有實用性、美學以及哲學
層面的意義。實用性安排方面參見下文，美學安排上，伴奏的四件樂器，
以數量言之，該編制應為最小的室內樂隊，不過樂器的組成，仍包括擦奏
式絃樂器、撥奏式絃樂器以及吹奏式樂器，因此，從音色方面論之，該編
制並非單調的。座序的安排上，將音響短促的撥奏式樂器編為一組，音色
連綿的樂器編為另一組；以欣賞者的角度，左邊聲部為短促的音色，右邊
為綿續的色彩。將不同音色的樂器分作兩側，能使各件樂器的音色更加清
晰可聞；反之，如將二絃、三絃，或洞簫、三絃的座位對調，音樂音響的
效果恐將較為遜色。

對南管曲伴奏樂隊座序哲學意涵的解釋，基礎為該編制以及座序為漢
族音樂文化所固有，則座序與樂器形制特徵顯現出道家的五行觀念，或數
的思想。南管曲的樂隊座序，從洞簫為始，取順時針的方向，樂器依序為：
洞簫—二絃—三絃—琵琶—拍，將樂器造型特徵數目化，呈現出「一—二—
三—四—五」的關係，恰為一個完整無缺的五行。認識了南管樂隊編制與
座序的深層意涵，就能了解該編制以及座序是無法被改變的。

3.伴奏方式

伴奏的部分在南管曲演唱過程中擔任何種腳色，並如何實際的運作？
總體言之，琵琶為主要伴奏樂器，如參照以其他樂種，該件樂器可視為頭

手，不過在南管文化圈之中，演唱時的琵琶彈奏者常為該位演唱者的老師[11]。在南管曲的演唱中，對歌唱而言，最重要者為琵琶彈奏者。因此，琵琶彈奏者居於歌者的右側，由於抱彈琵琶姿勢的關係，他能一面彈奏一面注意歌唱者的情況，當演唱者有需要時，他能適時地給予演唱上的提示；反之，如果琵琶彈奏者坐於歌唱者的左側，則他將側背對歌唱者，如此，不但無法於需要時給歌唱者以必要的協助，兩者在節拍方面要有緊密的對應關係，操作上將有實際的困難或不方便性。

歌唱過程中，琵琶聲部與演唱者並不完全相同，南管文化圈將兩者的聲部分別稱為「骨譜」與「肉譜」：骨譜指未經裝飾的旋律架構，肉譜為在骨譜為基礎加入裝飾音的華彩聲部；換言之，肉譜為包括骨譜的聲部，兩者並非無關係的兩部旋律。雖說演唱者一面演唱一面打拍制樂節，實際上節拍的緩急，以及樂句的舒張或緊縮，都掌握於琵琶彈奏者的拿捏。撥奏式樂器中的三絃，所彈奏的旋律完全與琵琶相同，仍屬於骨譜，只於彈奏的時間上有差異，每個音都須等琵琶彈出之後再彈奏，意即琵琶與三絃的旋律完全相同，出現的時間以琵琶在前，三絃在後，呈現此起彼落的交錯情形。

洞簫的聲部大體上與歌唱相同，屬於具有裝飾音的華彩旋律，唯一的不同之處為，每個樂句最後的長音，最後一或二拍處，歌唱者可休息以便換氣，洞簫聲部則需直貫到底。二絃的聲部仍為在琵琶骨譜架構上加入適當裝飾音，其旋律稍具華彩性。

(三)演唱場合

綜觀南管曲的生態，它分別存在三種不同型態的社會生活之中。茲以二十世紀八十年代以來作者所見，分別論述如下。

---

[11] 以演唱者所屬的館閣觀之，該位琵琶彈奏者乃館閣的館先生。

1. 藝文生活

　　藝文生活，指閑居時的娛樂活動。在歐洲藝術音樂未傳入台灣的時代，南管為當時城市社會中有閑階層的主要休閑娛樂節目，遊藝於南管音樂者被稱以「南管子弟」或「郎君子弟」，這樣的娛樂活動，為當時人們所嚮往的生活方式。在二十世紀七十年代之前，藝文型態南管曲的展演空間，為各個地區的南管管閣，該空間多數皆坐落於廟宇，知名的古老南管館閣如：鹿港雅正齋與聚英社分別在鹿港新祖宮、龍山寺，台南市振聲社與南聲社分別坐落於台南市武廟、保安宮[12]。

　　以南管音樂娛樂者，通常都自稱「南管人」，閑居型態的藝文活動都為館閣成員間的演奏欣賞，形式分為平常的例行演奏、館閣間互訪的拜館式演奏，以及郎君祭期間的排場整絃活動。

閑居拍館

　　閑居拍館為平日例行的活動形式，由於勞動生活方式與社會狀態的差異，民國七十年代以前，南管館閣的閑居拍館時間有若干差別，中南部的南管館閣通常於每天午後三點、或晚上七、八點，館員即零星地到館閣演奏唱曲。澎湖地區由於社會建設較落後，晚上市街昏暗，行走不便，因此，該地的館閣拍館時間為上午。至於在戒嚴時期的金門地區，晚上施行宵禁，館閣的拍館時間通常為下午。

　　拍館時間雖有不同，方式多相同，首位到館的人員先向郎君爺燒香致意，接著音樂輩分較資淺者沏茶，以及必要的打掃。在品茗的過程中，人們閒話家常或談論音樂，約過了半小時之後，館員逐一坐上演奏區，通常為琵琶、洞簫，或琵琶、演唱者先上座彈唱，其他樂員（二絃、三絃）再

---

[12] 鹿港雅正齋於民國七十年代後搬至鹿港鎮中山堂（老人會館），台南市南聲社曾由保安宮遷至廣州宮，目前則搬至台南市夏林路的一處公寓內。

逐一加入演奏。在演奏過一套指套或唱曲之後，其他樂員可以換手上場演奏或演唱，使演奏演唱不停地一首接著一首，也可以再奏過若干首之後歇息喝茶。

排場整絃

排場整絃為最盛大的南管演奏活動，通常都在郎君祭期間。排場整絃的曲目安排有一定的層次與順序，不論何時何地舉行的排場演奏，每場節目都包括三類樂曲，且順序固定地為：指套—曲—譜，指套與譜為器樂，其中指套可演奏二或三套，譜皆固定地僅演奏一套，作為音樂會的終止曲目，故該部分的演奏也稱為「煞譜」，意為演奏會終止於譜。

排場整絃的時間頗長，一般而言都為整個下午或整個晚上，節目的中心為曲的演唱，每次排場演出約都演唱十餘曲，每首曲之間且有一定的關係，這種根據固定關係排序的演唱，稱為「排門頭」。所謂排門頭，就是相同的滾門或曲牌接連著演唱，當一個滾門（假設為 A）的曲子唱完，要接唱其他滾門（假設為 B）的曲子時，從 A 接唱 B 之前，需演唱一首曲牌為【A 轉 B】的曲子，才能演唱下一個滾們的曲子，凡是曲牌屬於【A 轉 B】的曲子，特稱為「過枝曲」，猶如南北曲中的過曲，而演唱過枝曲的演唱者，稱為「枝頭」。

2.民俗生活

在南管館閣中的南管曲演唱，屬於藝文生活的形式，南管人在離開館閣的各型場合之演奏，都能解釋為人際間來往的酬唱，其背景因素則為民俗信仰。民俗生活中的南管曲演唱，可分為「對神」以及「對人」兩種不同的場合，「對神」、「對人」為俗語，前者指敬拜神明的儀式，所採取的儀禮為三獻禮，儀式的程序為演唱南管曲的過程中，對神明奠獻牲禮蔬果，這類場合演唱的曲目為【金爐寶篆】。以演唱南管曲奠獻神明，以南部（台南、高雄沿海）王爺信仰區最為崇尚，該信仰圈認為南管音樂為「御

前清曲」，故以之獻給王爺最能表現對王爺的尊崇。

「對人」型態的南管演唱活動，一為南管人（及其關係密切的友朋）生日時的酬唱，館員相邀至當次的主人家排場唱曲，由於這類場合的喜慶色彩，因此，演唱的曲目、唱詞通常都屬於較歡樂的。南管人生日的排場演唱，近者如一九七九年曾省先生六十歲生日大慶，台北市、鹿港鎮以及台南市的南管人齊聚於永和市曾府，舉行排場演唱，以祝賀曾省先生壽慶。遠者如一九五〇至一九七〇年代，每逢當時的總統蔣介石先生誕辰，台北市閩南樂府都舉行名為「慶祝總統蔣公華誕南管音樂會」的演奏唱，除了祝壽，並自娛以及娛樂大眾。

「對人」型態的南管演唱活動，二為館員或親朋過世的吊喪排場，演奏程序，先以三獻禮弔祭亡靈，次為排場演奏唱，由於場合的關係，演唱的曲目通常都選擇唱詞內容較傷感者。

第四節

南管曲的擴散與現況

談論到南管音樂時，有人喜言過去的盛況，有關南管盛況常聽到的說法為：鹿港過去曾有五大南管館閣。而根據作者的調查了解，透過碩果僅存的藝人之訪談，在可知的南管活動史以來，鹿港鎮的南管團體只出現五館，亦即人們所云的「鹿港南管五大館」，實際上的意思為：鹿港曾經有過五個南管館閣，這類的說法也見於其他地區的相關描述。

人們對過去傳統文化活動或其美感的憧憬，固無需一一加以論證，以求得實際的真相。如同南管文化圈對南管音樂價值性的說法，都以一批居住於泉州的南管人，曾經於清康熙皇帝六十大壽時前往京城祝壽演奏，皇帝聆賞之後龍心大悅，乃敕封南管音樂為「御前清曲」，並對演奏的五人欲封以官位，該批南管人由於清淡寡慾，並未接受皇帝的美意，旋即還鄉，

康熙皇帝非常賞識他們的風骨，乃敕賜「御前清客」封號。封建時代皇帝大壽為重要事件，祝壽活動中果有上述的事件，皇朝的史料當有記載，然而有關御前演奏的事情，何懿玲與張舜華根據《大清皇朝實錄》的考證，認為御前清曲與御前清客的說法，乃系附會，並非史實[13]。雖說不是真正發生過的歷史事件，各地南管館閣都刻有「御前清客」的匾額或彩旗，以及相關的儀杖性器物如宮燈、彩傘等，多少添增了南管文化色彩。過去南管是否有過如耆老所言的繁盛景象，固然有待探討，本文將根據作者近二十餘年來所見，對南管曲的現況約略做些描述與必要的分析。

㈠演唱形式

南管曲為純粹的藝術音樂，傳統上它的主要活動空間為館閣，作為人們休閒娛樂的節目，此外，也被其他戲曲或儀式所吸收，因應不同場合的需要，演唱形式有適應性的調整。在南管音樂社會化的今日，在展演者缺乏傳統文化素養的背景下，展演形式每有被改變的情形。

1. 南管館閣

由於南管曲也出現於其他樂種或劇種，為了區別起見，南管館閣中的南管，本文有時也將它稱為「真正的南管」。南管館閣為以音樂怡情養性、休閒娛樂的業餘場所，由於活動純粹的自娛，不受演出經濟的制約，演奏者無須考慮票房收入，因此，從曲目、演出形式以及唱唸頓挫的風格處理等，都能依循自身的傳統，絲豪不受社會環境或觀眾口味的引導，故能保存其一貫的音樂傳統。根據個人的調查所見，台灣北部（如台北市閩南樂府）、中部（如鹿港鎮雅正齋、聚英社）、南部（如台南市南聲社），以及金門（金門城隍廟之金門南樂研究社）、澎湖（馬公鎮東甲宮之馬公南

---

13 參見《鹿港南管音樂的調查與研究》第 3 頁之論述。

樂研究社）等地的南管曲演唱，都相同地採取排場坐唱，演唱者手執拍坐於中央，一面演唱一面打拍制樂節，琵琶、三絃坐於演唱者的右側，洞簫、二絃位於左側，五位演奏者的座序略呈馬蹄形，並無其他的座序。

從許常惠教授策劃的民間樂人音樂會之後，包括南管在內的傳統音樂逐漸社會化，進入城市的音樂廳表演。在由許常惠教授策劃的南管音樂會中，南管曲的演唱方式皆為傳統的型態；其他場合的南管曲演唱，每見有所改變，如由法國國家廣播公司出版的南管曲系列，其中有一首曲子【共君斷約】，乃以琵琶、三絃、噯、二絃伴奏，亦即以俗稱小吹的噯取代洞簫。以噯作為南管曲演唱的主要伴奏樂器，為道教靈寶派儀式的常態伴奏方式。上述曲子伴奏的改變，具信與南聲社南管樂團赴法國演奏的策劃者施伯爾教授（K. Schipper）有關，他為道教專家，曾在台南學習道教靈寶派的法事多年，在這樣的背景下，熟悉了道教儀式以噯伴奏南管曲的演唱方式。

從官方機構主辦大型的南管排場整絃活動之後，參與活動的演出團體有不同於傳統館閣的活動，逐漸出現各式研習班的學員於這類型的演出，在缺乏傳統文化素養的情形下，演唱者（或團體）每以改變演出型態為能事。故演唱形式除了傳統的坐唱之外，也有立唱，或多於常態的四件樂器伴奏的情形。

2. 太平歌與車鼓弄

太平歌為一種歌唱加上絲竹伴奏的樂種，主要流傳於台南、高雄等地，也自稱為「天子門生」[14]。該類音樂團體演唱的曲目大多來自南管曲，由於並無館先生傳授歌唱藝術，故演唱技巧不若南管館閣之講究，可視為南管曲的俗唱。不過該類團體對外時，也有將所演唱的音樂稱以南管的情形。太平歌的曲調雖多吸收自南管曲，所使用的伴奏樂器則不同於南管曲，主

---

[14] 有些團體則以諧音自稱為「天子文生」。

要為月琴、笛子，此外尚有：殼子絃、三絃、秦琴、大廣絃，演唱者也一面演唱一面打拍。作者於民國七十年代所見，太平歌已漸有南管化的傾向，故多以琵琶代替月琴，雖然如此，琵琶的定絃仍較南管館閣的琵琶定絃為低。

民國七十年代，台南縣麻豆鎮太平歌樂社——集英社頗為突出，該組織成立於民國元年，位於麻豆鎮巷口公厝，根據作者在民國七十年五月的調查錄音，該社能唱曲的人員頗多，當時曾錄製的曲目計有：心中悲怨、緣份遷伴、班頭爺、當天下詛[15]、心內梁哥、恨秦王、心頭悲傷（帶歌頭）、跐步行入（帶歌頭）、娘子、念月英、秀才先行、重台別、特來報喜[16]、花園外邊、孤棲悶、山險峻、繡成孤鸞、騙紙錢、雲山重疊、歌頭－八月十五是中秋、一間草厝、恨爹爹、輕輕行、心內歡喜、聽門樓。

上述曲目除了【歌頭】之外，曲調、唱詞等，都相同於南管曲的同名曲目。其中不乏演唱技巧頗佳者，如當時已經七十六歲的李聰敏先生，他所演唱的【班頭爺】頓挫細緻，有如老一輩南管藝人的演唱，該首樂曲的部分樂譜如後。

太平歌的曲調雖多吸收自南管，不過仍有屬於自己固有的部分，如上述曲目中的【歌頭】，它多作為一首曲子的引子，如【跐步行入・帶歌頭】，也能作為獨立的樂曲，如【歌頭－八月十五是中秋】。太平歌的【歌頭】雖位於某首曲子之前作為引子，樂曲組織並不同於南管曲之前的【慢頭】，後者為散漫式拍法，太平歌的【歌頭】屬於規律式拍法，它的樂譜

---

[15]【當天下詛】多被書寫為【當天下咒】，該曲的語音為 tng¹-thiⁿ¹ he³-tzua²，第四音的漢字應為詛，而非咒（chiu³）；即使南管抄本也都將該首曲名書寫為「當天下咒」。

[16]thiau³-lai⁵ po³-hi² 的曲名，常被書寫為【朝來報喜】或【迢來報喜】，其中「朝」或「迢」都為 thiau³ 的諧音字，按 thiau³-lai⁵ po³-hi²：意為「特地前來報喜」，應以【特來報喜】為合乎語意。

如後。歌子戲中的【大調】或【倍思】，曲調與太平歌的【歌頭】極為相同。

　　車鼓弄為一種小型的歌舞表演，主要分布於中部與南部，而以南部地區為盛行。車鼓弄通常為兩人且歌且舞，由一個小型樂隊伴奏，所用樂器主要為殼子絃、笛子，和音性樂器有月琴、三絃、大廣絃等。用於車鼓弄中的樂曲，多數仍吸收自南管曲，並加以必要的變化。每個車鼓弄的表演單位為一首樂曲，曲前、曲後並加一段清奏的譜，該些樂曲段落稱為車鼓譜。車鼓譜雖無唱詞，表演者仍隨著旋律音高以工尺譜的唱名演唱，演唱譜的同時，也隨著樂節做扭捏舞蹈表演。

　　用於車鼓弄中的南管曲，由於表演形式的特殊性，都將所有的樂曲變為每小節一拍。南管曲為清唱式，節拍有長（七撩拍、三撩拍）、短（一二拍、疊拍）之別，歌唱者以表現樂曲的細膩頓挫為務；車鼓弄為舞蹈表演，歌唱為節，表演者在扭動身體的律動中，同時以雙手隨拍擊奏握於雙手的四塊，所有樂曲的表演方式皆如此，因此，形成每拍（beat）為一重音的律動，形成 1/4 拍的固定節拍模式。例如【共君走到】的曲調為南管的【福馬】，拍法為一二拍（2/2），【年久月深】為南管的【長潮陽春】，拍法為三撩拍（4/4），車鼓弄中的該兩首樂曲，拍法都變成 1/4，樂譜如後。

【歌頭】

太平歌
麻豆鎮郭武驥唱
1981年5月15日

雪梅　　　想著

苦

傷悲，　　　　看　　　見來百花　紅　開　齊

備，　　　　可　恨　商郎　早　過　世，

誤　阮　青春　伊才少年　　時。

【班頭爺】

太平歌
麻豆鎮李柱演唱
1981年5月1日

♩≒50

班頭爺，　暫且停威息怒。

不合當初　行差路，到

今旦即會受盡　於苦楚。　愛欲錢

銀　無處擺佈，　人說善心

終有報莫得擔心　虎狼。

愛欲金簪　　　　　於一枝

送恁，亦通去當舖，亦欲望恁　相照顧。

列位著聽簡於告訴，　這是

因二邊　相央託，　共阮益春

乜何干。　離了肩頭七於尺路，

若不做人情阮亦無乜步。　（下略）

【共君走到】

黃秋菊‧沈玉女唱
1983年麻豆鎮巷口公厝

工　工阿　六士工六工　下　又　工　六士工

共　　君　　　走　　　到　　　王　爺
二　　個　　　將　　　軍　　　把　在

公　廟　　口，合一阿一士一　　廟　內
　門　　邊，合一阿一士一　　我　君

熱　　鬧　　　不女廟內那欲熱　鬧
隨　　行，　　不女我君那欲先　行

人待　　來　行　　到。
　　　妾　隨　後。

我　君生得標　緻，

不女我君　生　得標　緻　　是愛

邁。　　　　　君是生做

梁山，合一阿一六一　　妾

【早起日上】

黃秋菊・沈玉女唱
1983年麻豆鎮巷口公厝

3.南管戲與交加戲

南管戲與交加戲為戲劇形式的表演，兩者的唱腔相同地使用南管曲，不過由於演出型態的不同，原為清唱的南管曲，在此則為劇唱形式，演唱者不但具有腳色扮演，演唱之中並有舞蹈身段。南管戲也稱為梨園戲，傳自福建省泉州，為一種演唱南管曲的戲曲，在泉州地區有大梨園、小梨園之別，前者的演員為成年人，後者為十六歲以下的演員。由於南管戲腳色只有七科，即：生、旦、淨、末、丑、外、貼，因此也稱為七腳戲（tsit⁴-kio² hi³）[17]，目前所見，常把該戲曲劇種書寫為七子戲，並不正確。依呂訴上的描述，民國四十年代曾有將近十個南管戲班，根據對該些劇團的了解，他們所演出的戲曲主要實為交加戲，應為特殊場域才演出南管戲。

用於南管戲的唱腔，大抵皆出自南管曲，部分則取自南管指套，不過由於劇情以及身段表演的關係，每有改編的情形：或將南管曲或指套的速度變快，或將曲子根據腳色的不同，由兩位腳色輪唱。以《郭華買胭脂》為例，〈入山門〉演唱一套南管指套〈趁賞花燈〉，該套樂曲共計五章，第一章與第二章為七撩拍，速度極為緩慢，用於〈入山門〉中的該兩首曲子則改為速度較快的一二拍。該劇另一齣戲〈月英悶〉用了一首南管曲【荼蘼架】，在南管曲中，該曲由一位歌者演唱，在南管戲中，由於腳色的運用，相同的曲子則有輪唱以及合唱的現象：

月英：荼蘼架日弄影，烏鵲悲春意故欲來叫出斷腸詩。

梅香：看紫燕啣泥歸，

合唱：黃蜂娓蝶、黃蜂共娓蝶翩翻那障飛來採花蕊。

月英：阮心事今欲訴度誰，肝腸百結但得掠只目屎暗淚滴。

合唱：咱娘嫺相隨行，去到相國寺，見伊人食得醉醺醺，挨來捘去、

---

[17]南管戲的另稱七腳戲，可參見呂訴上著《台灣電影戲劇史》，第181頁。

挨來共揀去伊身都全然不醒來。

月英：賊冤家無心腹，誤阮返來只處無悴又無彩。肌膚瘦阮不自在，
　　　阮身恰似楊子江中遇著風浪搖擺。

合唱：鵲橋會不駕來，親像牛郎織女銀河阻隔在東西，恰親像牛郎
　　　織女銀河阻隔在許天台。

　　不論如何改編，南管戲中的唱腔與南管曲的差異，僅為文本的連續性
或速度方面，曲調大體上皆相同。

　　交加戲為一種結合南管戲與北管戲於一台的戲曲，演員所演唱的曲調
來自南管曲，過場音樂來自北管牌子或譜，亦即在纏綿柔美的唱腔中，加
入武打熱鬧的場面，為了凸顯此一特徵，民間藝人乃稱這種戲曲為交加戲
（kau¹-ka¹ hi³），或「南唱北打」。目前學術界多將該戲曲書寫為高甲戲、
九甲戲，較特殊的說法中另有稱以「鼓介戲」者。後者說法的基本論點認
為，以唱腔觀點，這種戲曲與南管戲並無根本區別，唯一差異為後場音樂，
引用了較為熱鬧的鑼鼓；換言之，「鼓介戲」可視為南管戲的俗化。

　　用於交加戲中的南管曲，有南管館閣中常見的曲目，如〈昭君和番〉
中，王昭君所演唱的【長潮陽春‧出漢關】、【中滾‧聽見當初時】，與
南管藝人所唱者完全相同，該兩首曲子的樂譜，可參見張再興編之《南管
名曲選集》[18]；也有南管館閣中較罕用的曲調，如【生地獄】。

4.宗教儀式

　　南管曲除了由南管人演唱，作為藝文生活或民俗生活的一部分，也出
現於非南管館閣空間的宗教儀式場合，其功能可分為敬神以及弔祭亡靈。
有關宗教儀式中使用南管曲的情形，另參閱第六章〈儀式音樂〉的論述。

---

[18] 【聽見當初時】與【出漢關】，參見張再興編《南管名曲集》，第 107 頁、388
頁。

使用於各類宗教儀式中的南管曲，演唱者並非南管人，而為儀式的主持者。

拜神類法事

拜神類法事使用南管曲者，可見於中部以及南部靈寶派道士所主持的道教儀式。拜神類法事，指在受過法事訓練的神職人員的主持下，以祈求神明賜福、國泰民安之各類宗教儀式。以台灣民間的習俗言之，拜神類法事主要為由道士主持的道教儀式。台灣的道教儀式，根據道士所習的法事來源的不同，分為正一派與靈寶派，儀式中引用南管曲者，只見於靈寶派道場，正一派道士並無使用南管曲的情形。拜神類法事的相關介紹，請參閱第七章〈儀式音樂〉。

根據實地調查所見，台中縣清水鎮、鹿港鎮、台南縣市的靈寶派道士對南管都頗為熟悉，唯他們稱該系統的樂曲為「南曲」，道士的音樂類抄本或寫為南曲，也有寫為「南客」者，字型雖不同，語音以及語意則相同。靈寶派道場使用南管曲的情形，分為曲調借用與引用曲目，借用曲調指將道教的曲詞套於南管的滾門，如台南市靈寶派科儀宿啟啟聖科儀中的【北帝讚】，唱腔乃借用南管的【短相思】曲調。南管曲目的引用，指儀式中演唱南管曲，以宴饗神明，這種情形主要見於午供科儀。

拔亡類法事

拔亡，即超度薦拔亡者的靈魂，以度往西方極樂世界。拔亡類法事演唱南管曲者，分別見於中南部靈寶派道士所主持的道教儀式，以及全國各地的釋教儀式。關於道教靈寶派、正一派以及釋教的意義，請參閱第七章〈儀式音樂〉。

在道教靈寶派、釋教等儀式所演唱的南管曲，主要用於謁靈之時，在亡者的靈堂前演唱。由於功能的改變，故演唱形式也不同於清唱的南管曲，兩種宗教都相同地由儀式主持者立於靈堂前演唱，靈寶派道士通常沒有執拍，釋教儀式的主持者則同時執拍打樂節，兩者的主要伴奏樂器相同地為

小吹（噯），鼓師並隨著曲調的起伏特徵，以滾奏的方式擊打通鼓（或扁鼓），由於演唱南管曲時鼓的演奏法特殊，兩種宗教的後場都將該打法稱為「撩鼓」。

🔲 藝術性現況

從民國七十年代政府對傳統音樂戲曲予以提倡獎助之後，南管音樂的活動有逐漸興盛的趨勢，具體的跡象為，台北地區的漢唐樂府、華聲社、咸和南樂社、江之翠南管實驗樂團等，都在近二十年之間成立。近年來南管團體雖多，活動也並不少，藝術水準是否有相對地提高？從演唱的曲目與演唱技巧的觀察，約略可窺見一斑。

1. 曲目

理論上南管的曲目約有二千二百首，在南管館閣中傳唱者約有三百首，該些樂曲可參見張再興編《南管名曲選集》[19]；常被演唱的南管曲目也稱為「籠面曲」，亦即如最表層的水果，屬於同一籠水果中的菁華。根據實地調查，老一輩的南管曲家如鹿港鎮的郭炳南、台南市的吳再全，皆稱能唱的南管曲有二百多首，不過由於缺乏伴奏者[20]，因此，實際上演唱的曲目仍相當有限。

南管文化圈流傳的南管曲目究竟有多少？民國四十年代的情形，可以知名的演唱家蔡小月女士所習得的曲子窺見一斑，她為台南市南聲社的館員，從民國四十二年開始學習南管演唱，歷時四年，曾由法國國家廣播公

---

[19] 張再興編之《南管名曲選集》於民國 51 年初版，隨後多次重印，最近於民國 81 年的修訂版改書名為《南樂曲集》。

[20] 南管曲為合奏性的音樂，演唱需小型樂隊伴奏，演唱者缺乏能力相當的琵琶或簫、絃演奏者的情形，俗稱為「無對手」。

司錄製發行的曲目如下[21]：

四孔管：輕輕行、恨冤家、山險峻、望明月、懶繡停針、共君斷約、冬天寒、書今寫了、三更鼓、看牡丹、梧桐葉落、聽門樓、不良心意、夫為功名、共君結託。

五孔四仪管：心頭悶憔憔、告大人、推枕著衣。

五孔管：非是阮、感謝公主、遠看見長亭、為伊割吊、我為汝、昨暝一夢、遠望鄉里、荼蘼架、秀才先行、無處棲止、風落梧桐、遙望情君、思想情人、回想當日、因送哥嫂、暗想暗猜、杯酒勸君。

倍士管：有緣千里、年久月深、誰人親像、孤棲悶、繡成孤鸞。

上述四十首為蔡小月女士畢生所習得的南管曲，相較於昔日的「大曲腳」，她所習得曲目仍相當有限。在彰化縣南北管音樂戲曲館的主導下，今日大型的南管演出活動經常舉行，以二〇〇四年的南管整絃大會為例，從當天上午十時至下午七時參加的各館閣演唱的曲目如下：跐步行來、鵝毛雪、聽說當初時、恨冤家、盤山嶺、見許水鴨、月照紗窗、賞春天、聽閒人、共君斷約、書中說、懇明台、看滿江、君去有拙時、元宵十五、綠柳殘梅、因送哥嫂、出畫堂、念月英、逢春天、白雲飄邈、輕輕行、碧雲天。

2. 演唱技巧

以曲目為主體的考察，南管曲除了作為南管館閣的演出節目，也被戲劇與宗教儀式吸收，三者對樂曲的用法不同，因此也衍生出不同的演唱技巧，形成彼此風格方面的差異性。在南管館閣中的南管曲屬清唱形式，樂曲速度緩慢，唱唸口法講究，並有非常明顯的頓挫，為了凸顯這種歌唱風格的特色，南管文化圈稱南管館閣中的曲風為「khie^{k4}-khin^3」（曲韻）。

---

[21] 由蔡小月女士演唱、台南市南聲社伴奏的上述南管曲，由法國廣播公司於1982 至 1993 年之間發行，計為 CD 六片。

南管戲或交加戲劇場所演唱的南管曲，一方面由於樂曲的速度較快，另一方面演唱者（演員）需同時做身段表演，在速度與肢體動作的影響之下，自然將曲調調整為較圓滑方式的演唱，這種較少頓挫或幾近圓腔式的歌唱風格，南管文化圈稱之為「kua¹-khin³」（歌韻）或「hi³-khin³」（戲韻）。

至於道教靈寶派或釋教儀式中的南曲，唱唸技巧隨著儀式主持者的音樂素養而異，沒有明顯的風格系統。總體觀之，鹿港地區道士唱唸的頓挫較為明顯，近於南管藝人的方式；至於南部靈寶派道士或北部釋教儀式主持者所演唱的南曲，都有相當程度的頓挫。

㈢傳習現況

一九七〇年代以前，學習南管的唯一場所為南管館閣。隨著社會的演變，娛樂節目的選擇性大增，尤其是電視事業發達，電視機普及之後，人們不必出門，坐擁電視機就能欣賞各型娛樂節目，南管館閣中乃日漸失去學習的人口。約從二十世紀八十年代開始，本國傳統藝術再次受知識界的重視後，城市間逐漸有人轉向學習本國傳統音樂藝術，不過此後的南管音樂傳習活動，已經不是過去以館閣為中心的局面，而是由政府或社教部門所主導。

1. 鹿港的情況

作者從就讀大學的時代（一九七二年）開始，即進行台灣傳統音樂的調查，當時所調查過的樂種與劇種，為布袋戲、歌子戲以及北管音樂戲曲。雖然於一九七五年曾到鹿港調查當地的傳統音樂，接觸到的樂種仍為北管音樂（玉如意北管館閣），當時並不知鹿港地區有南管音樂。從這個實地調查接觸的例子，可以看出當時南管音樂的活動已經極為式微。

一九七八年，從台北市晉江同鄉會獲知有南管研習班[22]。翌年，在參與鹿港南管音樂調查的機會[23]，才開始到該地進行音樂調查，並隨知名的南管人黃根柏先生學習南管。根據該計畫的調查，鹿港南管館閣曾有「五大館」：雅正齋、聚英社、雅頌聲、大雅齋以及崇正聲[24]。實際上當時尚能維持活動的館閣只有雅正齋（位於新祖宮）以及聚英社（位於龍山寺）。

至於兩個館閣的南管曲生態情形：當時雅正齋的館員共計五名，都為樂器演奏者[25]，平時在館閣閒居的演奏，皆為器樂的指套或譜。約於民國七十年，由鹿港文物發展委員會資助傳習，吸收了約六或七位學員，其中有一位學演唱的女性（李麗娟），由於音色頗佳，黃根柏先生極力予以栽培，欲使成為「蔡小月第二」，雅正齋從此有專司演唱的館員。

聚英社的情形，由於該社的基層性較強，亦即沒有排他性，故館員較多，約有十五位左右，其中多數仍皆為樂器演奏者，擔任演唱的男性館員只有一位（王萬成先生），此外則有三位女性演唱者，不過都為入館不久的年輕學員。

2.台南地區的情形

台南市為南管文化薈萃的地區之一，根據說法，當地的南管館閣亦有「五大館」：振聲社、南聲社、同聲社、金聲社以及群鳴社（或和聲社）。作者第一次接觸到台南的南管館閣為南聲社，在一九七九年的春祭場合，是時該館的樂員約十五位左右，加上贊助性的館員據云將近百人，該社的演唱者陣容為台灣南管團體中人數最多且堅強者，男性歌者有黃添福、陳

---

[22] 當時的南管研習班設址於台北市衡陽路，指導者為鄭叔簡先生。

[23] 學術界首次的南管音樂調查，為由鹿港文物暨地方發展促進委員會委託、許常惠教授主持的『鹿港南管音樂的調查與研究』，該計畫在 1979 年內完成。

[24] 鹿港南管館閣的介紹，可參閱《鹿港南管音樂的調查與研究》，第 14-25 頁。

[25] 南管文化圈對樂器奏者常稱以「傢俬腳」，口語為 ke¹-si¹ kha¹，其中的傢俬為樂器的俗稱。

珍、蘇榮發，女性歌者有蔡小月、葉麗鳳、郭阿蓮、黃美美以及陳美娥。

　　從二十世紀八十年代以來的十餘年間，台南市的南管活動都聚集在南聲社，其他館閣雖仍存在，不過都沒有活動，即使最古老的館閣——振聲社，也僅剩下館先生以及兩三位館員[26]。亦即當時其他館閣三三兩兩的館員，都加入南聲社活動。南聲社首次於一九七九年代表我國的南管前往韓國首爾（漢城），參加亞洲作曲家聯盟第六屆年會，當次的演出，使亞洲地區的作曲家首次認識南管音樂高層次的藝術性，隨後在紐西蘭舉行的亞洲作曲家聯盟大會，也都再次邀請南聲社前往表演。

　　一九八二年，南聲社首次前往歐洲的法國、德國、荷蘭、比利時等國演奏，其中以在巴黎的法國國家廣播公司之演奏會最為突出，音樂會由（一九八二年十月二十二日）晚上十點至第二天六點，創下南管演奏會時間最長的紀錄。根據法國主要報紙的報導，該場音樂會深獲愛樂者的讚賞。一九九一年，南聲社第二次前往巴黎，該次的主要目的為錄製南管唱片，由法國國家廣播公司出版六張 CD，內容全部為蔡小月女士演唱的南管曲。

　　由於曾先後赴韓國、日本、紐西蘭、法國、德國以及英國等地演奏，南管音樂的藝術性獲得國際上極高的肯定，台南市南聲社乃成為當時亞洲地區最活躍的南管館閣，因此每年固定於春秋舉行兩次郎君祭以及排場整絃大會，為期三天，前往參加活動的各地南管人相當踴躍。以一九八一年四月二十七至二十九日的郎君祭排場活動言之，前來的館閣計有：菲律賓國風社、台北市閩南樂府、台北市晉江同鄉會南樂組、嘉義市閩南同鄉會、高雄市閩南同鄉會南樂組、麻豆鎮集英社、鹿港鎮雅正齋等，活動盛大熱鬧。總體上，南聲社以坐落於台南市廣州宮的時期，活動最為蓬勃。隨後館舍遷至台南市南區在興社區活動中心內，一直到二十世紀九十年代中期，南聲社的郎君祭活動都維持三天的規模。該館的理事長林長倫先生過世後，郎君祭活動的規模已經急遽縮小。

---

[26] 當時振聲社的館先生張鴻明，也是南聲社的館先生。

約從二〇〇〇年以來，台南市的振聲社逐漸恢復活動，其情形為，由台南市成功大學中文系教授施炳華發起傳習活動，因此目前該館約有十餘年輕人加入館閣。此外，台南市灣裡和聲社也重新復館，每年並舉行郎君祭整絃活動。

3.新型的傳習班

南管除了在南管館閣傳習展演，民國七十年代以後，南管音樂的傳習主要乃在館閣之外，最早者當為台灣省交響樂團在該年所舉辦的南管研習，對象為台中市的國小與國中音樂班的學生。自從教育部從民國七十三年頒設薪傳獎之後，南管館閣或各地的文化中心（文化局）開始舉辦南管音樂的傳習，台南市文化局、台北市國樂團都舉辦過類似的傳習，規模最大且延續性最長者，為彰化縣文化局所舉辦的南管傳習，從民國八十六年迄今，每年都舉辦南管傳習，目前則由南北管音樂戲曲館接辦該項活動。

新型的南管傳習活動也在館閣內進行，以歷年來的情形觀之，台北市閩南樂府、台中縣清水鎮清雅樂府、鹿港鎮雅正齋與聚英社、台南市南聲社與振聲社等，都舉辦過由政府資助的傳習活動，主要經費來源為國立傳統藝術中心[27]，其次則為國家文化藝術基金會。此外，有兩個以演出取向的團體：漢唐樂府、江之翠實驗劇團，也舉辦過南管研習。

綜觀民國七十年代以來新型態的南管傳習活動，學習演唱者驟增了許多，由以前的男性樂員演唱的情形轉變為以女性演唱，此時期的南管音樂會，幾乎都是女性歌唱者，原來由男性演唱時的強烈頓挫，乃逐漸減少，甚至變成沒有頓挫的情形。

4.大學校院內的情形

台灣的大學以及專科學校設有音樂系科的情形仍屬普遍，不過絕大多

---

[27] 國立傳統藝術中心位於宜蘭縣五結鄉，鄰近東山河風景區。

數的音樂系科的主修教學，都以歐洲藝術音樂為內容，項目為鋼琴、聲樂、絃樂、管樂等，僅有少數名為「國樂系」或「國樂科」（目前都改名為「中國音樂系」）的教學單位，以中國傳統樂器為主修項目，而都未有以台灣傳統音樂作為主要教學的情形。至民國八十四年，國立台北藝術大學成立傳統音樂系[28]，首次以南管音樂作為學生的主修，開創以專業音樂訓練的方式學習南管音樂的先例。

　　該系擔任南管的教師，都聘請自南管館閣中藝術成就最高者，由作者聘請的南管教師計有：張鴻明、蔡小月、吳昆仁、蔡添木、張再興、張再穩、潘潤梅。其中教授唱曲的教師主要為蔡小月、張鴻明以及吳昆仁。該系主修南管的學生，所學的南管曲包括疊拍、一撩、三撩以及七撩，故理論上言之，目前已經有一批具有能演唱各類南管大曲子的專業音樂工作者。

---

[28]國立台北藝術大學傳統音樂系由作者規劃成立，並擔任首屆系主任。

第四章

北管戲曲與細曲

　　北管為台灣傳統音樂的主要樂種之一，另一重要的音樂系統則為南管。以社會性的音樂認識而言，有人以為北管為鼓吹樂，又另有人則以為北管的內容為戲曲。這些對北管音樂的認識並無錯誤，只是並不全面，實際上北管音樂包括器樂（又分為鼓吹樂—牌子，以及絲竹樂—絃譜）與歌樂（戲曲與細曲）。

　　北管音樂中的歌唱類包括戲曲與細曲，兩者的風格頗為不同，對北管音樂較有接觸者，通常都知道北管戲曲，尤其是古路戲曲高亢的風格，而相對地卻不知北管音樂之中，另有一類純粹的歌唱音樂——細曲，這乃源於細曲的生態極為微弱之故。本章的前二節將分別描述北管戲曲與細曲的內容，並對兩者的樂曲結構予以分析；第三節與第四節則對兩者的詮釋展演、現況等，進行分析與探討，節次的安排方式，乃基於在內容方面戲曲與細曲是兩種不同的體裁，至於展演與生態方面，它們則又屬於相同的音樂文化圈，具有基本相同的詮釋語言。

第一節

戲曲唱腔

　　戲曲唱腔，指戲劇表演中的演唱部分，為戲曲音樂的主要組成，另外尚有器樂。換言之，戲曲音樂包括唱腔與器樂，而兩者的演出位置也不相同，故又分別稱為前場音樂、後場音樂，表演人員且各自有不同的養成訓練，分為前場演員與後場樂師。從內容上言之，北管戲曲仍然為總稱，它又由三種不同聲腔的戲曲組成，民間將該三種不同聲腔的戲曲稱為扮仙戲、古路戲以及新路戲。扮仙戲為戲曲展演中的開場，具有儀式功能；古路戲與新路戲屬於正戲，為戲曲活動的主體，供人們欣賞娛樂的節目。其中古路戲曲也稱為舊路或福路，新路戲曲也稱為西皮或西路。從學理上言之，北管戲曲雖有三種不同的來源，演出型態則相同，可為粉墨登場式的演出，也可為排場清唱，三者使用的語言也相同，伴奏唱腔的樂器種類基本上也是一致的。

　　以系統性言之，北管戲分為扮仙戲、古路戲、新路戲；以演出團體的組織型態言之，則分為北管子弟戲與北管亂彈戲。子弟戲為業餘館閣所演出的戲曲之通稱，由於過去台灣社會的業餘音樂團體以北管為多，因此，子弟戲常被視為北管戲的另一個名稱。亂彈戲為由職業戲班演出的戲曲的通稱，演出團體則稱為亂彈班，例如二十世紀八十年代以來，台灣僅存的職業北管戲班台中市新美園，都被稱為北管亂彈班，實際上該戲班演出的戲曲，仍與業餘北管館閣所演出的相同。如果以曲調的特徵分類，北管戲曲的唱腔可分為崑腔、福路唱腔、皮黃腔以及小曲等四類。

　　北管戲曲唱腔為戲劇表演中的演唱部分，它的文本具有一定的組成元素，口語上將文本的總體稱為「chong¹-kang¹」，該口語的寫傳形式，手抄本上有若干不同的寫法，計有：總綱、總工、總江，其中的「綱－工－江」

都為諧音字。按「chong¹-kang¹」指一齣戲的內容之總體，包括劇中腳色的說白、唱詞、唱腔種類、過場樂、科介動作等，實即該齣戲的劇本，並不是該齣戲的綱要。參照以《清車王府藏戲曲》，北管文化圈中所稱的「chong¹-kang¹」應書為「總講」較為妥當。

㈠扮仙戲

　　扮仙戲為北管戲曲演出時的序曲性節目，作為酬謝神明，內容多屬於天上神仙的聚會或下凡祝福凡間百姓，因此通稱為扮仙戲。事實上，扮仙戲劇目也有非神仙故事者，如〈卸甲〉演述唐代名將郭子儀凱旋回國，受皇帝恩寵封爵，其他如〈封王〉、〈封相〉、〈金榜〉等，都為人間才子及第晉祿的故事。扮仙戲為所有北管館閣或職業戲班必備的劇目，並無館閣系統的差異而有例外。

　　扮仙戲在演劇功能上屬於儀式性，故演出之前皆須潔淨戲台，一如道士科演儀式時的淨壇，作法為：在起鼓的聲中，團主點燃金紙，分別在戲台的四個角落揮動以之灑淨；其次，在戲台上的道具、文武場樂器等，以金紙火在其表面揮動數次，以將厭穢之氣逐除。由於扮仙戲的儀式性，為每場北管戲曲活動的必演節目，而每場戲曲表演都分為日場與夜場，扮仙戲僅於日場演出。

1.劇目

　　以吉慶類故事作為戲曲內容背景者，其劇目主要都作為扮仙之用，因此，在北管文化圈中，有扮仙戲一詞。從結構上言之，扮仙戲屬於戲曲演出型態的分類，凡是屬於扮仙戲的劇目，都僅用於每場演出的開場，作為儀式性之用，以迎祥納福，該類劇目都不作為正戲之用。

　　北管戲中的扮仙戲劇目計有：〈醉八仙〉、〈三仙白〉、〈天官賜福〉、〈長春〉、〈卸甲〉、〈封王〉、〈封相〉、〈金榜〉、〈大八

仙〉、〈南詞仙會〉、〈河北封王〉、〈河北金榜〉、〈古三仙會〉、〈新三仙會〉、〈新天官〉、〈飄海〉、〈太極圖〉、〈古掛金牌〉、〈新掛金牌〉。如果詳細審視扮仙戲的情節，它的故事仍可以再予以分類為：神仙劇——天上神仙之聚會，如〈醉八仙〉、〈三仙會〉。賜福劇——天上神仙下凡，恩賜凡間之有福分者，如〈送麟兒〉。誥封劇——人間之貴得公侯將相，如〈卸甲〉為唐代郭子儀立了諸多戰功，返國之後受封為汾陽王，並由唐朝的皇帝親自為他卸下盔甲；〈封相〉，為戰國時代的謀士蘇秦，遊說天下諸侯國有功之後，受封為宰相。將扮仙戲視為吉慶劇，是根據內容所做的分類，如以唱腔觀察，北管扮仙戲的唱腔實包括崑腔、古路唱腔以及南詞。

古路戲之中也有仙道與吉慶類的劇目，如〈百壽圖〉、〈架造〉[1]、〈張仙宋子〉、〈送麟兒〉、〈蟠桃會〉等。新路戲也相同地有吉慶劇，如：〈百壽圖〉、〈打金枝〉（大拜壽）等。

2.聲腔系統

扮仙戲為劇目的功能分類，以唱腔特徵言之，北管藝人稱之為 khun[1]-khiang[2]，觀察北管藝人所稱的這類劇目唱腔，與崑曲多相同，因此，該語彙的書寫形式當為崑腔。實際上北管扮仙戲的唱腔除了崑腔之外，仍有古路戲唱腔以及南詞。

扮仙戲中的崑腔劇目，計有：〈天官賜福〉、〈醉八仙〉、〈三仙白〉、〈長春〉、〈卸甲〉等。屬於崑腔的扮仙戲，所使用的唱腔都為聯套的曲牌，如構成〈醉仙〉的曲牌為：【粉蝶兒】、【泣顏回】、【上小樓】、【下小樓】、【石榴花】、【黃龍滾】、【疊疊犯】，〈三仙白〉為：【點絳唇】、【粉蝶兒】、【泣顏回】、【上小樓】、【下小樓】、【千秋歲】、【清板】、【尾聲】，〈天官賜福〉為：【醉花陰】、【喜

---

[1] 〈架造〉的劇目，北管館閣手抄本多以諧音字寫為〈架座〉。

遷鶯】、【四門子】、【水仙子】、【尾聲】。崑腔劇中也不乏曲牌名稱脫落者，這種情況都根據曲牌順序稱為：第一牌、第二牌等，如〈長春〉一劇，整齣戲所用的曲牌計有七首，由於名稱皆已失傳的關係，抄本上僅標示以第一牌、第二牌、……第七牌，其中第一牌並有書為【崑頭】的情形，而鹿港玉如意抄本中的第三牌則作【混江龍】；〈卸甲〉的情況亦然。

以古路唱腔演唱的扮仙戲情形：〈古三仙會〉，即以古路唱腔演唱之三仙會，本劇所用的唱腔隨著不同的館閣而異，台中縣潭子鄉瓦窯餘樂軒抄本的曲調為：【慢中緊】、【耍孩兒】、【平板】、【清江引】；彰化市梨春園則皆以【梆子腔】演唱。〈新天官〉：本事同於崑腔之〈天官賜福〉，唱腔為【崑頭】、【梆子腔】、【清板】、【尾聲】。〈飄海〉：唱腔計有【梆子腔】、【皮子】、【平板】，並有嗩吶吹牌【封入松】、【畫眉序】、【普天樂】、【上小樓】、【下小樓】。〈太極圖〉：【緊中慢】、【平板】。〈古掛金牌〉：唱腔計有【彩板】、【流水】、【慢中緊】、【清江引】。〈新掛金牌〉：為以【梆子腔】演唱之〈掛金牌〉，其中的「新」並非為新路戲曲之西皮或二黃演唱之意。

扮仙戲的主體唱腔為崑腔，部分劇目使用古路唱腔，此外，並有少數劇目使用一種稱為【南詞】的唱腔演唱，如〈封相〉、〈南詞仙會〉等，其曲調如後面的譜例。

3.唱腔分析

根據上文的分析，北管扮仙戲使用了三種不同系統的聲腔：崑腔、古路唱腔以及南詞，使用崑腔的劇目出自崑曲者如〈天官賜福〉、〈卸甲〉，所使用的聯套曲牌與崑曲相同，曲調方面，與崑曲的同名曲牌僅有些微的差異，該些差異應出自流傳過程因口傳、養成訓練等因素所造成。至於用於扮仙戲中的古路唱腔，都屬於古路戲劇目常用的唱腔，並無獨特之處。由於使用於北管扮仙戲中的崑腔或古路唱腔，曲調與崑曲或古路戲唱腔相同，並不具有獨特性或唯一性，故本文乃略過兩者的唱腔，不另行呈現它們的曲譜。

【南詞天官】

北管扮仙戲
王宋來演唱
1994年

雲　霄　花　月　　　（過門）

滿　　天　　台，　　　　　哎

上　界　　天　　　官

賜　　福　　來。

惟　　喜

善　門　多　吉

慶，　　　哎

哎　　　　　　　　　哎

千　祥　雲　集

兩　合　諧，

◉古路戲曲

　　北管古路戲也稱為福路或舊路，為相對於新路戲而言，流傳具有地域性的差異。中部的所有北管館閣包括軒系與園系，都擁有古路戲劇目，北部則僅流傳於社系的館閣，如台北市靈安社或宜蘭市總蘭社，堂系館閣並不學習此類劇目。

1. 劇目概述

　　北管古路戲為演戲時正戲的主要劇目之一，根據劇本組成的不同，北管藝人將它分為大本戲與段子戲：大本戲即全本戲，為故事完整者，此類劇目計有二十五本；段子戲即折子戲，屬於故事的片段。根據北管藝師葉美景先生，屬於全本的古路劇目有：雙貴圖、紫台山、大河東、藥茶計、黑風山（一名三趕歸宋）、黑驢計、長壽寺、奇雙配（一名李奇哭監）、寶珠記、吉星台、文武生賣馬、三官堂（又名陳世美不認前妻）、大和番、全家祿、忠孝全、出府、講親、鬧西河、莊子破棺、玉麒麟、王莽篡漢、敲金鐘、寶蓮燈、紙馬計、南柯山、倒旗、破慶陽、螃蟹計。

　　據調查，北管古路戲的劇目約有二百零五齣，其中有演出紀錄者計有：三伯探、三聖母寫書、王英下山、大思春、小河東、仙姬送子、出京、出府、打春桃、打雁、百壽圖、薛平貴回家、別府、別師、告雁、放關、牧羊、金連觀星、架造、烏四門、送子、送妹、韓信問卜、劉錫得子、斬瓜、斬影、斬歐陽訪、傳鎗鐧、雷神洞、奪棍、賣酒、鬧西河、燒窯、燒猴、磨斧、龍虎門、戲叔、羅成寫書、羅通掃北、寶蓮燈、獻寶刀、哪吒下山、觀陣等。

　　含有豐富的唱腔，且較常排場演出的劇目為：牧羊、架造、送妹（又稱送京娘）、韓信問卜、斬影、傳鎗鐧、賣酒、鬧西河、羅成寫書等。

2.唱腔系統

　　古路戲劇目所使用的唱腔，主要為古路戲統的唱腔，根據拍法的特徵，可分為散漫式拍法的唱腔以及規律式拍法唱腔。散漫式拍法的節拍自由，沒有固定的時間長度，屬於這類型態的唱腔計有：【彩板】、【緊板】、【緊中慢】、【慢中緊】，其中的【彩板】與【緊板】唱腔與伴奏的節拍一致，至於【緊中慢】與【慢中緊】，唱腔的節拍為自由的，伴奏部分的節拍則頗為規律，形成在規律的節拍之上的自由吟唱。規律式拍法的唱腔計有：【平板】、【流水】、【十二丈】、【鴛鴦板】等，其中以【平板】與【流水】的使用頻率最高，故可稱為北管古路戲的主要唱腔。

　　多數的古路戲劇皆使用上述的唱腔，若干古路戲劇目也引用了聯套的崑曲，如〈美良川〉、〈織絹〉、〈倒銅旗〉等。北管古路戲的唱腔除了板腔體式之外，並有小曲類如【四空門】，該一唱腔的歌詞長度固定，為四句、七字句型，使用此一曲調演唱的劇本亦極為有限，如〈斬影〉、〈蘇武牧羊〉。

3.唱腔分析

　　本文將對常用的古路戲唱腔，作簡略的介紹與分析：

【彩板】

　　又稱【倒板】，唱詞只有一句，歌詞形式分為七字與十字。【彩板】的唱腔屬字少腔多型，而根據旋律的型態，可分為一般型與特殊型：一般型的曲調高亢，且樂句較長，用於多數的劇目；特殊型的曲調較平直，樂句亦較短，只用於若干劇中，如〈賣酒〉、〈古路雷神洞〉。從樂曲結構言之，【彩板】乃不完全樂段，其後必須接以另一板式的下句，才能夠成完整的樂段，常見的例子為接唱【平板】下句。

【緊中慢】

為特色的古路戲曲唱腔，音樂中有兩種不同的拍法，器樂的拍法為流水板，且速度頗快，並以通鼓持續地擊打以為節，通鼓在此一板式中的作用，與中國的梆子戲中的梆子極為類似；歌唱的拍法則為自由板，以高亢的音調吟唱。【緊中慢】的唱腔以兩句為一個樂段，該兩句分別稱為上句、下句；唱詞文本不論多長，皆由偶數句組成，整篇的唱腔即由上句與下句反覆演唱，如後面的譜例所示，譜例為〈百壽圖〉中由小生演唱的【緊中慢】，音樂資料取材於惠美唱片行出版的台北市靈安社的演奏。

【平板】

為古路戲曲最常用的唱腔，除了基本型之外並有若干變體，唱詞的篇幅可為任意長度，句數為偶數句，如接於【彩板】之後，則為奇數句。歌詞形式為整齊句，有七字句與十字句兩式，曲調以兩句歌詞為一個樂段，並以該一旋律反覆。由於【平板】為北管古路戲曲最為常用的唱腔，猶如歌子戲的【七字調】，因此也形成較多的唱法，各種唱法皆從基本型演變而來。基本型唱法的主要特徵，為上句與下句之間有兩板（小節）的過門；如欲加快詞情的進行，則將上句與下句間的過門省略，此一唱法稱為疊句，這種唱法的唱腔可稱為【疊句式平板】。

北管古路戲的【平板】與客家民歌中的【平板】僅為同名的現象，彼此毫無關係。【平板】唱腔中，由於過門運用得相當頻繁，因此形成頗為奇特的句型：

上句： 過門－◎◎－過門－◎◎◎◎－過門－◎－過門

下句之1： 過門－◎◎◎◎－過門－◎－過門－◎◎－過門－◎

下句之2： 過門－◎◎◎◎－過門－◎－過門－◎◎◎◎過門－◎◎－
　　　　　過門－◎

　　分析符號中的◎表示本辭，⊙表示疊唱的唱辭。下句有兩種唱法，第一種唱法為中部北管館閣的樣式，第二種唱法為北部北管館閣的演唱樣式，兩者的差別為下句的前四字有否疊唱。譜例所示為下句有疊唱的樣式，演奏者為台北市靈安社。

【流水】

　　又稱為【二凡】，亦為一獨立的板式，歌詞的篇幅可為長篇，句型有七字句與十字句，以兩句為一樂段，樂曲結構相同於【平板】。每一【流水】唱腔之前皆有過門，此一段過門與【平板】的過門相同。相較於【平板】，【流水】唱腔的節奏較為生動流暢，起腔的過門雖與【平板】相同，唱腔中的過門則不同，節奏也較富於變化，可能出自音樂的節奏流暢如水流，因此乃根據唱腔的此一特色命名。

【緊中慢】

古路戲〈百壽圖〉
台北市靈安社

〔過門〕

〔A1〕
在家中奉了 伊　　　爹娘命, 伊

前到農村 伊　　做農 伊 工 伊

〔A2〕
將身站在 伊　　　　農場 上, 伊　（過門）

遍遍青苗 伊　　　滿田 伊 中。 伊

〔A3〕
拿起青苗 伊　　　　往 下 種,　（過門）

為何頭昏 伊　　　兩眼 伊 花。 伊　（過門）

〔A4〕
將身坐在 伊　　　　田岸 裡, 伊　（過門）

那旁道長 伊　　　到 來 臨。 伊

【平板】

北管古路戲曲〈百壽圖〉
台北市靈安社演唱
1970年

【流水】

北管古路戲〈百壽圖〉
台北市靈安社演唱
1970年

昔才阿 離了阿

家門阿　　　　　　裡，阿

不覺阿 到此阿

農阿 場阿　　　　上。

〔A2〕
抬起阿 頭來阿

望觀阿

看，阿

〔過門鼓介〕

忽聽阿 田村裡阿

叫苦阿 之阿 聲。

㈣新路戲曲

北管戲曲中的新路戲也稱為西皮或西路，案新路乃指傳入台灣的時間，為相對於古路而言。此一系統的劇本所使用之唱腔有西皮與二黃，故如以聲腔的特徵為名，則稱西皮。

1.劇目概述

與古路戲一般，北管新路戲的劇本仍有全本戲與段子戲之分，全本戲即一套戲中故事始末完整者，據北管文化圈的說法，此類劇目共有三十五本。段子戲為全本戲中的某一段，常演的段子戲多屬該本戲的精彩部分。段子戲相當於中國古劇中的折子戲，如元雜劇中的「折」，或明傳奇中的「齣」。

新路劇目中的全本戲，據葉美景先生的抄本，計有：彩樓配（分上本與下本）、小紅袍、九經堂、鐵板記、晉接隋、對玉環（又稱法門寺）、孽奇緣（薛丁山故事）、籃天台、海瑞超寶、甘露寺、八件衣、五台進香、春秋配、南天門（一稱天啟圖）、烏龍院、扈家庄、李家庄、蔡家庄、祝家庄、白登城、上天台、四郎探母、高風山、大保國、反慶陽、趙匡胤走關西、狄青取珍珠旗、玉堂春。

至於今存的新路戲劇目，包括段子戲，據調查約有二百一十齣，較常演出者計有：三進士、三進宮、三請孔明、王英下山、天水關、打金枝、石平貴回窯、百壽圖、走三關、南天門走雪、放雁、空城計、晉陽宮、烏龍院、綵樓配、扈家庄、探五陽、渭水河、黃鶴樓、雷神洞、蟠桃會等。

2.唱腔系統

以聲腔的特徵為名，北管藝人雖將新路戲曲稱為西皮，實際上它所包括的唱腔有西皮與二黃，至於二黃的唱腔，手抄本中雖皆書為二逄，它當

為諧音詞彙，實際上與京戲的二黃是一樣的，故唱腔名稱當以二黃為是。

北管新路戲中屬於西皮的板式，計有【倒板】、【緊板】、【西皮】、【垛子】。【倒板】為散漫式的板式，長度只有一句，通常位於每場戲的開始處，故也稱為【導板】。【緊板】亦屬散漫式拍法的板式，歌詞的篇幅可為長篇的唱段，句型有七字與十字，以每兩句為一個樂段。【西皮】為新路戲的主要唱腔之一，唱腔特徵見下文。【垛子】（to¹-chi²）或書為朵子、刀子，仍屬有拍法的板式，拍法形式為疊板，相當於京戲中的【流水板】。根據速度的快慢，【垛子】有【垛子】與【緊垛子】之分，兩者的旋律基本上一致，只為速度快慢有別，【緊垛子】為較【垛子】更快。

北管新路戲中的二黃板式，計有【倒板】、【緊板】、【二黃】、【二黃平】。各種板式皆有正調唱法與反調唱法。【倒板】為一種拍法自由的板式，歌詞長度僅有一句，可為七字句或十字句。此一板位於每場戲的開始處，類似曲牌體音樂中的引子。【二黃】為新路戲的主要唱腔之一，相關的分析參見下文。【二黃平】仍為有拍法的板式，拍法形式為一板三撩，亦能演唱長篇的唱段，歌詞句型有七字句型與十字句型，樂曲以兩句為一個樂段，此兩句稱為「上句」與「下句」。

3.唱腔分析

從概括式的音樂鑑賞角度言之，北管新路戲曲的唱腔風格近似京劇，有人乃謔稱北管新路戲為「京劇在鄉下的表哥」，其中當然也含有貶意，指其唱唸不工、身段粗糙。如從微觀的曲調欣賞論之，北管新路戲唱腔較為古樸，亦即曲調的裝飾音比京劇的西皮或二黃唱腔少，因此，如站在簡樸的角度，也有另一番欣賞的趣味。

新路戲常用的唱腔之一為【西皮】，它屬規律式拍法的板式，拍法形式為一板三撩，為獨立的板式，實際運用時能單獨起唱，亦可接於【倒板】之後，如係接於【倒板】之後，則第一句乃【西皮】的下句。

【西皮】的結構，歌詞可為長篇的唱段，句型分為七字句型與十字句型，兩種句型的曲調完全一致，並無任何差異。樂曲方面，乃以兩句為一個樂段，並以同一曲調反覆，一般的情形，【西皮】的唱腔之前有一段器樂過門，如果沒有過門逕即演唱，這種方式稱為「斬頭板」，有些抄本則書為「接頭板」。

【二黃】亦為常見的新路戲唱腔，為有拍法的板式，拍法形式做一板三撩，屬於新路戲的主要唱腔。歌詞可為長篇唱段，句型有七字句與十字句，兩種句型唱段的曲調皆一致。【二黃】的樂曲以兩句為一樂段，一般的情況，起唱之前皆有器樂過門，如果在沒有過門的情形下演唱，稱為「斬頭板」，抄本上並有書為「接頭板」者。

【西皮】

北管新路戲〈晉陽宮〉
豐原鎮豐聲園演唱

〔過門〕

〔A1〕
好　一　似　楊柳

醉　　東　　風。　　　　【鼓介】

〔A2〕
耳　邊

廂　又聽　得　　謹聲語，

唐李　淵　沉醉　了

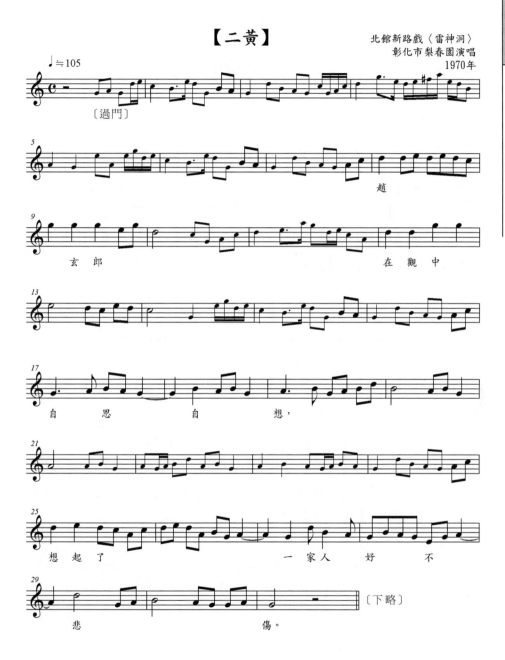

【二黃】

〔過門〕

趙

玄郎　　　　　在觀中

自　思　自　想，

想起了　　　　一家人　好　不

悲　　　　傷。　　　　〔下略〕

第二節

細　曲

　　細曲（yiu²-kie^{k4}）[2] 為北管中的清唱類音樂，以絲竹類樂隊伴奏，歌者演唱之時並一面搖打板，以制樂節。案細曲乃相對於戲曲唱腔而言，戲曲唱腔的旋律簡短，裝飾音亦較少，從演唱技巧為觀，北管藝人將之稱為「粗徑碼」（tso¹ kieng¹-bee²）。以樂曲的曲趣將音樂分為粗、細，其由來蓋古，宋代之時已有大樂與細樂之分，如《夢梁錄》所載[3]：

　　　　大凡動細樂，比之大樂，則不用大鼓、杖鼓、羯鼓、頭管、琵
　　琶等，每只以簫、笙、箏篥、嵇琴、方響，其音韻清且美也。

　　其中的細樂，指的是以絲竹類樂器合奏的音樂，由於不用鼓類樂器，故音響較為清澈，且能有較多的腔韻表現，以相對於有鼓類樂器之「大樂」。目前所見，有人將細曲書寫為「幼曲」，語音雖相符，詞義則並不妥當。有關細曲的曲目資料，可參閱作者的《北管細曲集成》；細曲的音樂結構特徵等，可參閱作者的《北管細曲賞析》；至於細曲的曲譜，則可參閱作者所採譜的《北管細曲選輯》[4]。

---

2 此類樂曲，有人取其諧聲書為「幼曲」。

3 引自宋吳自牧撰《夢梁錄》卷二十之〈伎樂〉。

4 作者所採譜的《北管細曲選輯》，係以傳統的工尺譜呈現。

㈠樂曲概述

　　北管細曲雖為隱性的音樂文化現象，活傳統難得聞聽細曲的演唱，不過由於它擁有寫傳形式，透過館閣保存的曲簿，可以通盤了解細曲的曲目以及內容的概況。

1. 曲目

　　根據台北市集音閣、新店市廣明軒、台中縣瓦窯餘樂軒、清水鎮同樂軒與得樂軒、彰化市梨春園與集樂軒、鹿港鎮玉如意等地的北管抄本，作者所見的北管細曲曲目計有：六月飛霜、王婆罵雞、出塞、打番、奇逢、店會、花判、金印歸家、爛柯山、思凡、思夫、思秋、思潘、昭君和番、昭君怨、秋江別、赴會、迫休、烏盆、追韓信、鬥草、掃墳、望西樓、殺惜、訪普、復陽歌、琵琶詞、番子歌、華容道、漁家樂、蓮花鬧、醒時迷、繡褥記、勸友（以上為聯套）。七調灣、三更天、小南詞、小思凡、小思夫、小思春、小秋江別、丹桂飄香、古城會、虞美人、瓜子歌、昇平曲、青山渺、邵詩詞、南詞、春景、桃花燦、寄書、普天同慶、賣油郎、醉倒、橋別、翻門扇、蹉珠球、八板頭、丹青畫、月兒高、四季景、百家春、石榴花、春景、將軍令、朝天紫、繡球天（以上為單曲）。共計六十九首。

2. 曲辭內容

　　北管細曲的內容，可分為儀式類、抒情類以及敘事類。儀式類的曲目有【復陽歌】、【醒時迷】，前者也稱為【洛陽歌】[5]，該曲用於敬神的場合，【醒時迷】用於弔喪。抒情類的曲子多為單曲或小曲，篇幅較短，這

5　台北市集音閣的【復陽歌】，彰化市梨春園稱為【洛陽歌】。

類曲目並不多，根據實地調查，曾被演唱的該類曲目有【小南詞】、【青山渺】、【普天同慶】、【賣油郎】。

屬於敘事類的細曲數目最多，凡是聯套的細曲都為敘事性，本事多取材於元明時期的雜劇傳奇，如：六月雪、昭君出塞、蔣世隆拜月亭、繡襦記、蕭何月下追韓信、爛柯山、螃蟹記等。

樂曲體裁

根據文本組成的不同，北管細曲的體裁可分為聯套、單曲以及小曲。

1. 聯套

根據樂曲體裁之別，北管藝人將細曲分為大牌與小牌，其中小牌為聯套，由若干篇幅短的樂曲組成，其體式以【碧波玉】、【桐城歌】、【素落】、【雙疊翠】為多。其中的各段樂曲名稱仍可視為曲牌，然而除了【桐城歌】，其餘調名並不見於南曲或北曲之「曲牌」，因此兩者在曲調名稱方面有明顯的區別。此外，此諸段樂曲的唱腔與樂器乃相和而奏，至於南曲或北曲的唱腔，則自始至終並無稍間斷。大牌的體式有二，一為不分任何段落的長篇歌曲，第二種為由若干曲牌所組成。

聯套細曲計三十四套，其中〈思凡〉、〈思秋〉、〈思夫〉、〈思潘〉合稱「四思」，由於皆為篇幅長的樂曲，故成為館閣間評量曲目的指標。當藝人互相拜館之時，如欲探測對方的藝術造詣，則詢以「帶了幾套（台語之語音作 su^1，為思的諧聲）」。【復陽歌】的歌詞為吉祥福慶類，故亦用於拜神慶壽的場合。【醒時迷】的內容為悲傷離別的，因此成為弔喪場合的專用曲目。

2. 單曲

單曲類的細曲為由一支樂曲所組成者，此類樂曲的曲名皆已脫落。命

名方式或以歌辭首句的前三或四字為名：如【桃花燦】，歌辭首句為「桃花燦梨花爛」；【青山渺】，歌辭首句為「青山渺渺綠水茫茫」。或以文本的內容本事為名，例如【醉倒】，為魯智深醉倒山門事。

單曲形式的細曲，其曲目計有：七調灣、三更天、小南詞、小思凡、小思夫、小思春、小秋江別、單桂飄香、古城會、虞美人、昇平曲、花鼓昆、邵詩詞、南詞、春景、桃花燦、寄書、普天同慶、賣油郎、醉倒、橋別、番門扇、踺珠球。

3.小曲與【百家春】

小曲有兩義：一指樂曲之篇幅皆極為短小；二指樂曲的源流，為有別於樂種的主體系統。流傳於北管館閣間的歌唱類音樂，凡是不屬於戲曲者，且不屬於前文所述之聯套細曲與單曲之細曲，分類上仍將之歸為細曲，然而這類「細曲」並非排場的真正曲目，多屬消遣好玩之作，且其中多數的曲調乃取自絃譜。屬於小曲性的細曲計有：八板頭、丹青畫、月兒高、四季景、石榴花、百家春、春景、將軍令、朝天子、繡球天。

北管抄本雖也能發現小曲類的曲目，不過這類樂曲的風格，與聯套或單曲的細曲有明顯的不同。其中的【百家春】在北管館閣之外有若干程度的流傳，由於該曲的風格與高亢的北管戲曲，或喧囂熱鬧的牌子極為不同，因此，民間甚至學術界，都有人誤認【百家春】為南管曲的情形。【百家春】的曲調原為北管絃譜之一，乃北管文化圈的基本常識，不過有人將它指稱為南管曲且描述於書本之後（如有些鄉土教材），就形成了：【百家春】究竟為南管曲？或北管絃譜？以北管譜填入唱詞的北管小曲？關於【百家春】屬於北管曲目而非南管之辨，可從樂譜的分布得到印證。各地北管館閣手抄本皆有【百家春】的工尺譜，記譜法中的音高符號為北管樂譜所使用的上－ㄨ－工－六－五，而非南管系統的音高符號：ㄨ－工－六－士－一。此外，與南管記譜法最明顯不同之處為，工尺譜的音高符號的右邊只有板撩記號，並無琵琶彈奏的指法符號。南管館閣所保存的譜共計十三

套（加上外套則有十六套），其中並無【百家春】；而在各地南管館閣的整絃排場上，亦從未聽聞有人演奏該曲。有關【百家春】的樂譜，參閱圖版。

【百家春】為北管曲目而非南管，事實上只需稍有傳統音樂知識，就能了解它的樂種歸屬。至於它不屬於固有的細曲曲目，除了透過音樂風格的辨識，演唱語言的不同也能作為檢驗的依據。前文所稱的聯套與單曲類的北管細曲，演唱語言都相同地為正音，而非台語中的福佬語，至於【百家春】的演唱語言則為道地的福佬語，如下例：

當　春　芳　草　地，萬　物　皆　獻　媚，
tong¹chhun¹hong¹ tso² te³ ban³ but⁴ kai¹ hien³ bi³

為　著　什　麼　事，拋　了　妻　遊　遠　地　長　別　離。
wi³ tio³siⁿaⁿ⁵ mi³ tai³ phau¹ liau³ tse¹ yiu⁵ yuan² te³ tiong⁵ piet li⁵

北管戲曲或細曲演唱語言中的正音，與福佬語最明顯的不同為入聲之有無。正音屬於目前通行的「國語」或北京話，並無入聲，也無完全以鼻腔共鳴的聲韻（如 aⁿ），只有收音為鼻音（如 an）或抵顎（如 ang）。福佬語除了聲調較多之外，基本的特徵為入聲語彙的普遍性，以及廣泛地使用鼻音共鳴的聲韻。觀【百家春】的演唱語言，完全為本地的福佬語，而非一般細曲所使用的正音，可知它並非固有的細曲。

㈢樂曲結構

1.單曲

【碧波玉】曲牌系列單曲中，【桃花燦】為王宋來先生演唱次數最多者；作者在國立台北藝術大學傳統音樂系北管組合奏課的教學生活中，仍以該曲的演唱頻率最高。因此，本文乃以此曲作為單曲類細曲特點的說明。

【桃花燦】曲調系列諸曲，樂曲皆開始以簡短的散板式引子，一小節的過門之後，接唱有板撩的正曲。至於結束樂曲的方式，則只有【桃花燦】有尾聲。從篇幅長度觀之，【桃花燦】為上述諸曲最長者；另一方面，文本唱詞的聲韻，多屬由三個音節的開口字所組成，因此唱詞聲韻響亮，且有明顯的字頭、字腹以及字尾的變化。

【桃花燦】的樂曲分為三段，根據文本的詞意，樂曲形式與歌詞段落並互相吻合：

第一段：

　　桃花燦（過門）梨花爛，（過門）杜鵑花紅，牡丹花開（過門）香又紅。（過門）清明時節（過門）細雨紛紛，（過門）路上行人欲斷魂，（過門）無花無酒，（過門）好一似夜裡僧人悄然無個伴。（過門）

第二段：

　　望抬頭觀看見，青草的埔前有一個騎牛的牧童，頭戴一頂斗笠，身穿一領簑衣，手拿一把短笛，向前去借問一聲，哪哎唷牧童哥，借問酒家在那何處有。（過門）

第三段：

　　那牧童用手一指，前面獨木小橋，林蔭樹下轉一個彎，有一所人家，上面懸掛一面招牌，招牌上寫著，（過門）任沽不盡狀元紅竹葉青，琥珀光玉蘭香，唉唷客官哥，（過門）那裡就是杏花村亦麼酒。

三段的曲調有共同的主腔，為彼此仍有些差別，第二段與第三段的前五句屬於「字少腔多」型，因此，若干句子的旋律與唱詞聲調有緊密關係，第一段則為抒情式，富於曲情。本首樂曲的曲譜如下。

【桃花燦】

北管細曲
王宋來演唱
1994年

桃花　　燦

梨花　　爛。

杜鵑紅　牡丹花　　開，牡丹

開　　　　香又　紅。

清明　時　節

細雨　　紛

紛，

路上行人　欲斷　　魂。

伊　　　　　無花

無　　酒，

好　一　似　夜裡　僧人　悄然

無個　　伴。

望　抬　頭　觀　看　見，　　青草的

埔前，　　有　一　個　　騎牛的牧童，

頭戴　一頂　斗　笠，身穿　一領　蓑　衣，手拿　一把

短　笛。　向前　　去　問　一

聲　　哪哎唷牧童　哥。　　借問

酒家 在那 何 處 有，

那 牧童 用手

一指， 前面獨木 小 橋林蔭樹下，轉一個彎

有 一所人 家， 上面 懸掛一面招

牌。 招 牌

上寫 著 任沽 不 盡 狀元

紅， 竹葉 青， 琥珀 光，

玉蘭 香， 哪唉嗬客官

哥 那裡就是 杏花 村亦麽酒，

〔散拍〕
牧童哥 我就多多 謝你 我就多 多多 謝了你。

2.連套－小牌

〈昭君和番〉是小牌類細曲中最為膾炙人口的一套，能夠演唱該套曲者，根據作者所見計有：台北市艋舺集音閣（王宋來）、彰化市梨春園（葉阿木）與集義軒（賴木松）、台中縣大里市福興軒（林水金）、台中縣潭子鄉瓦窯餘樂軒（葉美景）。而該套也是傑出的細曲演唱家王宋來先生最喜歡演唱的一套，可見該套曲在北管活傳統中的特殊意義。

〈昭君和番〉的文本，描述漢代宮女王昭君下嫁外國，以招安匈奴的故事。此套樂曲除了作為排場清唱的曲目，也被古路戲〈大和番〉所吸收。本套曲的分節，民間的抄本並不一致，茲略述如下。

王宋來先生抄本的〈和番〉分為四牌，並清楚地分段抄寫，每段之前各冠以「昭君和番頭牌（貳牌、參牌、肆牌）」，至於曲牌名稱都未標上。林水金先生抄本的分段略異於王本，共分為五牌，且仍清楚地分段抄寫，除了第一段標示「昭君和番」，其餘各段之前的標示為「貳牌（參牌、肆牌、伍牌）」。鹿港鎮黃種煦先生抄本的〈和番〉則無分段，從頭至尾連續抄寫，各段之間並有簡短的說白。從抄寫的形式上觀之，黃種煦先生抄本中的〈昭君和番〉略似戲劇的總講。

王宋來抄本與林水金抄本的〈昭君和番〉段落數不同的原因，在於王宋來抄本的第四牌，即林水金抄本的第四牌與第五牌，在分段上兩者雖不同，至於內容則是完全相同。根據文意，將〈昭君和番〉分為五牌較為妥當。

〈昭君和番〉全套的演唱時間將近二十五分鐘，幾乎是一齣小戲的長度，因此演唱時常只摘取第一牌。這種情形並非僅見於北管細曲，南管音樂的展演上也常以摘段的方式演出。而歐洲藝術音樂領域中，交響曲雖有四個樂章，人們於欣賞或分析之時，仍經常截取第一樂章。當然〈昭君和番〉第一牌經常被演唱，並非僅它處於聯套之首，它的曲調美、唱詞聲韻富有變化，應為主要原因。

〈昭君和番〉頭牌分為兩段，第一段又分為兩個樂段，除了首句（散板）全曲為一板三撩，速度為慢板。它的文本段落以及樂曲形式如下：

第一段（35 小節）

A1　惱恨著毛延壽

太不良，雙雙拆散鸞鳳凰。一路想思想，馬上又思想，思想著當今漢劉王，淚珠彈，懷抱琵琶訴不盡淒涼。

A2　窗兒外月正明，王昭君自嘆叫一聲唉唷淒涼，訴不盡心酸心酸痛。

第二段（41 小節）

漢劉王難捨又難分，王昭君回頭望，裂碎了肝腸。今日漢宮人，明朝胡地婦，再不能與吾王同歡共樂。哈嘟你們催得緊，催得緊，懷抱琵琶訴訴不盡思，好不傷情。看看著來到黑水橋邊，只見一隻孤鴻雁，飛落在馬前，我那雁兒呀。

第一段的首句為散板，以自由節拍的方式歌唱，正曲部分的拍法為一板三撩。第一牌的樂曲屬兩段體，曲調為抒情式，旋律的律動較大，因此隨著曲調的高低起伏，有力度的強弱變化，以及速度上些微的緊縮或舒張。

難　　分，　　王昭君回頭望裂碎了

肝　　腸。　　　　今日漢宮人，

明朝胡地婦。　　　再不能與我君同歡共

樂。　　　哈嘟你們催得緊，

催　得　緊，　懷抱琵琶訴　　訴不

盡心，好不傷　情。　　看看著來到

黑水橋　邊，　只見一隻孤鴻雁，

飛落在馬前，我那雁　兒　呀。

3.聯套－大牌

〈烏盆〉大牌為一套頗具特色的樂曲，故本文將以該套樂曲，作為了解大牌類細曲特徵的典型曲目。

〈烏盆〉的大牌與小牌所敘述的故事，同為出自〈烏盆記〉。內容敘述汴梁秀才劉世昌主僕兩人，遭趙大夫妻謀害，幸得張別古代他向包公申冤，藉著審烏盆而將人犯正法。〈烏盆〉大牌的文本篇幅頗長，屬於長篇的敘述歌，唱段的設計上，起始以張別古與鬼魂簡短的對答，營造出陰森恐怖的氣氛，如：

> 都是寒鴉噪孤雁哀，疑心生暗鬼，眼花便瞎猜。……是何人扯住我的衣帶？卻原來樹枝兒扯住我的衣帶。

文本的主體則為張別古的自說自話。在氣氛的營造之後，接著為張別古心中毛毛然地，帶著烏盆沿街行走，前往城隍廟祝告城隍爺保平安的描述，詼諧的唱詞中，流露市井小民的生活寫照：

> 小老名喚張別古，年紀不多七十五。媽媽會養豬，小老磨豆腐，今日積明日積，積積增增銀子二兩五。趙大夫妻借去不還我，我往他家去取討，他把烏盆來抵數。

一方面也反映古人的信仰習俗：

> 我這裡躬身下拜，許下願來。紙馬錢鈔，豬羊祭賽，幢幡寶蓋，白菜一把，豆腐兩塊，今日無錢，明日買來，望神耽帶。

全篇以張別古為主的敘述中，並夾以兩個腳色的對答，如一開始的詞

文：

（張別古）爾是何方妖怪，平白地將人殘害。
（鬼魂）非是我將人殘害。

最後仍以兩個腳色的對答：

（張別古）爾是精來爾是怪，我這裡門兒緊閉窗兒不開，爾在那裡
　　　　　爬爬爬將過來。
（鬼魂）非是精來非是怪，我是汴梁一秀才，趙大夫妻來將我謀害。

　　從〈烏盆〉大牌的文本的分析，可以看到曲辭具有嚴謹的結構，以及
故事鬆緊度的鋪排。
　　〈烏盆〉大牌的樂曲結構，全曲主要為有拍法的正曲，共計有六百八
十八小節，之前有一小段散板的引子，最後為一段為【尾聲】式的樂段。
連綴於〈烏盆〉大牌前後的引子與尾聲，純粹屬於形式架構的組成，樂曲
篇幅相當短，文本也不成獨立段落，以引子而論，唱詞僅為「爾是何方
妖」，至「怪」就轉入正曲。分析〈烏盆〉大牌正曲的樂曲，它由三部形
式組成，各部的特徵如下：第一部屬於抒情式，共有十五個結構相同的樂
段，除了少數的例外，各個樂段皆由一個句子構成，各段的呈現形式，除
了第十三、十四段之外，每一段都相同地為本詞加托腔，各段的托腔都以
聲辭「阿」演唱，在本詞與托腔之後，且皆有稱為過門的絲竹合奏。其形
式為：

　　唱段－絲竹演奏－托腔（以阿音演唱）－絲竹演奏

　　〈烏盆〉大牌的第一段如下的樂譜所示：

【烏盆大牌】

北管細曲
王宋來演唱
1994年

第三節

詮釋與演出

北管戲曲與細曲雖為兩種不同的藝術形式，前者本質上為戲劇的，後者為藝術歌曲，然而兩者不但有相同的音樂文化現象，亦有相同的音樂理論，故詮釋語言基本上相同，展演方式也有共同之處。

㈠唱唸法

唱唸法指歌唱類音樂演唱時對文本的處理，具體的內容又可分為唱詞的語言、唱詞的處理方式。北管戲曲與細曲的演唱語言相同，唱詞的處理則有若干的差異。

1. 演唱語言

北管的歌唱類音樂，包括扮仙戲、古路戲曲、新路戲曲，以及清唱的細曲，演唱語言都相同——北管文化圈將該種語言稱為官話或正音。其中的官話，當指明清時期統治階層所使用的語言；至於正音，則為相對於地方的語言，它除了作為區別語言正統性的詞彙，也是戲劇性的詞彙。例如早期的台灣傳統戲曲之中，也有一種稱為白字戲的戲曲[6]，它乃作為與唱詞、唸白都頗為典雅的南管戲，或北管戲之對稱。透過北管藝人演唱語言之考察，其所使用的聲母或韻母，較接近今日通行的國語，或中國大陸所

---

[6] 台灣的白字戲已經消失多時，根據作者所蒐集到的白字戲劇目如〈遊白樓〉、〈玉環記〉、〈陳三門〉的考察，該劇種的唱腔吸收自南管，說白則與歌子戲無異，為口語化的台語。

稱的普通話，而完全不同於福佬語。

根據語音的結構，漢語每個單位的語音，可分析為聲之勢與聲之體。聲之勢即所謂的聲母，為每個詞的前半個字面。聲之勢為唇、舌、牙（以及齒）、喉、或顎的處理方式，唇音的處理方式即嘴唇用力的輕重，可分為輕唇音與重唇音，以羅馬拼音標示，為 p、ph、m。其中 p 為輕唇音，發音時將兩唇張開而不送氣，共鳴腔在口腔。ph 為重唇音，兩唇張開之時並送氣，共鳴腔亦在口腔；在羅馬拼音之中，凡是子音之後有 h 符號者，皆表示送氣音。m 音的唇部處理方式與 P 音相同，共鳴方式則有差異，乃以口腔與鼻腔共鳴。

舌音的發音方式，可分為單純的舌音，以及舌、齒互動所產生的音。單純的舌音分為 t、th 與 l、n。t 與 th 以舌尖發聲，兩者區別為送氣與否，情形與 p、ph 的區別一般。l 與 t 的發音部位相同，兩者的區別在於：發 t 音時，舌尖需用些力抵著上牙齦；發 l 音之時，舌尖僅輕觸上牙齦。n 與 l 的發音方法亦相同，區別在於 l 為口腔共鳴，n 則為口腔與鼻腔同時共鳴，情形相同於 m 之於 p。舌與齒互動的音，當代的國語分為捲舌音與非捲舌音，北管古路戲曲並無捲舌音。

喉音為發聲之時將喉嚨舒張以出聲，以符號 h 表示。在漢語拼音中，符號 h 有三種不同的用法：用於詞組之前如 han，表示喉音；如在子音之後，如 than（同音的漢字如嘆），表示送氣音；如出現在詞組之後，如 huah（同音字如喝聲之喝），表示無塞音的入聲，北管古路戲曲並無入聲。

顎音視發音方式的不同，分為 k、kh 與 g。k 與 kh 在未發聲之前，喉嚨閉著，發音之時，略為用力將喉嚨張開，兩者的區別仍在於送氣之有或無，k 為不送氣喉音，kh 為送氣喉音。

根據初步的研究，北管戲曲語言中的聲母大致與時行的國語相同，其中僅有若干聲有些微的變化，茲列舉如下：

玄：讀如 hian，喜：讀如 hi，曉：讀如 hiau

手：讀如 shiu，受（壽）：讀如 shiu

問：讀如 ben

歸納言之，國語之中的ㄅㄆㄇ、ㄉㄊㄋㄌ、ㄍㄎㄏ、ㄐㄑ等諸聲母，北管藝人都維持相同的發音；捲舌音ㄓㄔㄕㄖ等，則變成無捲舌，ㄒ變為ㄏ。

韻母為字詞之體，聲母只有音勢，並無實際的聲音以及時值，韻母則幾乎佔了整個語音的時間長度。北管戲曲的韻母可分為開口音與細口音：開口洪音分為a（如：家、哈）、e（如：這、列）、o（如：鳩、由）；細音分為 i（如：既、氣）、u（如蘇、武）。除了少數的情形，韻母多與今日的國語相同，以〈韓信問卜〉一劇為例，休、壽唸如 hiu、shiu，亦即鳩由韻（或）都變成 iu，兒、二唸如 lu，其餘的字皆可以國語唸之。

詳審北管歌唱類音樂，包括古路與新路戲曲，以及細曲的韻母，部分與時行的國語不同，卻與台語相同，如上述屬於糾由韻的字都變為 iu，而糾由韻諸字，台語的韻母也為iu，因此，有人乃認為北管藝人所稱的正音，乃發音不準確的國語。不過整體的情形並非如此單純，例如二、兒，不論在何出戲，各地的唸法都為 lu，而該兩字的台語韻母作 i，並非 u。

2.唱詞處理方式

北管戲曲與細曲的唱詞唸法屬於相同的語言，演唱之時對唱詞的處理方式則有明顯的區別，戲曲中的古路戲與新路戲為加聲辭唱法，扮仙戲與細曲則為分解字音唱法。

分解字音唱法

指演唱之時將唱詞的語音分解，以對應於該唱詞所屬旋律，由於字的音節長者有字頭、字腹、字尾，北管藝人演唱扮仙戲或細曲時所採取的方式為，以字腹音對應於大部分歌詞旋律，至於字頭音與字尾音所佔的時值比例則甚短。採取歌詞第二音節為主要腔值的唱唸法，最明顯者為崑曲中的南曲；其次，如以劇種分布的廣泛性與藝術層次論之，則當為平劇，至於中國各省的代表劇種，如豫劇、秦腔、越劇等，唱唸口法仍以分解字音

之字腹音唱法為主，而台灣的傳統戲曲採此一唱法者，主要為北管的扮仙戲、細曲，至於歌子戲與靈寶派道曲仍有此種唱唸法。

崑曲中南曲的唱腔屬字少腔多型，亦即每個詞皆有若干音符，具體言之，每個詞的時值都有若干拍，在每個唱詞的旋律之中，乃以字腹音敷唱較長的時值，字頭於出口之後即轉至字腹的音節，而到該詞旋律欲結束之時才收入字尾音。崑曲於演唱時講究字腹的情形，清代專治崑曲的學者王季烈已有論述[7]：

> 度曲者於字頭、字尾固應分析清楚，然其最著力而唱得飽滿之處，卻在字腹，使人動聽之處，亦在字腹。蓋字頭惟露於一字出口之初，瞬息即過，字尾既出，則此字之音立即完畢，不能再為延長。若將字頭之音侵入字腹，則刻劃太甚，反失真音；字尾吐露太早，則其音即絕，而歌聲中斷，皆求工而反拙矣。

觀王季列對崑曲唱唸法論述中的字頭、字腹、字尾的分析法，與沈寵綏先生如出一轍，例如〈牡丹亭・遊園〉中的第二闋曲牌【步步嬌】的「裊」字，其字腹音為「阿」。今之唱崑曲中的南曲者強調的音節仍為字腹音，與清代的情形一致。京劇舞台對歌詞的處理法，據七十至八十年代台灣的女王唱片行所翻版的平劇唱片，有名的京劇演員如余叔岩、楊寶森、梅蘭芳等之演唱，仍以字腹音唱法為主。

北管中的扮仙戲以及細曲，所採用的唱唸法即為分解字音唱法中的字腹音唱法。多數北管扮仙戲的音樂屬曲牌體，該些曲牌屬於北曲的系統，若干劇目如〈天官賜福〉、〈卸甲〉，並與保存於崑曲中的同名劇目相同。北管扮仙戲中的崑腔唱唸法，唱唸法與崑曲一致。

北管中的細曲的唱唸口法較為多樣，惟仍以分解字音的字腹音唱法的

---

7 引自王季烈《集成曲譜》金集，第83頁。

技巧為主，與崑曲或京劇之中的情形是相同的，如下例〈昭君和番〉的第一牌[8]：

歌者對唱詞的處理方法，大體上以採取分析字音為主，腔值較長的詞如想、王，字腹音所佔的時值比例，都超過一半以上。又如〈復陽歌〉[9]：

上例之中，除了曲字的唱唸法因旋律長（八拍），且曲調的律動與詞不甚一致，因此演唱時有加入聲詞「阿」音，其餘的唱詞皆採分解字音，並以字腹音為主。

8　〈昭君和番〉第一牌的演唱資料，來自台北市艋舺集音閣王宋來先生。

9　〈復陽歌〉的聲音資料來源同上註。

加聲辭唱法

聲辭,指在歌曲的演唱中,只有聲音而無實際意義的語辭。加聲辭唱法為,演唱之時,不將歌詞的語音分解,而在出口之時,即將整個字面交代完畢,歌詞所對應的其餘旋律,則以歌詞以外的聲音敷唱。以歌唱的節奏言之,詞的字面在半拍的時值內即可予以交代,因此歌詞的旋律如有一拍以上之時,就需要應用聲辭。

以整體中國的傳統戲曲與古典藝術歌曲觀之,完全沒有使用加聲辭唱法的音樂,據信只有崑曲,即使藝術性極強並講究唱唸法的南管曲,系統言之,仍有加聲辭的唱法。加聲辭唱法主要用於各地方戲以及民歌類的歌曲,根據所加聲辭的系統性,此種唱唸法可分為加單聲辭唱法以及加多聲辭唱法。

加單聲辭唱法指演唱時給予每一個唱辭所加入的聲辭只有單一個,這種唱法最具有系統性者,當為台灣北管戲中的古路戲曲。

北管扮仙戲曲的主要唱腔為崑腔中的北曲,此外尚有稱為梆子腔的曲調以及南詞,兩者的唱唸口法屬分解字音之字腹音唱法。新路戲曲的唱唸法有分解字音以及加聲辭,古路戲曲則完全採用加聲辭的唱法。北管古路戲曲所加聲辭,又根據腳色聲口而呈現系統性,粗口的唱腔包括老生、大花,所加的聲辭為開口的「阿」音,如下例〈百壽圖〉的老生唱腔[10]:

---

10 〈百壽圖〉的演唱團體為台北市靈安社。

　　北管古路戲曲的唱詞形式與京劇相同，仍分為七字句以及十字句，不過唱腔中唱詞的分句節奏，卻與京劇的西皮或二黃頗為不同，由於此一方面並不是本文的主題，故將其略過。上例之唱詞形式為十字句，腔詞，指演唱時的詞文以及詞聲，多數的腔詞較唱詞多了「阿」音。

　　北管戲曲中細口類的唱腔，包括小生、小旦、正旦，演唱時仍採加聲辭的唱唸法，所加的聲辭則為「伊」音，如下例：

本辭：昨日裡　　　在郭璞　　　　先生來　　　　　講，
腔辭：昨日裡伊　　在郭璞伊　　　先生來伊　　　　講，伊

　　此例為〈百壽圖〉中小生的唱段，曲調為【流水】，樂曲之前有前奏，唱辭之間並有過門，皆省略。歌詞為十字句，句型作：六（三‧三）‧四，及每句有兩個分句，分句之間有過門。演唱時，凡是有兩拍以上的詞，在唱過該辭之後皆立即加上聲辭「伊」。小旦與正旦的聲口亦屬小嗓，唱唸法仍與小生相同，如下例〈送京娘〉中小旦的唱腔 [11]：

唱詞：松林裡來了趙京娘。
腔詞：松林裡伊——來了伊趙伊京伊—娘伊。

　　北管新路戲曲中西皮與二黃的唱腔，演唱之時仍採加聲辭的方式，所加的聲辭亦系統地分為開口的「阿」音以及齊口的「伊」音：凡是粗口的唱腔，聲辭為「阿」音；細口的唱腔，聲辭為「伊」音。

---

[11] 〈送京娘〉為北管戲曲之中有聲出版較多的劇目。關於唱唸法考察本文所參考的版本有：彰化市梨春園、台北市靈安社、宜蘭市總欄社的演唱唱片。

3.運腔方式

北管歌唱類音樂的演唱技巧：唱唸口法上有分解字音（細曲與扮仙戲唱腔）、加聲辭（古路與新路唱腔）；曲調的處理法方面，主要為圓腔式唱法，亦即旋律線條的音與音之間，並無如南管曲的頓挫，舉凡戲曲類的運腔方式都如此。

關於細曲的運腔，隨著歌唱者而有些差異：葉阿木、葉美景以及林水金等先生的演唱，仍與演唱戲曲一般；王宋來先生的演唱，則略有些頓挫，雖然不若南管藝人演唱南管曲時的明顯，這種現象當然也能視為音樂風格逐漸異化的結果。例如即使在南管文化圈，唱曲的頓挫也逐漸模糊或消失。

□伴　奏

北管戲曲與細曲的展演都在樂器伴奏下進行，並無任何以清唱方式演唱而無伴奏的曲目。細曲以絲竹樂隊伴奏，戲曲唱腔除了絲竹，唱腔之前或演唱中仍有鑼鼓樂，至於兩者的絲竹樂隊基本上是相同的。

1.使用之樂器

伴奏北管戲曲唱腔與細曲的樂器，為絲竹類樂器，其中唯一的區別為首席樂器，而戲曲唱腔在起唱前，或唱腔的句子之間，偶也有鑼鼓作為段落的標示或區劃。綜合北管戲曲與細曲的樂器，可分為絲類、竹類以及節奏類等三種。

絲類樂器

絲類樂器，指發聲部位的材料為絲質的樂器總稱，根據演奏方式的不同，又分為擦奏式與撥奏式。擦奏式絃樂器，北管藝人稱之為「豎線」，

意指演奏時琴身為直立的；撥奏式絃樂器則稱為「倒線」，指琴身以倒置的方式演奏。

擦奏式絃樂器計有：提絃、吊鬼子、和絃，有些館閣也引用二胡。提絃的音箱為椰胡所製，故也稱為殼子絃，學術界也稱之為椰胡。吊鬼子的音箱為竹筒所製，音色較尖銳刺耳。和絃為和音樂器的通稱，常見以音箱較大的殼子絃作為和絃，反之，也有比提絃音箱微小的和絃，此外，也有以國樂的胡琴作為和絃的情形。

撥奏式樂器計有：三絃、月琴、琵琶、秦琴，其中以三絃與月琴較常使用，中部地區的館閣較常見的撥奏式樂器為三絃，北部則較喜用月琴。琵琶雖普遍見於中部與北部的北管館閣，不過實際上並未見使用，根據實地調查的經驗，僅見過台北市艋舺集音閣王宋來先生使用該器。

竹類樂器

竹類樂器，泛指管身由竹子所製造的樂器，實際上仍有管身為木質者。北管館閣所藏的竹類樂器計有：品、簫、篪、簜。品，即國樂中的笛子，該件樂器共同使用於北管戲曲與細曲，形制皆相同，並無差異。簫，又稱洞簫，與篪、簜，在實際的北管戲曲或細曲的展演上，作者皆未曾見過使用該些樂器。

節奏類樂器

細曲所使用的節奏樂器，以彰化市梨春園的情形為例，計有：板、搏柎、柷。根據與祭孔音樂的比較觀察，並考以梨春園過去與彰化市孔廟的關係，個人認為搏柎與柷，當為從祭孔儀式音樂中引用過來。台北市艋舺集音閣所使用的節奏樂器則為：板、雙音、響盞以及噹鑼，噹鑼也稱為叫鑼。集音閣所使用的雙音、響盞、噹鑼，相同於南管下四管樂器中的雙音、響盞與叫鑼。

北管戲曲唱腔所使用的節奏樂器，主要為板，至於唱腔開始之前，通

常都有一段鑼鼓，而某些板式的唱腔（如【緊中慢】），樂段之間常有空奏的鑼鼓，以襯托腳色的身段動作。因此，如從整體性觀之，北管戲曲唱腔仍有鑼鼓類樂器。北管戲曲唱腔包括扮仙戲、古路戲以及新路戲，所使用的鑼鼓樂器都相同，計有：小鼓、通鼓、小鈔、大鈔、響盞、鑼以及大鑼。其中的小鈔、大鈔，學術性辭彙稱為小鈸、大鈸；至於響盞則為京劇中的小鑼，形制不同於細曲或南管下四管樂器的響盞。

2.樂隊編制

北管戲曲與細曲的演唱，都以樂隊伴奏歌唱，如僅觀察演唱的部份，兩者的伴奏樂隊編制都相同地為絲竹樂隊，而由於戲曲表演之中腳色仍有身段動作，因此，北管戲曲唱腔的演唱，樂隊包括絲竹樂隊以及鑼鼓樂隊。

細曲伴奏樂隊

北管細曲演唱時皆以絲竹樂隊伴奏，至於實際的編制情況，我們僅能以台北市艋舺的集音閣與彰化市梨春園的實例做說明。王宋來先生擁有的樂器，絃類計有：提絃、和絃、月琴、三絃、琵琶、秦琴、洋琴、箏，吹類樂器為：品、洞簫、箎、簫，節奏性樂器有：板、雙音、響盞。王宋來先生稱該批樂器都可用於細曲的伴奏；關於樂器運用的細節，他云雙音與響盞等用於過門，唱腔時只以絲竹樂器伴奏。根據民國五十年代集音閣錄製的錄音帶，所用的樂器計有：提絃、和絃、三絃、品、洞簫、七音鑼、板、雙音、叫鑼，其中叫鑼用於過門。

至於作者於民國八十五年所錄製彰化市梨春園的細曲演唱，樂隊編制為：提絃、和絃、三絃、品、洋琴、七音鑼、板，其中以提絃（殼子絃）為頭手絃，板由演唱者持奏，於每小節第一拍擊奏一下。

戲曲唱腔伴奏

　　戲曲唱腔的伴奏樂隊，分為絲竹樂隊與鑼鼓樂隊，排場清唱與上棚演戲的樂隊編制相同，至於實際演出的情形，則職業戲班與業餘子弟館的演戲有些差異。

　　排場的戲曲清唱，樂隊的座序較不一致，基本上可分為兩種形式：一為樂隊坐呈半圓弧形，鼓（小鼓與通鼓）設座於中央，絲竹類樂器分別設座於鼓的左右兩側，銅類樂器設座於圓弧形的最外兩側。二為鼓類樂器的座位面向樂隊，有如管絃樂隊的指揮與樂隊之間的位置關係，絲竹類樂器與銅類樂器仍坐呈半圓弧形。

　　演戲時的樂隊座序則非常一致，非但沒有職業演劇與業餘演戲的區別，也未有地區性的差異，絲竹類樂器與鑼鼓類樂器分別設座於戲台的兩側，以觀眾的方位言之，左側為鑼鼓樂隊，稱為武場，右側為絲竹樂隊，稱為文場。一般而言，業餘子弟館的演戲，由於人手多，因此樂隊編制較大；職業戲班的演戲由於受到演出經濟的制約，通常以精簡人手為考量，故編制較小，文場與武場樂師各以兩名為常見。

3.伴奏方式

　　北管戲曲與細曲雖以口授的方式流傳，館閣或職業戲班仍有寫傳的資料，不過戲曲與細曲的抄本都只有曲詞，並無唱腔部分的樂譜[12]，伴奏的旋律採取「依腔而和」的方式，亦即樂器聲部的曲調與演唱者的聲部相同，具體情況則隨樂器的性質而有些差異：擦奏式絃樂器按絃取得裝飾音頗為容易，故它的聲部較為華彩；撥奏式樂器則稍不容易些，故其曲調較為樸素，以彈奏骨幹音為主。因此，如從各個聲部逐一審視，伴奏聲部也非完全的齊奏。

―――――――――――――――

[12]根據作者僅見的例外為，鹿港鎮玉如意抄本中，有若干首帶工尺譜的細曲。

古路戲曲以絲竹樂隊伴奏，以提絃為頭手樂器，其定絃為合—ㄨ；新路戲曲以絲竹樂隊伴奏，其中以弔鬼子為頭手樂器，演唱西皮類的唱腔時，弔鬼子的定絃為士—工，音程距離為純五度，兩根空絃音定名為士、工，乃取意於士與工不但為〈西皮〉類唱腔的主要音程，且兩音出現的次數甚多，故取此兩個旋律主要音程定絃，演奏時有極大的方便姓。演唱二黃類的唱腔時，弔鬼子的定絃為合—ㄨ定絃，仍以〈二黃〉類唱腔的音程特徵為依據。

㊂展演場合

以生態分布言之，台灣傳統社會的北管戲曲活動頗為蓬勃，它主要以藝術性的存在，作為人們休閒娛樂節目。這種功能的北管戲曲，常態性的展演場合為北管館閣，配合節慶的展演場合為廟會活動。除了以藝術形式呈現，北管戲曲的部分曲調，也被其他劇種或宗教儀式所吸收，這種情形也間接拓展了人們對北管戲曲的接觸。至於北管細曲，由於樂曲風格的特殊性，展演場合都一直囿限於北管館閣。

1. 北管館閣

館閣為台灣傳統音樂戲曲的保存以及展演的場所，擁有一定的歷史性，其存在也與當地社會有某種程度的聯繫，諸如社區發展、文娛生活等。館閣除了提供社區民眾以音樂節目的學習與展演空間，傳統音樂戲曲文化也因該空間而獲得保存。由於館閣具有保存、傳習以及展演的功能，我們實可將館閣視為民間的音樂學院。北管館閣在台灣傳統社會的分布極為廣泛，除了原住民村落，漢人的社會幾乎每個鄉鎮都有北管館閣存在。一般言之，北管館閣都有一個從屬的廟宇，例如彰化市梨春園之於彰化市南瑤宮、台北市靈安社之於台北市城隍廟等。這種情形不能解讀為北管館閣附屬於當地的廟宇，只說明館閣在社區活動上與該廟宇的密切關係；至於館閣的人

事、財務等方面，與廟宇並無關係。

　　北管館閣的硬體建築，有座落於當地的廟宇，如台中市南屯區的景樂軒，即以當地景福宮的左側廂房為活動場所[13]，台中縣大里市福興軒則座落於當地的福興宮[14]；不過仍以獨立於廟宇之外的情形為多，如彰化市梨春園雖從屬於南瑤宮，彰化地區的民眾多稱以「大媽館」，它的館舍則位於民權市場附近。不論位於廟宇或是獨立的館舍，北管館閣屬於公共的空間，館員可以自由地進出。在農業社會時代，每日的下午或晚上，人們都會到館閣排場小唱，這種閒居時在館閣遊藝於音樂的活動，北管文化圈乃稱該一空間為「曲館」。

　　北管館閣的音樂活動，主要為排場演唱戲曲，這種情形也稱為「對曲」，以區別於演奏牌子類的鼓吹樂。實際上北管館閣排場演奏戲曲，第一個節目皆為牌子，亦即以鼓吹的曲目作為演奏的序曲，隨後才是戲曲的清唱。在館閣排場清唱的戲曲皆為文戲，亦即以唱工為主的劇目，如〈賣酒〉、〈送妹〉、〈雷神洞〉、〈斬瓜〉、〈王英下山〉、〈架造〉等，其中的〈送妹〉又稱〈送京娘〉，〈王英下山〉也簡稱為〈下山〉，與〈雷神洞〉等，皆有古路與新路兩種唱法，為兩個腳色的劇目，至於〈斬瓜〉與〈架造〉，前者為小生、後者為老生的獨腳戲。

　　北管館閣的歌唱類音樂雖有戲曲與細曲，以生態觀之，普遍存在者為戲曲，戲曲主要存在於中部地區的古老館閣，北部地區的館閣少有細曲類的曲目，該地區的細曲以專有的方式，存在於稱為「崑腔」的館閣，據所知只有台北市艋舺的集音閣曾有細曲活動，該館在知名的藝師王宋來過世之後，目前已經散館。透過手抄曲本的瞭解，約略可知細曲的分布狀態：

---

[13] 台中市景樂軒為台灣最古老的北管館閣，它原來在景福宮的活動空間，約於1997年被廟方拆除重建，該館目前也幾乎無活動。

[14] 台中縣大里市福興宮原為具有古樸色彩的宮殿式建築，約於1990年代拆除重建，福興軒因而遷出廟宇，今已經散館。

鹿港鎮玉如意、彰化市梨春園與集樂軒、台中縣大里市福興軒、台中縣潭子鄉餘樂軒等館閣，過去都曾有細曲活動。如根據活傳統的調查，北管館閣能唱細曲的藝人只有葉阿木（梨春園）、賴木松（彰化市集義軒）、林水金（福興軒）以及葉美景（餘樂軒）等數人，不過他們皆非專長於細曲，故能演唱的曲目都頗為有限。

2.廟會演戲

北管戲曲以戲劇型態呈現者，通常都在廟會的場合，這種情形的演戲原因約有：廟方因神明壽誕的慶祝活動、信士因神明感應的酬神謝戲、館閣為戲神聖誕的祝壽演戲、館閣之間的戲曲競技。廟方或信士出資延聘的北管戲曲演出，表演團體多為職業戲班；館閣間為王爺的祝壽或競技演出，表演團體則為業餘北管館閣。不論演出團體或出資者為何，在廟前的北管戲曲展演，戲台通常搭建於廟宇正殿的前方，這種戲曲展演也稱為大戲，且皆須連演日場與夜場，日場於下午二或三點開演，夜場約於晚上七點半開演。

從事北管戲曲表演的團體有職業與業餘之分，演出形式則有上棚演戲與排場清唱。上棚演戲以職業戲班的演出較為精彩，故俗諺有云：食肉食三層（sam¹-chan⁵），看戲看亂彈。意指吃肉要吃上等肥瘦相間的三層肉，看戲則要看職業戲班演出的北管戲，而職業戲班演出的北管戲，人們都將它稱為亂彈戲。業餘子弟館並非以演戲見長，他們的主要訓練為排場清唱，偶而在社區廟宇演出的北管戲曲，則稱為子弟戲。北管亂彈戲與子弟戲的差別，主要為腳色造型扮相以及身段：職業戲班有身材面貌姣好的女性，扮演旦角或小生，且有較好的身段養成訓練；子弟館則清一色為男性扮演，加之都有相當年紀，扮相之遜色可想而知，而他們平日都以排場清唱為主，身段動作為演戲前短期的排練。換言之，職業戲班的演戲活動為受聘的，以娛樂民眾為目的；業餘子弟館的演戲活動主要為自娛，娛樂他人為附帶的。

3.劇種中的北管戲曲唱腔

北管戲曲除了以完整的戲劇形式呈現，保存於北管館閣或職業戲班，個別性的唱腔也被其他戲劇吸收，這種現象也擴展了北管戲曲的聲腔系統。使用北管戲曲唱腔的劇種，要以偶戲較為顯著，北部地區的布袋戲以及北部的傀儡戲，唱腔方面皆普遍使用北管戲曲唱腔。關於偶戲運用北管戲曲的情形，請參閱第六章〈偶戲音樂〉的論述。人戲方面，只有歌子戲吸收若干北管戲曲唱腔，南管戲完全不用北管戲的曲調，即使是交加戲（亦稱高甲戲），也僅為過場樂的部分吸收北管的牌子或絃譜，唱腔部分所用者多為南管曲。

歌子戲劇場使用北管戲曲的情形，在歌子戲產生初期的一九三〇年代已有之，如《魏春良收妖》使用【梆子腔】、【彩板】、【慢中緊】，《審郭槐》運用了【反緊中慢】[15]。一九五〇年代的廣播歌子戲對北管戲唱腔的運用情形，根據作者曾經整理過中國廣播公司歌子戲錄音資料的瞭解，只吸收【反緊中慢】與【梆子腔】，兩個曲調都有特定用法：【反緊中慢】用於腳色亡故之後，以陰魂出現於劇場時所唱；【梆子腔】用於神仙、道士、或妖怪類的腳色——歌子戲劇場對上述兩個曲調的用法，與北管戲曲是相同的。

一九六〇年代廣播歌子戲所吸收的北管戲曲唱腔，大體上與一九五〇年代的情形相同。目前的歌子戲雖不斷地變化或創新，傳統型態的歌子戲班在情節安排的需要上，仍繼續使用北管戲曲唱腔，如台中市國光劇團新編的劇本《石門八陣》，即使用了【緊中慢】與【反緊中慢】[16]。

---

[15] 〈魏春良收妖〉與〈審郭槐〉的有聲資料，參見《聽到台灣歷史的聲音》中的歌子戲光碟片第二片與第三片。

[16] 〈石門八陣〉為國光劇團 2004 年的新編劇目，屬於獲得國家文藝基金會『歌子戲製作及發表補助專案』入選團隊的製作，其他入選團隊與劇目為：秀琴歌劇團的《雪染情》、春美歌劇團的《古鏡奇緣》。

4.道教儀式中的北管戲曲唱腔

台灣的漢人固有宗教信仰有佛教、道教。其中的佛教法事又有寺院佛教與鄉化佛教之分，兩者的儀式中並未見使用北管戲曲唱腔的情形。道教儀式在派別上也有正一派、靈寶派之分：吸收北管戲曲唱腔者，只見於靈寶派道士主持的儀式；盛行北管戲曲的北部正一派道教儀式，僅於《禁壇科儀》的結界時，唱了一套北管牌子〈倒旗〉。

南部的道教靈寶派儀式之中吸收北管戲曲唱腔的情形，可見於《禁壇科儀》與《鳴金戞玉科儀》。《禁壇科儀》中的五方結界，在唱各方的結界咒時，道士所使用的曲調為北管戲曲中的【梆子腔】，《鳴金戞玉科儀》在宣讀含陰牒文時，道士以演唱的方式呈現，使用的曲調也是【梆子腔】。靈寶派道士運用【梆子腔】的技巧頗為靈活，在北管文化圈，【梆子腔】的文本為詩體、整齊句的七字句，以〈三仙會〉中的【梆子腔】為例，唱詞的句法與句型為[17]：

> 一朵祥雲（,）速駕起，前到人間（,）慶壽年。將身跨在（,）鶴背上，叫聲祿仙（,）隨我來。

由於唱腔中的過門關係，每句都被分割為兩個分句，上例中的（,）即作為分句的符號，以兩句為一個樂段，反覆兩次。

《禁壇科儀》中的五方結界咒，文本的基本結構為四字句，以東方結界咒為例，咒文如下：

> 為吾行雲布炁，搜捕邪精，驅除鬼祟，有罪無赦。

上述咒文套入【梆子腔】之後，句法變成：

---

[17] 北管戲曲【梆子腔】的曲調，可參見呂錘寬著《北管音樂概論》，第179頁。

為吾行雲布炁（，）搜捕邪精，驅除鬼祟（，）有罪無赦。

亦即將兩句咒合併為一句，只以【梆子腔】的曲調唱一遍。《鳴金戛玉》中的含陰牒文則為散文體，根據道士所演唱的唱腔，加入段落的標點後，文本如下：

靈寶大法司（，）本司今為，奉道修醮（，）祈安保境事。以今恭依（，）科典重建玄壇，次鳴金鐘必資神光（，）需至移文者。

右牒雷霆火鈴含陰大將軍，請奏擊靈音，聞鏘鏘之玉佩，道迎善瑞，肅濟濟之星簪，大振玄風，廣標道化，謹牒。

天運　年　月　日移

主行科事某　　花號

牒

牒文的第一段以【梆子腔】演唱，第二段為讀的方式。第一段散文式的文本，填入唱腔之後的句法，與北管戲〈三仙會〉的【梆子腔】唱詞相同，成為四句式，並反覆兩遍。

第四節

現　況

北管曾盛行於農業生活時期的台灣社會，這是民間或學術界的一般性說法，並無確切的依據，如果透過全國北管館閣的調查，能發現各縣市不但都有北管館閣，且數量皆相當多，例如台北市即有五十九館、台北縣約一百四十館，這一現象當能具體地呈現北管的生態。然而北管館閣多，並不等於北管戲曲或細曲的生態也是如此地旺盛，根據各種資料的調查了解，旺盛的北管生態下，絕大多數的活動為鼓吹樂，戲曲活動仍較為有限。這

是因為戲曲活動需要較多的經濟支持，除了演出訓練的成本較高，需聘請前場與後場先生，指導館員音樂以及身段，演出時並需搭建戲台、租戲服、化妝師等。鼓吹音樂不論排場或出陣，人力、物力相對地簡省許多，而神明生誕或喪禮等場合所出的鼓吹陣頭，以子弟館的情形言之，有時也能有若干酬勞。

　　北管戲曲或細曲過去的活傳統情形，可以藉著曲譜的分布以窺一二。根據調查，擁有北管戲曲抄本的館閣，數量最多者為鹿港鎮、彰化市、豐原市，其次為彰化縣二水鄉、台中縣大里市、宜蘭市，至於南部各縣市的戲曲抄本，僅有零星的數量，而即使有之，也多為尋常的劇目。進一步地從唱片出版中的演唱團體觀之，出版唱片數量最多者，為彰化市梨春園、台中市新春園、豐原市豐聲園、台北市靈安社以及宜蘭市總蘭社。從北管戲曲類抄本的分布，以及曾錄製北管戲曲唱片的館閣的調查，顯示兩者頗為吻合，這當能說明，過去北管戲曲的盛行地區為彰化市、豐原市、台北市以及宜蘭市。

　　至於北管細曲過去的生態情況，仍可以透過三個方面的歸納分析。一為人們對細曲的了解情形：除了特定對象，多數傳統音樂愛好者或北管文化圈，對北管細曲多無所知，如果有機會偶而聽到細曲的演唱，通常都把它誤認為是南管曲──這種情形也發生在音樂圈。此一現象說明，人們很少或幾乎未曾聽聞北管細曲，才會如此陌生。二為細曲類抄本的分布：相對於戲曲類抄本數量的龐大，細曲抄本僅見於鹿港鎮玉如意、彰化市梨春園與集樂軒、大里市福興軒、台北市集音閣，而嘉義市也有一冊。除了分布的局限，數量也不多，顯示過去的流傳範圍並不大。三為具有細曲演唱技藝藝人的調查：根據作者所知以及林維儀的調查研究[18]，約從民國六十年代迄今，能演唱北管細曲者，中部地區為：葉阿木、賴木松、林水金，葉美景與林芳二只有少數若干首；北部地區有：王宋來（台北市艋舺集音

───────────────

[18] 參閱林維儀撰《台灣北管崑腔（細曲）之研究》。

閣），以及由王宋來所傳授的若干學生。總體觀之，只有王宋來先生屬專門演唱細曲的藝人，至於當代大師級的北管藝師葉美景，他的專長項目為戲曲，林水金為牌子（鼓吹樂）與戲曲，賴木松亦以戲曲與鼓吹樂見長，三人所習細曲的曲目並不多。

　　另一方面，考察以唱片的出版情形，作者從民國六十七年迄六十九年任職於台北市洪建全視聽圖書館的民族音樂組，六十九年至七十三年任職於台北市中廣公司期間，都以整理本國傳統音樂戲曲資料為主要工作，曾蒐集到數量頗豐的北管戲曲、南管音樂以及歌子戲音樂的唱片，卻未曾蒐集到任何北管細曲的有聲資料[19]，故可以肯定地說，自從有錄音科技以來，並未有北管細曲的錄音出版。

　　綜合北管細曲的抄本、能演唱的藝人以及唱片出版的情形，我們可以看出在過去的農業社會時期，細曲已經是一種生態極為微弱的音樂藝術。

㈠北管館閣

　　過去北管戲曲與細曲的生態已經有頗為明顯的差異，目前的情形又是如何？作者與一些朋友閒談之時，對方知道本人專門從事北管音樂研究，因此有時也會把話題轉向北管，根據這樣的經驗了解，不少朋友於少小時期都有欣賞北管戲曲的經驗，這類朋友約出生於民國三十年代，以此推算，民國四十至五十年代的台灣社會，廟會的北管戲曲活動頗為興盛，應毋庸置疑。

　　從民國七十年代以來，上棚演戲的北管戲曲活動已經極為罕見，主要為排場清唱，具體情況可以透過最古老的北管館閣之一的彰化市梨春園的觀察得知，梨春園不但是台灣最古老的北管館閣之一，也屬館員人數最多的傳統音樂團體，技藝水準頗高，從出版大量的唱片可以作為佐證。作者

---

[19] 北管細曲的有聲資料，僅見者為中廣公司保存的一首〈勸友〉。

從民國六十八年開始接觸梨春園,居於研究與教學的關係,與該館即有密切的來往。根據了解,約在民國八十年代以前,梨春園每天晚上幾乎都有館員聚集於該館,從事排場演唱戲曲,而這二十餘年之間,該館都未曾再有上棚演戲的活動。

由於排場式的北管戲曲活動並非社會化的,而是愛樂者之間聚集於館閣內的娛樂,活動的性質較為隱性,因此,我們實無法藉著數據化的資料,說明館閣內排場式戲曲活動如何蓬勃;相同地,也無法以懷疑論的態度稱,北管戲曲的排場式多麼地微弱。以北管館閣數量情形觀之,應可說在民國六十至七十年代之間,排場式的北管戲曲應有一定的活動。

至於演戲型態的北管戲曲活動,民國八十至九十年代之間,曾經演過北管戲的館閣計有:瑞芳鎮得意堂、板橋市福安社與潮和社、新竹市新樂軒與振樂軒、嘉義縣新港鄉舞鳳軒。職業劇團的演戲活動計有:台中市新美園與宜蘭漢陽北管劇團。後者原為歌子戲班,後改名,不過演出的機會仍以歌子戲為多;新美園為真正的職業北管戲班,而其團主王金鳳先生於前年過世之後,戲班也隨之解散,停止營業。

由於社會經濟發達,約從民國七十年中期以來,台灣民間廟會活動日益蓬勃,因應迎神賽會之需,鼓吹樂的活動並無衰減,反而呈現發展的趨勢。在這種情形之下,人們或許會認為北管音樂仍相當蓬勃;然而這僅為鼓吹樂的情形,不論演戲或排場的戲曲活動,在館閣裡面幾乎已經瀕臨失傳。以台北市為例,作者曾於民國八十五年主持由國立傳統藝術中心委託的北管音樂保存計畫,其中一個項目為具代表性北管館閣的影音精緻錄影,列入紀錄的館閣之一為台北市靈安社,原訂曲目包括古路戲曲,幾經聯繫,館員僅能演奏牌子(鼓吹樂),當時該館已經無法呈現戲曲。民國九十年,台北市政府文化局曾委託中國文化大學進行一項『台北市式微傳統藝術調查紀錄——北管』[20],成果之一為兩盤CD:其中一盤為鼓吹樂,演出人員

---

[20]『台北市式微傳統藝術調查紀錄——北管』(CD二盤,2002,台北市政府文化局出版)。

中部分為台北市北管館閣之館員，主要演奏者則為亂彈嬌北管劇團與國立台北藝術大學傳統音樂系北管組的畢業生；另一盤則為樂器介紹，乃由苗栗縣陳家班北管八音團擔任示範演奏──兩盤之中都無任何戲曲演唱錄音[20]。從上述兩項與台北市北管音樂有關調查的結果觀之，顯示台北市的北管館閣已無北管戲曲活動。

其他傳習場所

　　自發性的傳統音樂活動式微至幾近消失的今日，由於政府部門在民國七十年代以後逐漸重視本國傳統音樂，北管音樂屬被列為保存傳習的樂種，因此，在北管館閣之外，目前已能看到從事北管音樂傳習的單位，其中屬於永久性的單位為國立台北藝術大學傳統音樂系，該系以南管音樂與北管音樂為主要教學內容，兩項都列為主修。在作者的規劃下[21]，北管音樂的部份又以戲曲與細曲為主要學習的曲目。師資皆聘自北管館閣藝術成就高的藝師，教授戲曲者主要為葉美景先生，此外尚有林水金先生，以及新進的年輕教師潘汝端；教授細曲者，為王宋來先生。該系成立迄今將近十年，已經培養出一群能演唱北管扮仙戲曲、古路戲曲、新路戲曲以及細曲的年輕音樂家。

　　傳習北管戲曲的另一處所為南北管音樂戲曲館，該館為彰化縣文化局的附屬機構，館舍位於彰化市平和七街，為我國專司南管音樂與北管音樂的文化機構。從民國八十六年以來，彰化縣文化局每年都舉辦北管音樂傳習，曲目包括北管戲曲與細曲，傳藝藝師主要來自彰化市梨春園與集樂軒，經過幾年來的訓練，也培養出一批北管戲曲的演唱者。

---

[21] 作者曾於 1995 至 1999 年之間，擔任國立台北藝術大學傳統音樂系的系主任。

第五章

歌子戲唱腔

　　歌子戲為台灣的原生劇種,所使用的語言為福佬語,劇中無論說白或演唱,語言的表現方式為基層社會的話語,不但容易聽懂,內容也多屬日常生活性,故表現方面極為社會化,因此能普遍且深入台灣的基層社會,成為人們日常的娛樂節目。反觀南管戲或北管戲,所使用的語言或為文謅謅的泉州話,或為完全不同於福佬話的「正音」,對劇情內容的了解上已經存在著基本的困難度;而兩者的說白或唱腔的表現方式也非生活化,不易引起人們對戲劇的共鳴。因此之故,隨著社會歷史的發展,南管戲或北管戲基本上已經消失於台灣社會。

　　由於歌子戲為剛形成不久的劇種,其表演藝術目前仍處於演變與發展階段,尤其是近年來在所謂「歌子戲精緻化」之後,在編劇、化妝、唱腔設計以及樂隊編制等方面,隨著劇團營運以及經濟狀況的不同,每有不同的表現。基於此,本文對歌子戲唱腔的描述,只選擇性地介紹一九三〇年代,以及一九五〇年代較具代表性的歌子戲唱腔,前者的有聲資料來自國立傳統藝術中心出版的《聽到台灣歷史的聲音》,該套 CD 共計十片,為日治時期由日本唱片公司所發行唱片的翻印;後者的錄音資料來自原來設址於台北市仁愛路的中國廣播公司。

第一節

劇目與唱腔略述

　　歌子戲的演出型態隨著歷史的發展而有所改變。總括歷史的軌跡，歌子戲的發展階段由落地掃、野台、內台、廣播、電影、電視，以至精緻化，楊馥菱在她的專著《歌仔戲史》一書有頗為詳細的論述。不論歌子戲的展演形式如何隨著時間的發展，而逐漸擴大與複雜化，它的基本性質──戲劇性並無改變，亦即以第一人稱的角色扮演，以陳述虛擬的事件，不若南管曲或北管細曲之屬於純粹的藝術歌曲，兩者的文本縱使有故事性，表現方式則為不具腳色扮演的歌唱者演唱。藝術類歌曲的演唱單位為曲目，至於歌子戲的演出單位則為齣或段，而歌子戲唱腔則為組成每齣歌子戲劇目的最小單位。

㈠唱腔源流

　　關於歌子戲的來源，通常都認為民國初年產生於宜蘭[1]，而與歌子戲的表演形式或內容相關的樂種，被歌子戲研究者所提到者計有錦歌、車鼓戲或車鼓弄。歌子戲為藉著歌唱以演述故事的戲曲藝術，其中的唱腔為該項戲劇藝術的特點，此劇種名稱中的 kua^1-a^2，即表述這一特性，口語中的「kua^1」為「歌」的意思，其後的「a」則為語尾詞，這是中文對單詞類詞彙口語化的習慣用法，如：桌子、椅子、杯子或獅子等皆然。目前無論學術界或民間，都將此劇種書寫為「歌仔戲」，似乎已經成為約定成俗的習

---

[1] 最早提出歌子戲於民國初年產生於宜蘭的說法，參見呂訴上著〈台灣歌仔戲史〉（《台灣電影戲劇史》，第 233-234 頁。）

慣寫法，然而我們知道，口語的語尾詞「a」音，它的中文為「子」而非「仔」，準此，kua¹-a² hi² 的中文書寫形式應以「歌子戲」較為妥當。

　　歌子戲的音樂分為演員的歌唱，以及後場樂師所演奏的後場者樂。演員的演唱部分，傳統音樂的語彙稱為前場曲韻，學術性的詞彙通稱為唱腔。唱腔為區別不同劇種的主要部分。至於後場音樂常為相同者，例如歌子戲、布袋戲或交加戲，後場音樂都相同地吸收北管的牌子以及絃譜。既然唱腔為表現劇種特色的主要層面，因此，要認識歌子戲音樂的源流或特徵，方法上當從唱腔著手。歌子戲起源於民國初年，曾經使用於歌子戲舞台的唱腔究竟有多少？歌子戲重要民族藝術藝師廖瓊枝女士認為有三百多個曲調，實際上究竟是否有這樣的數量？仍需要有調查資料作為依據，不過最起碼我們也能如此概括性地宣稱，歷年來曾用於歌子戲舞台的唱腔數量頗為豐富。

　　歌子戲唱腔的豐富性，乃源於它為處於發展中的劇種，因此有相當強的吸收性。根據來源的不同，歌子戲唱腔的源流大體上可分為：歌子戲固有唱腔、吸收自傳統樂種的唱腔，以及吸收自民間小曲的唱腔。有關上述歌子戲唱腔源流分析的材料，引用的資料，文字方面主要為呂訴上〈台灣歌仔戲史〉，該文所列舉的歌子戲唱腔共計九十五個曲調[2]；聲音方面為《聽到台灣歷史的聲音》以及中國廣播公司所保存的歌子戲錄音帶。

1. 歌子戲固有唱腔

　　一般而言，獨立的劇種多有屬於劇種的特定唱腔，如西皮與二黃為京劇的固有唱腔，【彩板】、【平板】、【流水】、【緊中慢】等為北管古路戲的固有唱腔。關於歌子戲的固有唱腔究竟有哪些？我們可以循三種不同途徑予以了解：代表性歌子戲藝師的說法、歌子戲音樂專家的分類、直接參與觀察。

　　當代歌子戲藝師最具代表性者應可推廖瓊枝女士，她曾獲得教育部頒

2　參見呂訴上著〈台灣仔戲史〉（《台灣電影戲劇史》，第 243-244 頁）。

贈之薪傳獎歌子戲項目藝師，以及重要民族藝術藝師，並擔任過國立台灣戲曲學院歌子戲科主任——民間藝人能獲聘為學術單位的主管，廖女士應屬空前絕後。根據廖瓊枝女士的分析，她認為歌子戲最初的唱腔為【江湖調】，該曲調後來演變成為【七字調】；此外尚有【雜唸調】、【大哭調】。至於民國四十年代以後盛行於歌子戲劇場的【都馬調】，則為吸收自都馬班而來。民國三十七年，福建省廈門的一個都馬班曾到台灣演戲，該班在台演出時由於所使用的唱腔之唱詞形式活潑，頗獲歌子戲藝人的喜愛，乃紛紛前往觀賞學習。都馬班在台盛行十餘年之後，曾將戲曲拍為電影，由於片子拍得不好而走下坡，戲班並因而步向解散的命運，部分演員乃加入歌子戲班，使【都馬調】成為歌子戲劇場經常演唱的曲調之一[3]。

根據歌子戲音樂學者張炫文的研究，歌子戲的代表性唱腔計為：七字仔調、都馬調、哭調、背詞仔、雜唸仔、走路調、吟詩調、串調子、慢頭、乞食調、五更鼓。其中【乞食調】為民間小調，【五更鼓】為流傳於中國各地的樂曲，至於【串調子】則與客家民歌【病子歌】近似[4]。張文所稱的七字仔調即【七字調】，背詞仔即【背思】，雜唸仔即【雜唸調】。

對歌子戲固有唱腔的直接觀察，基礎為對歌子戲音樂的長期接觸，透過普遍的歌子戲音樂欣賞經驗所建立。作者出生於民國四十年代的台灣農村，最起碼從有記憶印象的民國五十年代，就經常欣賞家母或左鄰右舍從收音機播放出來的歌子戲節目：民國五十年代至六十年代，台中市中聲廣播電台與民生廣播電台，以及彰化市的國生廣播電台，每天都有三個鐘頭的歌子戲節目。民國六十九年迄七十三年，作者任職於中國廣播公司，負責蒐集台灣傳統音樂的資料，並擔任歌子戲音樂的製作，對該公司所保存

---

[3] 歌子戲劇場吸收【都馬調】的沿革，引自廖瓊枝女士於 2004 年 3 月 27 日晚上 7 點 30 分在台北市許常惠文藝基金會的『歌子戲音樂專題演講』。根據廖女士的敘述，目前歌子戲的常用唱腔【都馬調】，其準確的聲調實應為「度馬調」。

[4] 引自張炫文著《台灣歌仔戲音樂》，第 30-32 頁。

的五百餘卷歌子戲錄音帶曾做過全面的整理[5]。國立傳統藝術中心近年曾將一九三〇年代由日本唱片公司發行的台灣傳統音樂戲曲唱片重新出版，其中的歌子戲音樂 CD 計有三片。

透過實際的欣賞並交叉比較，有理由相信歌子戲的固有唱腔為【七字調】、【江湖調】、【雜唸調】、【大哭調】以及【都馬調】，其中【江湖調】在民國四十年代的廣播歌子戲中已經沒有使用，至於【都馬調】於一九三〇年代尚未出現於歌子戲劇場。

2.吸收自傳統樂種與劇種的唱腔

歌子戲在形成與發展的過程中，台灣已經有若干古老的樂種——如南管，以及劇種——如北管戲曲，歌子戲是否可能吸收其他樂種或劇種的音樂，以豐富自身的唱腔？藉著對南管音樂與北管戲曲的研究，我們發現歌子戲唱腔之中確有吸收自南管的樂曲以及北管戲曲的唱腔。

歌子戲吸收南管曲的情形，根據有聲資料，見於民國四十年代的廣播歌子戲時期；至於一九三〇年代由日本出版的歌子戲唱片，並未發現使用南管曲。從中國廣播公司保存的錄音帶，可以看到歌子戲以兩種不同的方式吸收南管曲：一為吸收南管曲調，套上演員所自編的唱詞；二為完整地演唱南管曲，而以前者較為普遍。以演員自編的唱詞套上南管的曲調，較常見的南管滾門為【短相思】，如《陳三五娘》一劇，益春奔赴京城告御狀，當朝皇帝出場時所唱的唱腔即為南管滾門【短相思】，唱詞為：

寡人坐落金鑾殿、金鑾殿，文武百官、不女文武百官排兩邊。
眾卿有事來朝殿，眾卿有事來朝殿，無事文武、不女無事文武
退兩殿。

5　中國廣播公司保存的歌子戲錄音帶為盤式錄音帶，每卷的長度為三十分鐘。

又《玉堂春》一劇中的【短相思】為：

> 將身望路欲來去欲來去，不通路中、不女不通路中相延遲，相
> 延遲。聽到阿爹的代志，聽到阿爹的代志，一路迢迢、不女一
> 路迢迢我欲來去。

上述兩首唱詞雖為演員自編，以套上南管曲演唱，唱詞的句法則與南
管曲中的情形一致，仍有疊唱現象，並有虛辭「不女」。又如《郭華買胭
脂》中的【短相思】：

> 想著這款大煩惱、大煩惱，一個心肝、一個心肝祝正糟。望欲
> 甲伊會相好，望欲甲伊結翁婆，坐在廳堂內，坐在廳內心正糟。

雖亦套用【短相思】的曲調，仍有疊唱現象，然而並未使用該滾門的
特殊聲詞「不女」。除了套用南管曲調，也有演唱南管曲的例子，如《玉
蜻蜓》一劇，就唱了一首南管曲【秋天梧桐】，該首曲子的滾門為【福
馬】：

> 秋天梧桐葉落金井，看伊背送、不女看伊背送邊關路邊去。秦
> 王無道不存天理，克虧阮夫君，不女克虧阮夫君就是長城來到
> 只。思，思著進退兩難，日又落路又嶇，姜女行來到只就是為
> 著阮夫君。除非就到長城，才免值處苦歎苦傷悲，除非就到長
> 城，才免值處苦歎苦傷悲。

根據錄音資料的聲音判斷，唱該首曲子的演員為廖瓊枝女士，文本與
南管曲【秋天梧桐】幾乎完全相同[6]。

---

6 南管曲【秋天梧桐】的樂曲，可參見張再興編《南管名曲選集》，第239-240頁。

　　歌子戲吸收北管戲曲的情形，民國初年就能找到頗多的例子，如〈魏春良收妖〉之中，天兵下凡時唱了一首【梆子腔】：

　　　　駕起彩雲彩雲帶，故意催伊再團圓，採奉玉旨欲下凡，指點以後通報冤。

同齣戲小旦中了邪時，唱了一套北管古路戲的曲調：

　　　　【彩板】聞一言□□□□
　　　　【慢中緊】白尾溜□尾溜，紅目睭毛鬖鬖[7]，
　　　　【緊中慢】一天過了又一天，身軀無洗都是銹（讀為 sian），倒在溪邊身無錢（cent），毒死鱸鰻數萬千。

而〈審郭槐〉中則吸收了北管新路戲的唱腔【反跺子】：

　　　　郭槐唱：閻君聽我來招認，是我劉妃來同謀是真，我蓋腳模共手印，希望刑責共我定較輕。
　　　　宋仁宗：接起口供有擔當，傳落左右改陰堂，叫聲郭槐面轉返，這處正是公堂。

也有吸收自法教儀式的音樂者，如〈魏春良收妖〉中的【法事調】：

　　　　獅公通：龍角吹來頭一聲頭一聲，頭聲軍甲將，東營東營兵東營將，東營兵馬九千九萬人，頭戴金盔身穿甲，左排兵又列馬，排兵列馬到壇來。

----

7 毛鬖鬖（mo^5 tsang^2-tsang^3）：毛髮雜亂之意。

3.民間歌曲

民間歌曲泛指傳統的民歌以及時代歌曲。從數量觀之，歌子戲唱腔之中吸收自民間歌曲的比例相當高，不過這類曲調多屬於個別性地使用於某些劇目，換言之，民間歌曲運用於歌子戲劇場，當為演員的音樂能力以及個人喜好的表現。

㊁劇　目

歌子戲為戲劇形式，演出以「齣頭」為單位，所有演出單位的總體即形成劇目。一般而言，傳統戲劇的每一劇目都有作為演出的底本，即所謂的劇本，北管文化圈稱該類物件為「總講」，南管戲則稱為「腳本」。歌子戲劇場雖亦以劇目作為演出單位，不過每齣戲並未形成劇本，通常都由演員根據戲劇的情節綱要，即席地對話以及演唱。

歌子戲劇目乃在形成與發展的過程中不斷地吸收，一般都認為最早期的劇目為《陳三五娘》、《山伯英台》、《呂蒙正》以及《什細記》，合稱為歌子戲的「四大齣」。至於歌子戲的劇目究竟有哪些？我們可以透過相關的出版物以窺其一二。

1.日治時期

日治時期的日本唱片公司，發行的台灣傳統音樂戲曲的唱片數極為豐富，透過當時所錄製的歌子戲音樂，能讓我們確實了解早期歌子戲所搬演的劇目概況。根據一九三八年古倫美亞（即 Columbia）唱片公司所印行該公司出版的唱片目錄[8]，該公司曾錄製的歌子戲音樂計有：福州奇案、採花

---

8 資料引自〈古倫美亞發行台灣戲曲音樂唱片總目錄〉（《聽到台灣歷史的聲音》，第 153-167 頁）。

薄情報、李阿仙思君、蔡伯階拜相、趙氏求乞、蔡安人送盡、蔡伯階思念
故鄉、石音騙狀元、蔡員外身亡、麻裙怕土葬員外、趙氏妻千里尋夫、烏
龍院殺惜、雷文秀作詩、雷文秀送為記、雷文秀投親、祝英台賞花自嘆、
祝母思英台、李宸妃困窯、玉堂春、梅良玉思釵、陳三五娘（陳三磨鏡、
陳三設計為奴、陳三寫詩、陳三做長工、陳三捧盆水、益春留三哥、出差
掠陳三、審陳三、五娘探監、陳三充軍）、對金釵、周成過台灣、烈女記、
雪梅離別、英台埋葬、金姑看羊、孟姜女洗身軀、孟姜女哭倒長城、呂蒙
正過五更、呂蒙正求乞、英台送哥、鄭元和、玉杯記、抗州記、五娘十思
想、陳杏元（重台別、思釵）、白蛇傳（借傘、求親）、曾二娘思君、媽
祖得道、鳳嬌操琴、彰化奇案、詹典嫂告御狀、春蘭思想、張廣財掃墓、
包公審梅花、台南烈女記、包公審郭槐、華文良斬子、菊蓮採桑、一女兩
聘、陳在延認親、馬俊娶七娘、孔氏顯聖託五子、後娘悔悟還陽、金素真
遇救、素真下山救雙親、仙女下凡配文瑞、包公審世真、三司會審、仙女
別夫歸天、戲叔、麵線冤、正有福賣身葬父、擔水記、王連文磨鏡、連文
逃走、連文認親、寶蓮燈、曹操逼宮、雙姻緣。

　　粗略地分析上述的劇目名稱，可以看出早期的歌子戲劇目多吸收自中
國民間傳說故事，至於中國歷史故事極少，此外則為台灣民間故事，如〈彰
化奇案〉、〈台南烈女記〉。

2.廣播歌子戲劇目

　　歌子戲約於一九五〇年代進入廣播電台，興盛於一九六〇年代，根據
作者的生活經驗，在廣播歌子戲興盛時期，中部的廣播電台每天都有長達
三小時的歌子戲節目，即使到了歌子戲已經沒落的一九八〇年代，中國廣
播公司每天仍有一小時的歌子戲音樂節目[9]。作者約於一九八三年之間，曾

9　在 1980 至 1984 年之間，中國廣播公司每天都有一小時的歌子戲音樂節目，由作
　　者製作，主持人為楊榮南先生。

洽詢中部的廣播電台，包括彰化市民生電台、台中市中聲電台與民生電台等，有關他們播放過的歌子戲錄音帶的下落，很可惜該些電台都未予以建檔保存。

根據中國廣播公司的《地方戲曲目錄》，該公司曾錄製的歌子戲劇目計有：陳三五娘、劉智遠戰瓜精、大舜耕田、望鄉之夜、詹典嫂告御狀、彩樓配、臨水平妖、玉蜻蜓、雷峰塔、補破網、三娘教子、金姑看羊、王文英認親、李少明認妻、玉堂春、玉鴛鴦、延平王復國、一門三孝、大明奇女子、孝子朱泊藝、金魁星、路遙知馬力、吊金龜、包公案、海瑞進京、蜘蛛借錢、英台出世、失妻得妻、牛郎織女轉世、郭子儀賞月、包公審吊籃、五子哭墓、朱洪武、二度梅、狸貓換太子、郭華買胭脂。這些歌子戲音樂的錄製年代，最早為一九五一年，最晚者為一九六〇年。

中國廣播公司錄製的歌子戲劇目雖不多，時間長度則仍稱可觀，總計五百零七卷帶子約有二百五十小時，且錄音品質都相當不錯。從中國廣播公司保存的歌子戲錄音資料，印證《陳三五娘》確實屬於歌子戲的經典劇目之一，該部戲的錄音共計五十二卷，根據錄音帶內容，該部戲計可分為：陳三送嫂、五娘賞花、五娘賞花燈、五娘閨怨、陳三磨鏡、陳三為奴、五娘梳妝、陳三寫狀、花園私會、陳三得病、益春留傘、陳三五娘私奔、渡江、宿店、九郎尋女、林大告官司、陳三被捕、陳三下監、五娘探監、陳三充軍、南台會兄、五娘送寒衣、林大搶親、計害陳三、陳三滿門遭斬、陳三五娘投井、益春告御狀、陳三托夢、五娘借屍還陽、審林大、返鄉祭祖。可以看出該部戲與南管戲《陳三五娘》的密切關係，甚至可以說歌子戲《陳三五娘》的劇本乃取材於南管戲，部分段落（益春留傘）且屬於直接引用。

3.政府頒訂的劇目

歌子戲為台灣的原生劇種，有強韌的生命力，並深植於基層社會。由於歌子戲對台灣社會的影響力，遠超過南管戲、北管戲、布袋戲等加起來

的總和，故國民政府遷台初期，曾會同黨政等機關研商是否禁止歌子戲的問題，乃於民國三十九年成立「台灣歌仔戲改進會」，繼之於民國四十一年成立「台灣地方戲劇協進會」，以管理歌子戲活動事務[10]。

由國民政府頒訂，准許上演的歌子戲劇目，民國三十六年公布了一百零四齣，民國四十二年公布二十九齣，民國四十七年又公布二十二齣[11]。第一批公布的歌子戲劇目，整體上並無政治性，題材多為中國民間故事或武俠故事，第二批以及第三批頒訂的歌子戲劇目，如：女匪幹、延平王復國、忠孝兩全、大義滅親、田單救齊、荊軻刺秦王、衛青收復河南地、光武興漢、新木蘭從軍、張巡守睢陽等，政治教化色彩則相當濃厚。

🔲曲調概述

歌子戲音樂中由演員所演唱的部分，統稱為唱腔，運用於唱腔中不同曲調的總體，為了便於描述，本文將它統稱為曲目。以單一劇目而言，歌子戲唱腔所使用的曲調相當有限，不難看到整齣戲只使用一個曲調（多為【七字調】）的情形，不過由於歌子戲音樂尚未形成固定模式，例如北管古路戲曲，演員並不能自由地運用曲調，唱腔中所使用的曲調固定地為【彩板】、【平板】、【流水】、【緊中慢】、【慢中緊】等，不能超出北管古路戲板式範圍。因此之故，從民國初年迄今，曾使用於歌子戲劇場的曲調總數頗多。

1. 曲調之分類

由於歌子戲唱腔使用的曲調多，且來源雜，因此分類成為必要的手段。

---

[10] 引自呂訴上著〈台灣歌仔戲史〉（《台灣電影戲劇史》，第 270 頁）。

[11] 由國民政府頒訂，准予上演的歌子戲詳細劇目，參閱呂訴上著〈台灣歌仔戲史〉（《台灣電影戲劇史》，第 274-276 頁）。

知名的戲劇工作者呂訴上將歌子戲唱腔分為十類：敘述類、助場類、對唱輪唱合唱類、走路類、送別類、遊賞類、歡樂類、悲哀怨嘆類、一般小調及其他[12]，該書所列舉的曲調總數有九十五調，其中又以【大調】、【背思】、【什念】、【七字調】以及各種哭調為主[13]。知名的歌子戲藝師廖瓊枝嘗謂歌子戲的曲調有兩百多調，而以【七字調】、【雜唸調】、【都馬調】為主要的唱腔。歌子戲專家張炫文根據唱腔的不同用途，將歌子戲的曲調分為[14]：普通敘述、長篇敘述、喜悅、憤怒、悲痛哀傷、懷念感嘆、遊樂賞景、啟程趕路，共計八類；而「足稱歌仔戲之代表性樂曲」，他認為有：【七字仔調】、【都馬調】、【哭調】、【雜念仔】、【走路調】、【吟詩調】、【串調子】、【慢頭】、【乞食調】、【五更調】。

歌子戲唱腔的另一分類法為以來源作為依據，音樂學者徐麗紗即是採取此觀點，對歌子戲的曲調進行分類，根據來源的不同，她將歌子戲唱腔的曲調分為：錦歌、哭調、民歌、戲曲、新調，計有五個不同的源流[15]。她也進一步透過十三齣歌子戲劇目的調查，統計出其中所使用的曲調共計有七十五調，而「以【七字調】與【都馬調】的使用最為頻繁」，她乃將該兩曲調視為現階段歌子戲的主要曲調[16]。

2.曲調名稱

歌子戲唱腔的來源既複雜，且數量又多，加之主要流傳於農民階層，文化素養並不高，因此曲調名稱方面難免有混淆不清的情形。歌子戲的生態雖極其蓬勃，它的存在形式為活傳統的展演，並無寫傳的任何資料，包

---

[12] 引自呂訴上《台灣電影戲劇史》，第 243-244 頁。

[13] 參見呂訴上《台灣電影戲劇史》，第 242 頁。

[14] 參見張炫文《台灣歌仔戲音樂》，第 28 頁。

[15] 參見徐麗紗《台灣歌仔戲唱曲來源的分類研究》各章的標題。

[16] 參見徐麗紗《台灣歌仔戲唱曲來源的分類研究》，第 45-46 頁。

括劇本或曲調名稱。在學術界涉入歌子戲研究之後，開始出現描述歌子戲的相關文字，這類文字與歌子戲文化關係最密切者，當為戲劇中的說白、唱詞以及所使用曲調的紀錄。由於歌子戲屬於通俗文藝，劇場語言充滿常民的生活語言，而台灣福佬語系社會的生活語言中，最常見者為單詞類語彙的結束方式，通常都會加入「a」音，對此一語言習慣或現象的認識不同，乃造成歌子戲中若干曲調的不同書寫形式。

　　將語尾的聲辭「a」也視為名稱的一部分而加以描述者，可以【七字調】為代表，該曲調的若干書寫方式：七字仔調[17]、七字仔[18]，而呂訴上在其著作《台灣歌仔戲史》一書中則有「七字調」與「七字仔」調兩個不同寫法[19]。歌子戲專家張炫文在他的近著《歌仔調之美》一書已經改稱為「七字調」；音樂學者徐麗紗在她的著作《台灣歌仔戲唱曲來源的分類研究》中，也以「七字調」為稱。將語尾聲辭「a」也作為曲調名稱的一部分者尚有：雜念仔、背詞仔、緊疊仔、串調仔等。

　　根據人們的說話習慣，口語中常把單詞類名詞加上語尾聲辭「a」，如：$pue^1\text{-}a^2$、$ah^4\text{-}a^2$、$ke^1\text{-}a^2$、$kau^2\text{-}a^2$，將該些語彙聽寫記錄時，如要將每個語彙的語尾聲辭記錄下來，則分別為：杯子、鴨子、雞子、狗子，而根據實際的書寫習慣，卻寫為：杯子、鴨子、雞、狗，由此可以發現人們對語尾聲辭的描述實有選擇性。其次為語尾聲辭「a」音的漢字，究竟「子」與「仔」何者為妥當？如將上舉四個語彙記錄為：杯仔、鴨仔、雞仔、狗仔，人們應能立即發覺將語尾的「a」音以「仔」表示並不妥當。以此觀之，$kua^1\text{-}a^2$、$khie^{k4}\text{-}a^2$、$kua^1\text{-}a^2\ tiau^3$ 如記錄為：歌仔、曲仔、歌仔調，以使用文字的邏輯言之，並非妥當，而應以：歌子、曲子、歌子調為是。

　　總此，歌子戲曲調名稱，對含有語尾聲辭「a」的語彙，應採取如同

[17] 做此稱者，可參閱張炫文的《台灣歌仔戲音樂》一書。

[18] 稱為【七字仔】者，可參見《聽到台灣歷史的聲音》，第55頁。

[19] 參見呂訴上著《台灣電影戲劇史》，第243頁。

ke¹-a² 記錄為「雞」而非「雞子」的相同態度或方法,書寫形式中將語尾聲辭省略(或排除);如認為語尾聲辭有存在於書寫形式中的必要,其字形當以「子」而非「仔」,方符於中文的書寫習慣。

第二節

唱腔分析

以總量觀之,歌子戲唱腔所使用的曲調相當多,如果從使用的頻率或普遍性觀察,則有常用曲調以及偶用或罕用曲調的差別。本文擬就歌子戲唱腔中常用的曲調,以及雖偶用卻華麗動聽的曲調做概略性的介紹分析。

㈠敘述類

敘述或敘事類的唱腔,指角色陳述所處時空下的狀態或想法,該類唱腔的主要曲調為【七字調】、【江湖調】、【雜唸調】以及【都馬調】。

1. 【七字調】與【江湖調】

【七字調】的曲調名稱為以唱詞的形式命名。就傳統戲曲的唱詞形式觀之,板腔體戲曲的唱詞多為整齊句,或七字、或十字,如京劇的【西皮】、【二黃】,或北管古路戲曲的【平板】、【流水】皆是。因此,以跨樂種的角度言之,以唱詞形式作為唱腔名稱,一方面無法凸顯唱腔的特性,同時也將造成不必要的混淆。知名的藝師廖瓊枝女士在介紹歌子戲音樂時,將【七字調】稱為【歌子調】,頗能說明該曲調在歌子戲中所占的重要地位。

【七字調】為歌子戲最常用的曲調,每齣戲幾乎都演唱該曲調,由於演唱的頻率最高,演員的音樂素養不同,在不同文本的情形下,對唱詞聲

調與曲調之間的處理並不相同，使得【七字調】的唱腔有頗多的變化。由於【七字調】運用得相當廣，因此不同演員之間所唱者，除了有旋律的細微差異，另一方面也隨著文本情緒的不同而有速度快慢的差別，可以分為一般的【七字調】、慢【七字調】、快【七字調】[20]，為了行文敘述之便，本文將一般的【七字調】稱為原板【七字調】，以區別於另兩種不同速度的唱腔[21]。如果以演唱的方法的不同加以區分，則有一般唱法的【七字調】與哭腔唱法的【七字調】。

原板的【七字調】運用得最為普遍，文本多屬敘述體，例如早期的歌子戲〈英台思想〉，祝英台演唱的【七字調】[22]：

聽見孤雁哀怨聲，為了英台無心情，我心可比白鶴子，欲來思想飛向兄，思想欲飛向兄。

又如全本《陳三五娘》的第一齣〈陳三送嫂〉，陳三唱[23]：

清早起來真分明，必卿坐落在大廳，父娘恩愛生阮兩個子，必賢就是大哥名，就是大哥名。

敘述類的【七字調】為平鋪直敘式，角色的心情狀態為平和的，因此唱腔的速度多為適中的，不快亦不慢。

透過一九三〇年代與一九五〇年代歌子戲錄音的比較，顯示該曲調的

---

[20] 將【七字調】以速度的不同加以區分，可參見廖瓊枝演唱的《薛平貴回窯》（廖瓊枝歌子戲專輯一，1999，望月文化出版公司）

[21] 歌子戲劇場也將一般的【七字調】稱為「七字調正」。

[22] 〈英台思想〉的聲音資料，引自《聽到台灣歷史的聲音》中的歌子戲 CD 第一片。

[23] 〈陳三送嫂〉的聲音資料引自中國廣播公司保存的歌子戲錄音帶。

基本結構並無改變，以四句為一個樂段，長篇唱段藉著四句式的樂段反覆。【七字調】的唱腔結構，以絲竹過門起始，該絲竹過門隨著時代而有差異，一九三〇年代的【七字調】起始過門長度不定，一九五〇年代則即為一致，長度為三小節，前面並有鼓介作為引子；至於四句的結束音皆相同地為：第一句－mi、第二句－la、第三句－la、第四句－la。各句的結束音，指每句唱詞末字的最後一個音。至於唱段的結束方式，早期的【七字調】不論全篇唱詞有多少段，每段的第四句都有疊唱；而一九五〇年代的唱法，只於全篇唱段結束時才於最後一句疊唱，前面各段的第四句並未有疊唱的情形。

　　【江湖調】的曲調命名方式不詳，在早期的歌子戲劇場，該調的使用頻率與【七字調】相若，而在民國四十年代的廣播歌子戲中則未見使用。張炫文《台灣歌仔戲音樂》所引用、約為民國五十年代由惠美唱片與鈴鈴唱片所出版的歌子戲音樂，其劇目計有：顏春敏進京、薛平貴與王寶釧、孟姜女、孫臏下山、山伯英台、朱洪武、二度梅、嘉慶君遊台灣、藥茶記、七俠五義、陳三五娘，也未見有此曲調[24]。【江湖調】除了用於歌子戲，也為台灣說唱的主要曲調，在台灣說唱中，此曲調稱為【勸世歌】，由於宣述的文本多為勸人為善之辭，因以為名。

　　根據一九三〇年代的歌子戲〈孟姜女哭倒長城〉與〈呂蒙正過五更〉，【江湖調】的唱腔基本上以四句為一段，內容為腳色敘述某種事情或當前的情境，例如〈呂蒙正過五更〉中的唱段：

　　　　日落西山是暝昏，我將我君來借問，人講無柴又無米，無米無通煮飯，無通來煮飯。

　　　　蒙正聽著亂紛紛，小姐無食罔來眠，小姐腹肌著罔忍，明早天光我才落街來去分[25]，小姐無食罔來眠。

---

24 參見張炫文著《台灣歌仔戲音樂》的附錄三：歌仔戲譜例來源。

25「來去分」意為前往乞討。

第一段為旦腳劉月娥所唱，第二段由生腳呂蒙正演唱，每段第四句並有疊唱現象。由於該兩齣戲的劇情都屬於悲慘的，因此演員都以哭腔的方式演唱。

2.【雜唸調】

【雜唸調】屬於長篇的敘述調，且唯一用於某一腳色向另一位腳色陳述狀況事因，此調已見於一九三〇年代的歌子戲劇場，例如〈審郭槐〉一劇，宋仁宗宣太監陳琳，詢問以二十年前是否有狸貓換太子的情事，陳琳的長篇敘述唱段即以【雜唸調】演唱[26]：

> 陳琳跪落奏聖旨，
>
> 神宗說是講起彼當時。貴妃劉氏共李氏，天下太平戊辰年。慶賀中秋來是完畢，神宗怨嘆是無子兒。宸妃跪落欲奏聖旨，身有龍胎講二月時。可恨劉妃彼個死賤婢，講有六甲講在身邊。神宗一時來出聖旨，那有太子講來先出世，立做昭容是無差疑。不覺光陰是十月時，宸妃宮中是生男兒。劉妃郭槐是用計智，假做好意來出請伊。就將狸貓講來抓起，斬頭剁尾是加剝皮。就將太子是偷抱去，宸妃醉後都全不知。太子交代彼個寇宮女，欲去害死講金水池。（下略）

一九五〇年代的廣播歌子戲仍使用該調作為腳色的長篇敘述，例如《陳三五娘》劇，陳三與五娘私奔，被林大告官，將他判決發配崖州充軍，在半途遇到官居廣南節度使的哥哥欲回家省親，於是將他改判無罪。林大心中極為不甘，乃找一位道士商量，希望能想出報仇的方法。該位道士乃詢問他緣由，兩人的長篇對話即運用【雜唸調】演唱[27]：

---

[26]錄音資料引自《聽到台灣歷史的聲音》中的「歌仔戲之三」－審郭槐前集（5）。

[27]有聲資料引自中國廣播公司的保存的歌子戲錄音。

林大：先生啊，你就跪我講予你聽啦。

風水仙：甚麼我著跪？

林大：唉唷吐潘啊[28]，你為我，我講你聽。

【七字調頭】來林大開言

【雜唸調】我嘛欲講起，先生喂，聽我甲你來通知，講到這個早當時，有甲黃九郎伊查某子，甲我雙人約親誼，我有聘金因兜去，我欲要置五娘作妻兒。誰知黃九郎心內就有歡喜，講到這個泉州臭小弟陳三就是伊，去因兜做奴婢，三更共半暝，將阮牽手五娘子來娶去，要娶泉州去。亦我林大舍會當得知影，講是這大志控告上官廳，歇在客店去甲伊掠，掠倒轉在到在公堂，五娘做人無打算，講我林大舍不成物，要伊親情來我免願。大鼻的氣到雀雀潮[29]，正受氣，就將大志講予大人伊知機，將這個陳三伊，掠到涯州去充軍，誰知陳伯賢他大兄，做官回轉來，來到中途邊，伊就因小弟這椿大志甲伊化消離。亦我林大鼻一定不願伊，欲在來害伊，自將這個五娘子娶回泉州去，害我無妻兒，要娶因六娘子娶來阮兜置，想著五娘子不成物，我大鼻講是無甲意，僥倖六娘子伊續來吊豆死，亦這個阮丈人正受氣，叫我就要來陪伊，鋪橋造路甲伊做功德，了去正濟錢，先生你今日請你來到只，拜託甲我鬥排比。

地理仙接唱：你講安呢生，因大兄作比個大官兒，你無法通害伊報冤仇，是處的大志，叫我想計智，我想來甲想去，甚麼好計智。

林大接唱：拜託先生你，若是有彼個好計智，自然看外濟錢，亦我林大舍上界敢開錢。

地理仙接唱：啊若到安呢生，我就有計智，做大官萬般風水氣，因的風水的確到好地理，伊才功名會成器。無來安呢生，你若欲予我真大的紅包錢，我來假做相命的先生來因兜去，看因得到甚地理，

來甲伊敗，伊做官就會帶衰氣，報冤仇較容易。

【雜唸調】開始第一句，一九三〇年代與一九五〇年代之後的唱法不同：一九三〇年代的該句唱腔為【雜唸調】的下屬調；至於一九五〇年代以後的【雜唸調】，都以【七字調】起始，亦即唱段的第一句為【七字調】，隨後才接唱【雜唸調】。

3.【都馬調】

歌子戲中的【都馬調】云為吸收自福建的都馬戲而來，一九三〇年代的歌子戲尚未見使用該曲調，到了一九五〇年代的廣播歌子戲，則已經普遍演唱該曲調。根據中國廣播公司保存的歌子戲音樂錄音帶，【都馬調】與【七字調】一般，仍以四句唱詞為一個樂段，唱詞的形式基本上以七字為一句，至於演唱方式，可以為兩個腳色之間的輪唱，例如《陳三五娘》中的〈五娘思想〉[30]：

五娘：來去花園看百花，五娘心悶頭犁犁，滿腹痛苦無處通講起，思思念念三哥伊一個。

益春：你我相招欲來去，來去花園看景致，為著三哥來所致，不幸教阮甭相見。

五娘：娘嫺來到到魚池，池中金魚滿盡是，林大生歹可比土虱，三哥生水可比金魚。

第一樂段開始之前有四小節的過門，隨後兩樂段之前的過門皆為五小節，至於每樂段的第一句與第二句之間有二小節的過門，其他三句之間則無過門。《郭華買胭脂》的八句唱詞，則由旦腳王月英一人演唱：

---

30 本文所舉【都馬調】的聲音資料，都來自中國廣播公司保存的歌子戲錄音帶。

人阮一時有擔當，行出大廳開店門，想著阮姻親亦未甲人講倒當，
想著心肝祝正酸。
開門趕緊較有影，真濟客官門外一直行，打算欲買胭脂的物件，若
來甲伊問分明。

每個樂段前的過門為六小節，各段第一句與第二句之間有兩小節過門，
後面三句之間無過門。《補破網》一劇，小生楊鳳春以【都馬調】連續唱
了兩段唱腔：

為伊思想在房中，未通相見相團圓，小妹生美甲我意，害我相思在
眠床。
看伊生人看心中，不知何時攬做堆，你我相思有講起，害我歸暝睏
未去。

第一段前的過門為六小節，第二段之前的過門有七小節，不過從演唱
情況的觀察，應為演員遲滯了一小節，實際上該處過門的曲調仍為六小節，
兩段的第一句與第二句之間有兩小節過門，其餘各句之間無過門。

透過上述三齣戲的分析，可以看出【都馬調】與【七字調】一樣可以
演唱長篇唱段，以四句為一個樂段，每個樂段前的過門為六小節，每段四
句唱詞的安排，只有第一句與第二句之間有過門，且長度固定地為二小節，
其餘各句之間則無過門。從各句唱詞之間過門安排的情形，可以看出【都
馬調】較【七字調】的唱腔為緊湊，不過【都馬調】在速度方面並不若【七
字調】有緊慢的變化。據調查的二十三段【都馬調】唱腔，速度頗為一致，
約每分鐘七十二拍（beat），顯現出速度方面的一成不變的情形。

【七字調】

歌子戲〈英台思想〉
1925年
《聽到台灣歷史的聲音》

【七字調】

歌子戲〈陳三五娘〉
葉金鑾演唱
1958年

清早的起來

天阿分　明，　　亦我

必卿的坐落阿　在　大　廳，

父娘這個恩愛

生阮二個　子，阿

必賢來就是阿這個大　哥阿

名，　　就是這個大哥名。的

【七字調】

—高音唱法—

歌子戲〈金姑看羊〉
汪思明劇團
1951年

這是盡阮家中

這瘦食，

無錢 有影 這是通會來進 京，

恨阮 所做

敢會這歹 命，

我妻是 不知 這是阮的 心

肝， 不知是阮心 肝。

【江湖調】

歌子戲〈呂蒙正過五更〉
1930年代
《聽到台灣歷史的聲音》

♩≒110

日落西山啊

是暝昏伊，　　　我將這

我君你好來問。

人講是處無柴

又復加無米，

不過是處無通啊　通　煮處飯。

無通好來好煮　飯。

君兮。　　　　　　　　　蒙正復聽著

亂 紛 紛

唉 唷 喂 啊 兮，

小姐 妳 若 無 食 啊 睏 來 處 睏。

小 姐 兮 小姐 若 腹 肚

飢 伊 亦 著 睏 忍 兮，

明 早 起 天 光 我 才 落 街 來 去

分， 小 姐 伊

無 食 睏 來 睏 小 姐 伊。

【雜唸調】

歌子戲〈審郭槐〉
1936年
《聽到台灣歷史的聲音》

♩≒124

陳琳跪落是奏聖旨，　　神宗就是講起彼當

時，　貴妃劉氏共李氏，天下太平是戊辰年，

慶賀中秋來是完畢，神宗怨嘆是無子兒，　宸妃

跪落欲奏聖旨，身有龍胎講二月時，　可恨劉妃彼個

死賤婢，講有六甲講在身邊，神宗一時來出聖旨，

那有太子講來先出世，立做昭容是無差疑。　不覺

光陰是十月時，宸妃宮中是生男兒。　　劉妃郭槐是

用計智，假做好意來出請伊，　就將狸貓講來抓

起，斬頭剝尾是加剝皮，　就將太子是偷抱去，宸妃醉後都

全不知，　太子交代彼個寇宮女，欲去害死講金水池。

（下略）

【都馬調】

歌子戲〈陳三五娘〉
廖瓊枝演唱
1958年

A1
來阿去　花園

看　百　花，　　　　　　五阿娘　彼個　心悶

頭犁　犁，　滿腹　的痛苦　無處通好說，

思阿思彼個念念　三哥伊一　個。

A2
你阿我的　相招阿　欲　來

去，　　　　　來去　花園阿　看景

致，　為阿著彼個三哥　來所致，　不阿幸

悲切類

　　從一九三〇年代的歌子戲唱片、一九五〇年代中國廣播公司保存的歌子戲音樂，一直到一九六〇年代作者少年時期所聽到的廣播歌子戲，悲情類的劇情在歌子戲中扮演相當重要的地位，以作者的親身體驗，農村社會的婦人每聽到演員於悲切劇情時所唱的唱腔，都會引起共鳴因而啜泣。這類唱腔的特點為演員演唱時帶有哭泣的聲音，因此，歌子戲劇場乃將這種帶哭泣方式演唱的唱腔稱為「哭調」。歌子戲形成過程中普遍使用哭調的情形，通常都將這種現象解釋為政治環境的影響。由於在一九四五年之前台灣曾受日本的統治，殖民狀態下的台灣，人民生活困苦，歌子戲劇場的

哭調適足以抒發人們心中的悲情。然而從一九五〇年代一直到一九六〇年代，台灣脫離日本統治已經一段時日的階段，哭調仍為歌子戲劇場的常用曲調之一，上述說法就無法解釋哭調仍然盛行的原因。

1. 哭腔式唱法

透過跨劇種的觀察，我們也能在北管古路戲中發現哭腔的使用，如〈雷神洞〉一劇，趙京娘在雷神洞內愁苦的一段唱段，即以哭腔的方式演唱【緊板】。又河南梆子與陝西梆子中也相同地有哭腔的唱法，演員在演唱該類唱腔時仍然運用哭泣的方式，所傳達悲切的情緒並不下於歌子戲的哭調。從上述粗略的考察，可以看到哭腔式的唱法並非歌子戲劇場的特有現象，因此，對歌子戲唱腔中的哭調，無寧將它視為戲劇反映普遍性社會生活的現象。傳統戲曲為農業社會的產物，在農業時期的舊社會，農村經濟落後，人們生活普遍貧苦，戲劇演員觀察到這種社會現象，在舞台上藉著哭腔唱出人們悲苦的心情，以博得觀眾的共鳴，這種情形相當符合戲劇發展的原則。從一九八〇年代以後，哭腔已經淡出歌子戲劇場，也反應前述所言的戲劇發展軌跡。

2. 哭調的曲目

廣義的哭調，為腳色處於極度哀傷的狀態時，演員以哭泣方式所演唱的調子，因此，凡是以哭腔的唱法演唱的曲調都可以稱為哭調，例如哭腔方式演唱的【七字調】被稱為【七字調哭】即是一例。至於一九三〇年代的歌子戲劇場除了以【七字調】敘述悲切的情感，也經常以哭腔的方式演唱【江湖調】，所造成愁腸寸斷的戲劇效果，甚至高於哭腔式的【七字調】。從曲調方面觀之，不論哭腔式的【七字調】或【江湖調】，與前文所述的敘述性【七字調】或【江湖調】是相同的，區別只有哭泣聲的有無，因此之故，本文所稱的哭調，並不包括該兩曲調。

根據呂訴上〈台灣歌仔戲史〉，哭調類樂曲計有：【大哭調】、【小

哭調】（又稱改良哭）、【艋舺哭調】、【鳳凰哭調】、【運河哭調】、【大哭四白】、【七字仔哭調】、【賣藥哭調】。此外，尚有二十個用於悲傷場合演唱的小曲[31]。該書所附有關哭調類的樂譜有：【大哭調】、【小哭調】、【正哭】、【萬華哭】、【彰化哭】、【宜蘭哭】、【台南哭】[32]，其中【大哭調】與【正哭】的曲調相同，應屬同曲的不同命名，【艋舺哭】與【萬華哭】為相同樂曲的不同名稱，至於【彰化哭】則與目前所稱的【破窯調】相同。歌子戲專家張炫文認為常用的哭調有：【大哭調】、【萬華哭】、【宜蘭哭】、【台南哭】、【彰化哭】，而【江西調】、【瓊花調】也屬於哭調[33]。徐麗紗認為哭調類的唱腔有：【大哭】、【艋舺哭】、【新哭調】、【台南哭】、【告狀調】、【新北調】、【七字哭】、【運河哭】、【賣藥仔哭】、【江西調】、【瓊花調】、【清風調】、【絲線調】、【金水仙】、【白水仙】、【三盆水仙】、【留書調】、【破窯調】、【破窯二調】、【文明調】、【霜雪調】、【嘆煙花】、【都馬哭】、【望月詞】、【廣東怨】、【日月嘆】等，共計二十七首[34]。

可能出自哭調具有地域特殊性的緣故，使得哭調的名稱與曲調並不一致，例如呂訴上〈台灣歌仔戲史〉上所稱的【反板哭】、【萬華哭】，歌子戲專家徐麗紗分別稱為【艋舺哭】、【新哭調】，她所蒐集的哭調類曲調也無【彰化哭】與【宜蘭哭】，而徐麗紗所稱的【新哭調】，張炫文則稱為【宜蘭哭】[35]。

---

[31] 引自呂訴上《台灣電影戲劇史》，第 243-24 頁。

[32] 參見呂訴上《台灣電影戲劇史》，第 249-250 頁，以及第 254-256 頁。

[33] 參見張炫文著《台灣歌仔戲音樂》，第 31 頁。

[34] 參見徐麗紗《台灣歌仔戲唱曲來源的分類研究》，第 166-167 頁。

[35] 【新哭調】的樂譜見徐麗紗《台灣歌仔戲唱曲來源的分類研究》，第 173-174 頁，【宜蘭哭】的樂譜參見張炫文《台灣歌仔戲音樂》，第 44 頁。

3.哭調

　　歌子戲劇場所使用的哭調類曲目雖相當多，從演唱技巧上言之，則可分為兩類型：一為文本內容雖哀傷，演唱方式則為尋常的唱法，亦即並未使用哭腔的方式演唱的哭調；二為以哭腔方式演唱的哭調。

【哭調】

歌子戲〈雪梅離別〉
1930年代
《聽到台灣歷史的聲音》

雪梅　我來　聽著

淚淋　滿，　　　公　公　你　不　免　心　掛

意，　　商　就　是　愛　玉　啊　　彼　是　愛　玉　伊　的　親　生　子。

人　伊　我　處　愛　玉

共伊　會　處　成　器，　　　　　愛　玉　正　是

會　成　器，　　公　公　伊。

【大哭調】

歌子戲〈陳三五娘〉
廖瓊枝演唱
1958年

跪　落　井　盤

哭　歹

命，　三哥你來放我　做你　行。

放欲　來奉陪　　　咱翁某

命。　　你死　放我　　哪做了　會

成。　　三哥再通你做　你　行，

哎唷心　肝　三　哥　啊。

【反哭調】

歌子戲〈陳三五娘‧投井〉
廖瓊枝演唱
1958年

歌子戲〈陳三五娘‧投井〉
廖瓊枝演唱
1958年

(三)抒情類

歌子戲主要藉著敘述類的樂曲陳述情節，在農業社會時期由於社會經濟不發達，農村生活普遍貧苦，故哭調類樂曲成為該時期的特色唱腔，除此之外，歌子戲劇場也有抒情類的樂曲，作為抒發腳色情性之需。由於可表現情性的幅度較寬廣，故這類樂曲的曲目占歌子戲音樂的比例較高，來源也較廣泛，除了屬於歌子戲固有的曲目之外，有吸收自傳統樂種如南管者，常見的南管滾門如【短相思】、【福馬】等；有吸收自福佬民歌者，如【丟丟動】（亦稱宜蘭調），或其他俗曲者。歌子戲吸收自其他樂種或民歌的部分，該些曲調特徵都可在相關的樂種或民歌中窺其全貌，本文僅簡要敘述屬於歌子戲固有部分的曲調。目前仍流傳於歌子戲劇場的抒情類樂曲，可以【告狀調】與【破窯調】為代表，因此本文僅選擇性地分析該兩曲。

1. 【告狀調】

根據現有的歌子戲音樂資料，【告狀調】盛行於一九五〇年代的廣播歌子戲，一九三〇年代日本所出版的歌子戲唱片中尚未見使用[36]。【告狀調】又稱【愛姑調】，根據歌子戲藝師廖瓊枝的說法，乃出於該曲調用於《詹典嫂告御狀》，用於告狀時所唱，其中女主角詹典嫂名喚愛姑，因此同一曲調乃有兩個不同名稱；另參照以呂訴上所著的〈台灣歌仔戲史〉，此一曲調在該書則標示為【宜蘭哭】[37]。即使呂訴上所見的歌子戲劇場，卻將本文所指的曲調稱為【宜蘭哭】，根據當前歌子戲文化圈的用法，【宜

---

[36] 1930 年代歌子戲使用的曲調情形，可參見《聽到台灣歷史的聲音》CD 中的歌子戲。

[37] 目前歌子戲圈所稱的【告狀調】，呂訴上《台灣電影戲劇史》第 256 頁的相同曲譜則標示為【宜蘭哭】。

蘭哭】已經被用以專指特定的哭腔式曲調，本文仍將此特定曲調稱為【告狀調】。

　　歌子戲劇場對【告狀調】的用法，已經將它視為抒情性的樂曲，以唱出腳色的心情，而非用於公堂告狀。該曲的唱詞由四句七字句組成，樂曲的句法極為工整，屬於典型的民歌體裁，如後面的譜例所示，該首曲子出自〈陳三五娘〉，由廖瓊枝女士演唱。

【告狀調】

2.【破窯調】

　　【破窯調】的名稱，並未見於呂訴上所著的〈台灣歌仔戲史〉，名稱仍來自廖瓊枝女士的說法，她謂此調最早用於〈狸貓換太子〉（亦稱〈宋宮密史〉）。又根據徐麗紗《台灣歌仔戲唱曲來源的分類研究》，謂【破窯調】也稱為【改良大哭調】[38]，她的資料仍來自廖瓊枝。本首曲調名稱

---

[38] 參見徐麗紗著《台灣歌仔戲唱曲來源的分類研究》，第198-199頁。

的由來，據廖瓊枝女士的說法，為上述劇目之中的李宸妃困居寒窯時所演唱，因此為名。由於呂訴上〈台灣歌仔戲史〉收錄了數量不算少的曲譜，透過樂譜的比較，可以發現該書雖無【破窯調】的名稱，確有相同的曲調，然而該書關於此曲調的名稱也不一致，或稱【歌仔調】[39]，也稱為【彰化哭】[40]。此一曲調的名稱，本文仍以歌子戲當前的習慣，將它稱為【破窯調】。

【破窯調】的初始用法，為特定腳色於特定劇目所演唱，然而一九五〇年代已經被廣泛地用於其他劇目。根據調查，《三娘教子》、《王文英認親》、《陳三五娘》、《玉蜻蜓》、《金姑看羊》、《郭華買胭脂》等劇都有使用此曲調，茲將上述六齣歌子戲中的【破窯調】唱詞採錄如下[41]：

《陳三五娘》：五娘坐落在房間，一個心肝都不清。想欲高樓看光景，通解我滿腹的心情。來去高樓想欲看光景。

《王文英認親》：店中煩惱無心情，不敢講出予人聽。文英做人這歹命，想欲回家不敢行。心肝啊喂不作聲。

《玉蜻蜓》：月姑想著心內悲，目屎流落在目墘。想伊冤家無情義，放我悽慘按呢生。皇天啊喂想著按呢生。

《金姑看羊》：金花想著暗自恨，傷心目屎做飯吞。夜來離去睏我君，變成這款心憂悶。皇天啊喂心憂悶。

---

39 將【破窯調】的曲調稱為【歌仔調】者，參閱呂訴上《台灣電影戲劇史》，第253頁。該首曲調只有旋律而無唱詞，拍子也壓縮為 2/4 拍。

40 將【破窯調】的曲調稱為【彰化哭】者，參閱呂訴上《台灣電影戲劇史》，第256頁。

41 本文的【破窯調】資料，皆採錄自中國廣播公司保存的歌子戲音樂。

《郭華買胭脂》：頭暈目暗站不住，行路強欲倒頭栽。那甬鬚鬢加
阮害，姻緣害阮做未來。皇天啊喂姻緣做未來。

　　上述唱段的文本雖不同，每個演員所唱的曲調可以說完全相同，唱詞
的形式也一致，為五句，前四句為七字句，第五句為感嘆的尾聲。樂曲方
面，第三、四句為第一、二句的反覆，毫無例外，曲調頗為抒情動聽，如
下面的譜例所示。

【破窯調】

歌子戲〈陳三五娘〉
廖瓊枝演唱1958年

㈣其 他

除了前述之敘述類、悲情類、抒情類等，屬於易於歸類的歌子戲音樂，且每類之中都有若干具有特徵的樂曲。此外，歌子戲唱腔中尚有頗具特點，而無法歸於相同的類目者，為了方便起見，乃將該些樂曲藉著本篇幅介紹。文中所用的資料，皆來自中國廣播公司的歌子戲錄音。

1. 行路類曲調

行路類曲調的用法，為腳色前往另一空間的過程中所演唱。戲劇舞台的時間不斷地推移前進，腳色的空間也隨著情節而改變，當腳色在同一場次有空間移動的情形時，歌子戲演員都會使用特定的曲調，以表現劇場空間的變化，此一手法可視為歌子戲劇場極具特色的技巧；反觀其他劇種雖仍有腳色空間移動的情形，不過所使用的唱腔仍為同類的曲牌或板式。

歌子戲劇場所使用的行路類樂曲計有【走路調】、【四空】以及【緊疊】，由於空間的移動有速度或心情上的區別，這三闋曲調乃各表現不同的情境。【走路調】為腳色在匆忙狀況下，需前往某處所處理事情時所唱，其中「走」的福佬話語意為「跑」，故【走路調】的語意為跑路所演唱的調子，如下例所示：

《李少明認妻》：乎我一身趕可緊，欲尋姑爺姑爺伊一身，為著當前正著陣，來去客店客店稍安身，狗咬猴。

《三娘教子》：將身趕緊緊來去，不通路中路中相延遲，永信才是來到只，欲去公親公親莫延遲，那咬猴。

《玉蜻蜓》：昭明趕緊欲來去，來去京城京城末延遲，亦欲○

○加扶伊，望欲在朝在朝為官兒，唉唷喂。

【走路調】的唱詞雖有不同，曲調幾乎完全不變，演員都直接唱詞套入樂曲，而不改變曲調的樣式，曲譜參見後面的譜例。唱詞主體形式為四句，每句的第二分句為第一分句的呼應，最後則加上感嘆式的語辭。

【四空】又稱為【腔子】，也是腳色於移動前行的狀態下所演唱。根據音樂學者徐麗紗的研究，該曲調為吸收自北管戲【梆子腔】[42]，不過如從唱詞形式觀之，兩者仍有基本差異。歌子戲【四空】的唱詞為三句，每句之間有過門，第一句的兩分句之間也有過門，唱詞內容如下兩例所示[43]：

《玉堂春》：將身做緊做緊要來去，欲甲堂春伊相辭，做緊望路要來去。

《玉蜻蜓》：一路迢迢迢迢緊來去，來去盤問便知機，來去盤問便知機。

文本雖然不同，腳色的動作則大體相同，且樂曲的旋律也不因唱詞的不同而被改變。

【緊疊】為腳色處於匆忙的狀態下，欲前往他處時所演唱，故演唱速度相當快，可以說此曲調為歌子戲音樂速度最快者。本調的唱詞為三句，不同劇目所唱的詞文相同性頗高，如下諸例所示：

《三娘教子》：緊來走，咿咿咿咿，將身望路欲來去，將身望路將身望路緊來去。

---

[42] 參見徐麗紗著《台灣歌仔戲唱曲來源的分類研究》，第 275 頁。

[43] 北管戲【梆子腔】的唱詞為四句，整齊的七字句型，曲調可參見呂錘寬著《北管音樂概論》，第 179 頁。

《玉蜻蜓》：緊來走，咿咿咿咿，母子趕緊欲來去，往在家中往在家中莫要延遲。

《補破網》：趕緊走，咿咿咿咿，趕緊落山欲來去，來去做賊來去做賊甲人搶錢。

不同演員所唱，僅唱詞內容有別，曲調方面則幾乎完全相同。根據音樂學者徐麗紗的研究，【緊疊】來自南管的曲調【二北疊】[44]，此說法的有力佐證為，演唱時第一句唱腔之後有一段以「伊」運腔的拖腔，若干演員於該處都有相當明顯的頓挫[45]，其頓挫方式相同於南管藝人的運腔方式。

【走路調】

歌子戲〈李少明認妻〉
陳金鑾演唱
1955年

予我一身　　趕可緊，

欲尋姑　爺　姑爺伊一身，

為著　當前　來眾　到　陣，　　　復

來去街　店　街店　通安　身。　狗咬　猴。

---

44 【緊疊】來自南管【二北疊】的說法，參見徐麗紗著《台灣歌仔戲唱曲來源的分類研究》，第282頁。

45 中國廣播公司保存的歌子戲音樂資料中，汪思明所演唱的【緊疊】具有南管式頓挫的特徵。

【緊疊】

歌子戲〈陳三五娘〉
陳金鑾演唱
1958年

趕 緊 走， 阿 伊 伊

伊 伊 我 將 身 趕 緊 欲 來

去， 不 通 路 中 不 通 路 中 再

延 遲。

2.【大調】

　　【大調】亦為歌子戲常用的唱腔，它的名稱會讓人聯想到樂曲音階結構的大調、小調，實際上它僅單純地作為唱腔名稱。【大調】的旋律頗為流暢動聽，音域也偏高，屬於歌子戲中較高亢的曲調，不過此調並非獨立的唱腔，在唱過完整的樂段之後，通常都需接唱【七字調】作為結束。

　　歌子戲中另有一旋律與【大調】頗為相同的曲調【倍思】，根據呂訴上〈台灣歌仔戲史〉的分類，將該兩曲調歸為助場類[46]，而於【大調】的曲譜處則另有「台灣調」的標示[47]。根據音樂學者徐麗紗的比較，她認為兩首曲子基本相同，而【大調】的唱腔較高亢，【倍思】音域稍低沈，至

[46] 參見呂訴上《台灣電影戲劇史》，第 243 頁。

[47] 參見呂訴上《台灣電影戲劇史》第 247 頁的【大調】曲譜。

於兩曲調可能都屬於錦歌【五空仔】的變奏[48]。根據中國知名音樂學者王耀華教授的研究,謂錦歌的【五空仔】也稱為【大調】或【丹田調】。根據作者的比較,其旋律與歌子戲的【大調】相同[49],這顯示該曲調應屬於歌子戲在早期的形成過程中,就已經從福建錦歌吸收進來。這是有關歌子戲【大調】來源的一般推測,實際上南部的南管系樂種太平歌中的【歌頭】,其曲調仍與歌子戲的【大調】相同。

【大調】的唱詞形式固定,為七字句、四句,大多用於表現較富戲劇性的情感,如下諸例所示:

《陳三五娘》:陳三一定,伊,愛樂暢,依囉伊,來學磨鏡是估不彰,伊,五娘共我有意向,伊,愛情拼死亦可強,依囉伊依囉伊。

《金姑看羊》:金花趕羊,唉唷喂,到南山,依囉伊,受風受雨受飢寒,唉唷天啊喂,單像牡丹尋無伴,依囉伊,為君受苦千萬般,依囉伊。

《郭華買胭脂》:回返家中,依囉伊,在眠床,依囉伊,為伊掛念心肝酸,唉唷娘子啊,為伊腹肚未食飯,依囉伊,為情來消瘦來青黃,依囉伊依囉伊。

《補破網》:將身死死,依囉伊,在房內,依囉伊,為著娘子一身愛,伊,不知何時見面,伊,不免予我日夜思,依囉伊依囉伊。

【大調】的唱腔頗具特殊,第一句被聲辭「伊」或「伊羅伊」切割為兩分句,隨後每句之間都仍有固定的聲辭「依囉伊」。

---

[48] 錦歌【五空仔】與歌子戲【大調】、【倍思】的比較,參閱徐麗紗撰《台灣歌仔戲唱取來源的分類研究》,第122-131頁。

[49] 福建錦歌【五空仔】(或大調)的曲譜,參見王耀華著《福建民間音樂簡論》,第262-265頁。

【大調】

展　演

　　歌子戲為合音樂與舞蹈表演於一體的綜合藝術，其展演包括視覺以及
聽覺，後者包括演員的歌唱以及後場樂師所演奏的器樂，其中則以唱腔為
歌子戲音樂的特色組成，至於後場器樂多屬於吸收自北管牌子以及絃譜。
本節將從唱腔的唱唸法、後場伴奏方式兩方面，分析歌子戲唱腔部分的特
點。

㈠唱唸法

　　相較於南管曲的典雅細膩、北管戲曲的高亢性格，歌子戲唱腔無疑地
較為質樸無華，很容易可以聽得懂，因此被一般民眾接受的程度相當高，
不若南管或北管音樂，主要為流傳於特定的階層——南管館閣或北管館閣。

1. 演唱語言

　　歌子戲劇場所使用的語言通稱為台語，實即福佬語，而福佬語分布全
台各地，各個縣市地區的福佬語仍有聲、韻或腔調上的差異性。一般而言，
各劇種雖都使用當地的語言：如源自泉州的南管戲（又稱梨園戲），所使
用的語言為泉州市內通行的語言；北管戲曲使用的正音，為明清時期的官
話。歌子戲既然起源於宜蘭，歌子戲劇場的語言是否採取宜蘭地區的腔調
作為口白或唱腔的標準，如同京劇有京白與韻白的情形？

　　根據實地調查經驗，歌子戲演員在處理說白或唱腔的語言時，與演員
日常生活的語言並無差異，亦即歌子戲劇場的語言尚未藝術化，仍為演員
平日的生活語言。如觀察一九三〇年代的歌子戲音樂，其中多數劇目的說

白或唱腔所使用的語言腔調為一般的福佬語腔調，不過仍有演員以宜蘭地區的腔調演唱。如〈雪梅離別〉中【大哭調】的「公公我欲來轉去」，其中的「轉」演唱者的發音為 tu^ni^{n2}，通常的福佬語的發音則為 tng^2。此外，也有若干以所謂的海口腔演唱者，如〈福州奇案〉中【新春調】的「我君落街去」，其中的「街」語音作 kue^1，說白中的「一百斤」的「斤」語音為 kun^1 等，都屬於海口音的特殊腔韻；如為一般的福佬語，兩個唱詞的語音分別為 ke^1 與 kin^1。

2. 唱詞的處理

歌子戲之所以能普遍受到民眾喜愛的原因之一，故事題材不流於多數劇種的俗套，以中國歷史故事或教忠教孝為內容，而是以常民的生活為故事背景，因此容易引起人們的共鳴。另一因素當為歌子戲劇場的語言，包括說白與唱腔，都為市井俚巷所使用的語言，人們不但能輕鬆地掌握，且其中的語彙是如此地與自己的生活貼近，這應為歌子戲在產生迄今將近百年以來，仍盛行於台灣民間的主要因素。

歌子戲唱詞所使用的福佬語腔調，雖有地方性的細微差異，該些差異的腔調應視為演員的個別現象。造成歌子戲音樂語言生動的要素，據個人觀察，應為歌子戲唱腔中的唱詞通俗易懂，以及詞句的生活化。例如作者曾於課堂中播放一段《陳三五娘》中的【七字調】[50]，同學雖為第一次聽到該唱腔，仍能聽出其中的唱詞，並且也覺得文本頗為親切；隨後本人又播放一段北管古路戲曲（〈百壽圖〉中的【流水】）以及南管曲，同學則無人能聽出唱詞內容。

歌子戲唱詞生動的因素，為演員常於唱詞中適時地加入聲辭以及語辭，其中聲辭為不具語意的聲音：以羅馬音標言之，計有 a、e、o；以漢字表示為：a－阿，e－下，o－喔。關於唱腔中的聲音 e，有些論著以「兮」表

---

[50] 該段唱腔的曲譜參見前文的【七字調】。

示，然而「ㄏ」的語音實為 he（喜嘉切）[51]，亦即該字的語音乃由聲母與韻母組成，並非單純的母音字。

　　語辭為對文意不具關鍵作用的詞組，然而對句子表達的生動性則有一定的作用，這類語辭主要有：這個、彼個等。以【七字調】的文本言之，多為整齊句型，以七字為一句，例如《英台思想》中的【七字調】：

　　聽見孤雁哀怨聲，為了英台無心情，我心可比白鶴子，欲來思想飛
　　向兄。

　　據考察，上述唱段可能參考了七字歌〈英台回家相思〉中的第三行唱詞[52]：

　　聽著孤雁啼哭聲，鬧得英台無心情，乎我可比白鶴子，飛去武州尋
　　梁兄。

　　根據一九三〇年代歌子戲演員的演唱，唱腔中的本辭、聲辭以及語辭全部聽寫出來，如不將唱詞的屬性加以分別，則上述唱腔的文本為：

　　聽見是處孤雁下哀下怨下聲喔下，為阿了阿英阿台阿在無處心阿情
　　阿，我心是處可阿比阿是欲白鶴子，欲來去思阿想阿欲飛阿欲向這
　　來兄。

　　上述文本實包括本辭、語辭、以及聲辭，如以字型與字體區別主從關係，上述唱腔中的文本則為：

---

[51] 「ㄏ」的語音，參閱沈富進《彙音寶鑑》，第 97 頁、100 頁。
[52] 引自七字歌〈英台回家相思歌〉上本（1971，竹林書局）。

聽見是處孤雁下哀下怨下聲喔下，為阿了阿英阿台阿在無處心阿情阿，我心
是處可阿比阿是欲白鶴子，欲來去思阿想阿欲飛阿欲向這來兄。

上述文本中楷書體部分為本辭，正體的細明體為語辭，斜體的細明體
為聲辭。在語辭與聲辭的作用下，使得唱腔的語意不但易於聽懂，且增加
了文本的生動性。一九三〇年代歌子戲演員對語辭與聲辭的運用極為普遍，
例如〈呂蒙正過五更〉中的【江湖調】：

日阿落西山是阿暝昏伊，我將這我君阿你好來這個問下，人講是處
無柴呵又復甲無米，不過是處無通阿通煮處飯阿。

相同地，上述唱腔中的文本包括了本辭、語辭以及聲辭，如將三者以
不同的字型標示，則上述唱腔的文本為：

日阿落西山是阿暝昏伊，我將這我君阿你好來這個問下，人講是處無柴呵
又復甲無米，不過是處無通阿通煮處飯阿。

一九五〇年代歌子戲演員對唱腔中的唱詞處理，仍然自由地運用語辭
與聲辭，以增加文本語意的生動，如《陳三五娘》第一場的〈陳三送嫂〉，
陳三所唱【七字調】的文本為：

清早下起來天阿分明，亦我伯卿下坐阿落阿在大廳下，父娘這個恩
阿愛生阮二個子阿，伯賢來就阿是阿大下哥阿名下。

上述資料的錄音日期為一九五八年，演唱團體為汪思明歌劇團。根據
歌子戲藝師廖瓊枝的回憶，演唱小生的演員為葉金鑾。如將本辭、語辭以
及聲辭分開，上述唱腔的文本為：

清早*下*起來天*阿*分明，亦我伯卿*下*坐*阿*落*阿*在大廳*下*，父娘這個恩*阿*愛生阮二個子*阿*，伯賢來就*阿*是*阿*大*下*哥*阿*名*下*。

將語辭、聲辭析離之後，可以清楚地看出唱詞形式為七字句的特徵。接於〈陳三送嫂〉之後的〈花園遊賞〉，五娘的【七字調】唱腔中的文本為：

來姓黃碧姬就是我的阿名喔，彼個九郎阿就是阿阮的來阿爹阿，父母下單生阮二個查某子，亦未甲阮阿做來親阿情喔。

上述唱腔仍由本辭以及語辭、聲辭所組成，如將後兩者分析出來，則唱段的本文為：

來姓黃碧姬就是我的*阿*名*喔*，彼個九郎*阿*就是*阿阮的*來*阿*爹*阿*，父母*下*單生阮二個查某子，亦未甲阮*阿*做來親*阿*情*喔*。

從聲音判斷，演唱者為廖瓊枝女士。又接於本段之後的〈五娘閨怨〉，廖瓊枝女士所唱【七字調】的文本為：

五娘坐落在房間阿，每日阿的心肝喔攏下來未阿清阿，彼個郎君生美又復好心阿性，不知下長阿時才會復再見阿面阿。

將語辭、聲辭分析出來之後，該唱段的本辭為：

五娘坐落在房間*阿*，每日*阿*的心肝*喔*攏*下*來未*阿*清*阿*，彼個郎君生美*又復*好心*阿*性，不知*下*長*阿*時才會復再見*阿*面*阿*。

3.運腔方式

歌子戲的曲調來源有多種，計有歌子戲固有曲調、吸收自傳統樂種如南管與北管的曲調，以及吸收自民歌的曲調。由於曲調的來源不同，因此演唱時演員也有不同的運腔方式，以表現出曲調的文化背景。

(三)後　場

歌子戲在形成過程中雖不斷由簡而繁地發展，它的基本形式──藉著音樂與舞蹈以述說故事的形式並未改變，而這一基本形式也將演出者分成故事的演述者──演員，以及音樂的伴奏者──樂師。演員所形成的團體概念為「前場」，他們的表演空間在舞台的前方；後場樂師的演出空間其實並非舞台的後方，而是在舞台的兩側。前場演員的音樂稱為唱腔，隨著歌子戲的發展不斷地有所演變；後場樂師所演奏的音樂稱為後場樂或過場樂，這個部分並非本書討論的對象，可參閱本書的另編《台灣傳統音樂概論－器樂篇》。不過前場演員演唱之時，後場樂師仍須依著唱腔予以伴奏，而這一伴奏唱腔的樂隊隨著歌子戲的發展，仍呈現演變的現象。

1.傳統型態的後場

所謂傳統型態的後場並不容易界定，本文所取的定義為樂隊的編制具有文場與武場的區劃或概念，使用的樂器為漢族傳統音樂所習慣使用者。在此定義下，作為本文描述或分析的對象，約為一九六〇年代以前的歌子戲，有實體依據的材料為宜蘭本地歌子戲、《聽到台灣歷史的聲音》中的一九三〇年代歌子戲音樂，以及中國廣播公司所保存的一九五〇年代歌子戲音樂。

宜蘭地區的落地掃形式的歌子戲所使用的樂器，基本上只有旋律性樂器，以及若干小件節奏樂器，這種型態的表演尚未有文場與武場的區劃。

最起碼從一九三〇年代開始，歌子戲的後場已經分為文場與武場，武場的樂器分為鼓板與銅器：鼓板類樂器包括單皮鼓、扣板以及通鼓，銅器包括鑼、小鑼、鈸（俗稱鈔）。一九五〇年代廣播歌子戲的武場樂器大抵是如此，即使目前外台歌子戲的武場樂器，基本上仍是如此。伴奏歌子戲唱腔的樂隊，雖然也偶見使用武場樂器，不過武場樂器通常僅用於唱腔起始前的鑼鼓，如【七字調】的起始鑼鼓：｜倉｜倉倉｜切爹爹｜倉｜[56] 唱腔中通常並不使用鑼鼓，以避免鑼鼓音響掩沒歌唱聲部。換言之，作為唱腔的伴奏，主要為文場樂器。

除了吟詩調為徒歌式的吟誦，所有歌子戲唱腔都有後場樂隊伴奏，至於所用的樂器，則隨著時代以及演出場所而有不同程度的差異。宜蘭地區落地掃型態的本地歌子戲，應可視為早期的歌子戲，所使用的樂器為殼子絃、月琴、大廣絃、洞簫、品，此外並有小型的節奏樂器四塊、叫鑼、木魚[53]。一九三〇年代的歌子戲，伴奏唱腔的樂隊編制，較常見者為殼子絃、月琴、大廣絃，此外，仍有殼子絃、月琴、品，或殼子絃、品、三絃[54]，或殼子絃、管子[55]。從樂隊編制的慣用性言之，主要樂器當為殼子絃，品或管子屬於配插性的樂器。一九五〇年代中國廣播公司錄製的歌子戲音樂，後場樂器仍以殼子絃、月琴、大廣絃為主，偶有使用管子或洋琴的情形，如《玉蜻蜓》使用的樂器即有殼子絃、洋琴、管子。不論一九三〇年代或一九五〇年代，當演唱吸收自北管扮仙戲的曲調【梆子腔】時，都相同地使用海笛伴奏，該件樂器為最小型的嗩吶，俗稱為「叭子」（語音作tat[4]）。

---

[53] 宜蘭本地歌子戲的後場所使用的樂器，可參考《陳旺欉宜蘭本地歌仔劇目選粹》。

[54] 此編制可見於《審郭槐前集3》（《聽到台灣歷史的聲音－歌子戲之三》）

[55] 使用管子的情形，可見於《審郭槐後集1》（《聽到台灣歷史的聲音－歌子戲之三》）

[56] 鑼鼓通常以狀聲詞表之，寫法並不一致，此處的用法：倉－銅器合奏，切－鈔，爹－響盞。

2.當前的歌子戲後場

通常對「當前」時間起點的描述相當含糊，本文當也無法避免，不過論述的主要觀察為相對於「傳統型態」的後場。當前歌子戲後場所使用的樂器以及樂隊編制較為多樣化，使用傳統的節奏性樂器與旋律性樂器的情形仍可見，在這種情形下的樂隊，仍劃分為文場、武場運作。另一種普遍為「文化場」所採行的樂隊則為「國樂化」的編制。所謂「文化場」，指由政府機構委託製作或贊助的演出，場所為城市的各型展演空間，偶而也出現於廟前的廣場。

當前以文場、武場為基礎區劃的編制，仍完全使用傳統樂器的現象尚稱普遍，另一種現象為在傳統編制的架構中引用西洋樂器。例如一九八三年十一月八日至十一月十一日在宜蘭舉行的『北區六縣市歌子戲比賽』，就已經有劇團引用電吉他或薩克斯管（saxophone）[57]；實際上於一九八〇年代，已經有些劇團於武場中加入爵士套鼓。這種現象今天仍可以見到，具體情形為一套傳統的武場樂器板、扣板、通鼓、大鑼、小鑼，並加入兩個西洋小鼓（side-drum）與鈸（cymbal），文場部分為嗩吶以及電吉他[58]。

民國八十年代以來，在教育部、文建會以及各縣市政府的獎助或支持下，產生了所謂的「文化場」演出的歌子戲活動，這類演出經費較民間廟會前的表演豐厚，且演出團體也需有一定的成果展示，因此，後場樂隊編制有較明顯的變化，亦即使用的樂器種類、數量等，都較傳統型態為多，有「國樂化」的現象。例如二〇〇三年台北市保安宮舉行『保生文化祭』，其中的「民間劇場字姓戲」系列傳統戲曲表演中的歌子戲部分，參與該次演出團體的後場樂隊編制見後表：

---

[57] 在該次歌子戲比賽使用電吉他的劇團，為新竹的錦上花與宜蘭的東興歌劇團，使用薩克斯管者為桃園的日月光歌劇團。

[58] 2004 年 5 月 3 日（農曆 3 月 15 日）為保生大帝聖誕，台北市社子區（延平北路七段）順元宮前有歌子戲演出（台北市秀枝歌劇團）活動，其後場編制即如此。

表 5-1　2003 年『保生文化祭』歌子戲演出之樂隊編制表

劇團名稱	劇目	後場樂器
秀琴歌劇團	罪	電子琴、鼓、板、鑼、鈔、二胡、三絃、管子
薪傳歌仔戲劇團	五女拜壽	笛、簫、洋琴、秦琴、月琴、殼子絃、六角絃、鐃鈸、大鑼、小鑼、鼓
河洛歌子戲團	菜刀、柴刀、剃頭刀	大提琴、笛、簫、洋琴、殼子絃、月琴、鼓、板、小鑼、鈸
陳美雲歌劇團	鍾馗嫁妹	電子琴、殼子絃、洋琴、笛、簫、鼓、鑼、鈔
秀枝歌劇團	潞安州	笛、簫、電子琴、三絃、大廣絃、嗩吶、鼓、鈔、鑼
新櫻鳳歌劇團	慈母淚	電子琴、三絃、和絃、鼓、小鑼、大鑼、鈔
保安宮歌仔戲社	梁祝	洋琴、直笛、品、簫、管子、三絃與月琴（共計六人）、殼子絃與和絃等（共計九人）、鼓、板、鑼、鈔
陳美雲歌劇團	樊梨花斬子	電子琴、殼子絃、洋琴、笛、簫、鼓、鑼、鈔
唐美雲歌仔戲團	龍鳳情緣	鼓、板、鑼、鈔、殼子絃、三絃、笛、簫、洋琴

　　除了使用的樂器多樣化，編制方面也已經不是傳統編制所謂的「兩人組」[59]，而是將近十人或十餘人的樂隊。

　　歌子戲後場編制的「國樂化」，或引用電吉他、薩克斯管，對歌子戲

---

[59] 傳統戲曲後場編制的「兩人組」，指文場與武場各兩人。

唱腔色彩產生較大的改變，如果稱傳統編制所展現的是唱腔風格較為明顯，則國樂化或加入兩件音色突出的西洋樂器，已經使前場音樂傾向器樂化，唱腔的色彩有淡化的趨勢。

🔲 伴奏方法

　　歌子戲後場樂師的工作包括：為演員的唱腔伴奏，以及為科介性的動作演奏過場音樂。為唱腔伴奏的方法，基本上分為獨立的過門以及唱腔中的伴奏：

1. 過門部分

　　歌子戲唱腔常見的固定伴奏模式之一，就是以三小節的鑼鼓作為引導，接著為三小節的絲竹過門，該段過門幾乎用於所有【七字調】的起唱。為便於了解，本文稱該過門為【七字調】起腔過門，它的節拍與旋律如下：

　　該段過門除了作為【七字調】唱腔的起始，並用於其他許多歌子戲唱腔，據初步調查，使用該段旋律作為起腔的曲調，根據所見，計有：【都馬調】（如《玉蜻蜓》）、【大調】（如《玉堂春》、《補破網》）、【走路調】（如《玉蜻蜓》、《三娘教子》）、【雜唸調】（如《陳三五娘》）、【腔子】（如《王文英認親》）、【病子歌】（如《三娘教子》、《王文英認親》、《玉堂春》）。

　　不同曲調的歌子戲唱腔，當使用於不同劇目或不同場次的唱段時，唱腔的結構是相同的，亦即句子間的過門是相同的；不過由於樂師的音樂天

賦、養成訓練以及演出當場的氣氛等因素，故實際演奏時仍有若干程度的差異，以【七字調】為例，每個完整唱段中的唱腔與過門的關係為：

（起腔過門）第一句第一分句（過門1）第一句第二分句（無過門）第二句（過門2）第三句（過門3）第四句

起腔過門含的鑼鼓與絲竹旋律各三小節，第一句的兩分句間的絲竹過門為四小節，第二句與第三句、第三句與第四句之間的過門皆為六小節，此為【七字調】的通例。實際上當然也有特例，如【七字調】以疊句方式演唱時，句子間的過門則可以省略。以第二句與第三句之間的六小節過門為例，同一樂師於不同場次的演奏以及不同樂師之間的演奏，即有如下的差異，下例【七字調】過門比較計有五個不同的演唱，五線譜的一至二行為《玉蜻蜓》、第三行為《玉堂春》、四至五行為《陳三五娘》，錄音資料來自中國廣播公司保存的歌子戲音樂：

【七字調】過門

五首不同場合的相同唱腔，殼子絃的伴奏手法並不一致，在維持骨幹音的基礎上，所加的裝飾音有繁簡的差別。

2.唱腔中的伴奏

唱腔中的伴奏，原則上為「依腔而和」，意為演員演唱時，樂師所採取的演奏方法，基本上為隨著唱腔的旋律演奏。不過演員所演唱的旋律，常隨著唱詞的聲韻或聲調，而有若干程度的差異，樂師並無法完全掌握隨機性的曲調差異，因此，形成歌唱聲部與伴奏聲部略有不同的情形。這種現象經常被解釋為戲曲音樂的即興，我們的觀察則非如此，根據後場樂師的觀點，最理想的伴奏實為盡量與演唱者的唱腔一致。

敘述性的樂曲如【七字調】，由於唱詞的變化性極大，句子的基本形式雖為七字，實際上則能自由地增加襯字或語辭，而基本的七字句並無平仄的格律規範，因此，幾乎沒有兩段相同的【七字調】旋律。由於【七字調】唱腔有這樣的特性，後場樂師要掌握演唱者的旋律頗為困難，故唱腔中樂師常不演奏，亦即演員歌唱時，伴奏聲部為休止的，一九五〇年代的【七字調】多為如此。多數的歌子戲唱腔，樂師皆於演員的演唱中予以伴奏，基本上伴奏旋律與唱腔需一致；而如為音樂性較佳的樂師，有時也能見伴奏聲部與唱腔具有對唱的情形，在這種情況下，則形成複音的音樂現象。如〈陳三五娘〉，由廖瓊枝女士演唱的【都馬調】，唱腔與伴奏的曲調如下：

【都馬調】

歌子戲〈陳三五娘〉
廖瓊枝演唱
1958年

第四節

台灣說唱中的歌子調

用於歌子戲的唱腔，同時也運用於一種被學術界稱為「台灣說唱」的表演形式。

㈠台灣的說唱略述

說唱，為一種藉著敘述與歌唱的方式，以表現某一特定的故事，這種藝術形式，音樂學界將它稱之為說唱，例如中國當代的傳統音樂五大類中，就有一類為說唱音樂。換言之，說唱為一種講唱的形式，主要的內容為描述歷史或民間故事，其中敘述與歌唱的比例有所不同。有些說唱的歌唱性較強，如蘇州彈詞，它的音樂性強過敘述性，知名彈詞演唱者楊錦池所演唱的〈杜十娘〉、〈林沖夜奔〉等，可視為風格古樸的蘇州彈詞[60]；至於中國北方稱為「大鼓」的說唱，其敘述性則強於歌唱性，如一九七〇年代知名的說唱藝人張天玉，曾表演過的說唱種類即有八角鼓、梨花大鼓、木板大鼓、京韻大鼓以及西河大鼓等[61]，這種體裁的說唱已經近於說書。

台灣民間有一種彈唱敘述故事的形式，它的歌唱性頗強，民間稱該表演形式為「唸歌子」（liam³ kua¹-a²）；另一方面由於有部分屬於勸人為善的內容，故也稱為「勸世歌」，或稱為「勸世文」。這種表演形式所敘述

---

[60] 彈詞的有聲資料，可參見《中國民俗音樂專輯－蘇州彈詞》（1979，三重市：第一唱片公司出版，中華民俗藝術基金會策劃、許常惠教授編輯）。

[61] 該些不同的說唱大鼓，可參見《中國民俗音樂專輯－張天玉的民俗曲藝》，共計有兩張唱片（1980，三重市：第一唱片公司出版，該系列由中華民俗藝術基金會策劃，許常惠教授編輯）。

者，多為家喻戶曉的民間故事，因此，頗受中低階層民眾的喜愛，從一九六〇至一九七〇年代曾出版大量的該類唱片，可略窺一二。不過在當時並無「說唱」的詞彙，活傳統多以七字歌、勸善歌為稱，出版的唱片或標示以「閩南語民謠」或「台灣民謠」。唱片出版之外，新竹市竹林書局也曾出版這類說唱的唱本。

從出版的唱片觀之，七字歌的曲目有：孝子傳、勸善歌、雪梅教子、勸賭博、李三娘、十殿閻君、青竹絲奇案、金姑看羊、孝子大舜、周成過台灣、文禧戲雪梅、呂蒙正、呂蒙正賣離詩、呂蒙正樂暢姐、李連生什細記、詹典嫂告御狀、許夢蛟拜塔、孫臏學藝、劉庭英賣身等，各個唱本的故事，多數與歌子戲相同。

從出版的唱片資料觀之，說唱七字歌的演唱者計有呂柳仙、侯金龍、楊秀卿、陳清雲、黃秋田等，其中絕大多數的唱片都由呂柳仙所演唱。約一九八〇年代以來，學術界涉入傳統音樂的調查研究之後，接觸到的七字歌說唱藝人，已經只剩下楊秀卿一人，此時也將該種表演稱為「說唱」，或「台灣說唱」。

根據許常惠教授在《台灣音樂史初稿》的論述，他以曲調來源的不同，將台灣的說唱音樂分為：歌仔類、南管類、民謠類、乞食調類[62]。該分類並不完全正確，以曲調的來源為依據，台灣說唱中的七字歌類主要為歌子戲唱腔；如果將陳達個人的獨特說唱形式考慮在內，則台灣說唱的曲調包括了民謠類。然而不論如何，兩種說唱形式並無南管系統的曲調。根據該書在〈南管類〉的敘述之推測，許常惠教授可能認為南管指套的辭文具有故事性，乃將南管指套列入說唱音樂中的一類；實際上南管指套即使具有故事性，樂曲本身屬於純音樂形式，為器樂合奏，並非「唱中帶說」的形式。

---

[62] 參見許常惠著《台灣音樂史初稿》，第 171-177 頁。

㈢台灣說唱使用的唱腔

　　台灣的七字歌或唸歌所使用的曲調究竟為哪些？七字歌唱本中並未有任何關於曲調的標示。根據文建會發行的《楊秀卿的台灣說唱》[63]，楊秀卿在〈周成過台灣〉之中所使用的曲調共計有：七字仔、慢七字仔、七字仔哭、最古七字仔、都馬調、四空仔、文和調、江湖調、快樂調、董子哭、廣東怨、霜雪調、十二丈、相思苦、更鼓變調、陰調、雜唸仔，其中的七字仔、都馬調、江湖調分別使用四、二、七次。在「歌仔調曲牌介紹」與「勸人生（勸世歌）曲牌」所使用的曲調，前者計有：大調、四空仔、七字仔、江湖調、愛姑調、破窯調、都馬調、七字仔哭、廣東怨、觀音得道、二度梅、祭菊花、寫批調、審梅花、連文磨鏡；後者使用的曲調計有：七字仔、都馬調、江湖調、更鼓調、相思苦、車鼓調、留傘調、南光調，其中的七字仔、都馬調、江湖調分別用了二、三、七次。此處所稱的【七字仔】即【七字調】。

　　以楊秀卿演唱的七字歌或勸善歌觀之，此表演形式堪稱為歌子調的說唱，曲調總數雖多，主要的唱腔仍為歌子戲劇場常用的曲調【七字調】、【江湖調】以及【都馬調】，且該些曲調的旋律，與前述歌子戲中的曲調是相同的。

　　陳達在〈阿遠父子悲慘的故事〉中所使用的曲調，根據許常惠教授在〈陳達與恆春民謠〉中的解說，計有：思想起、五空小調、四季春、牛母伴、恆春調。其中的【思想起】應以【思雙枝】（su¹ siang¹-ki¹）為是，已見第二章〈民歌－福佬民歌〉的論述。而【牛母伴】，也有書寫為【牛母絆】[64]，兩者的語音完全相同，語意則有差別。而【恆春調】的名稱，根

據許常惠教授〈恆春民謠思想起之比較研究〉一文，將它作為恆春地區的民歌的總稱，如作為特定曲調的專稱，上述的【恆春調】他則稱為【台東調】[65]，至於【台東調】的曲調來源，有些研究指出它乃吸收自平埔族，故將該曲調稱為【平埔調】[66]。

㈢台灣說唱的表演形式

七字歌、或台灣說唱為一種生態極為微弱的表演形式，根據個人的了解，它主要藉著唱片形式流傳，活傳統的台灣說唱，北部地區從民國七十年代以來只有楊秀卿一人，南部地區則為陳達的個人表演。

楊秀卿的說唱形式，為她一人邊說邊唱，同時一面彈奏月琴，另一人（楊再興先生）演奏大廣絃伴奏，無論在何處的表演，形式大抵如此。說唱之中，由於故事具有腳色性，因此，說唱者也需根據腳色而變化聲口，至於聲口的變化並非採取北管戲的方式，小生為小嗓，老生為本嗓（或大嗓、粗口），而屬於歌子戲的方式。歌子戲的唱腔，無論小生、小旦或老生，都以本嗓演唱，不同的腳色乃以音色區別，亦即生腳的音色較陽剛，反之，旦腳的音色帶有嬌態，俗稱為「sa^{n}i^{n1}-na^{n}i^{n1} 氣」。

至於陳達的說唱，為由他一人從頭至尾以月琴伴奏，唱詞與伴奏之間的關係，為一句唱，之後隨即為月琴彈奏的過門，以此循環相間。內容為長篇的故事，不過都以唱的方式表達，並無說的方式，唱詞中雖有不同人物的變換，演唱的音色並無改變，不若楊秀卿女士的演唱，隨著腳色的改變而有音色上的變化。

頁，以及第二冊第 194 頁的譜例。

[65] 陳達所演唱的【恆春調】與【台東調】互稱的情形，參見許常惠著〈恆春民謠思想起之比較研究〉（《東海民族音樂學報》第一期，第 15 頁）。

[66] 將【台東調】稱為【平埔調】者，參見陳俊斌著《恆春調民謠研究》第一冊第 40 頁，以及第二冊第 178 頁的譜例。

第六章

偶戲唱腔

　　偶戲是台灣傳統戲劇之中，表演型態活潑又生動的劇種。在演出的形式、場面的劃分以及音樂的系統等方面，基本上與人戲相同；不過由於偶戲的戲台小，戲偶的體積相對於真人而言更是微小，因此，從表演的細部技巧以及音樂的運用上，諸如樂曲的節奏、速度以及運用等方面，與人戲仍有若干差異。台灣的偶戲皆由中國大陸傳入，它的歷史背景與演變等，屬於偶戲通論研究的範疇，至於偶戲在台灣的流傳情形，較早期的論著為呂訴上《台灣電影戲劇史》，該書的〈台灣布袋戲史〉、〈台灣皮猴戲史〉、〈台灣傀儡戲史〉等，對早期台灣偶戲之營運、發展等，皆有簡要的論述。

　　近年來有關台灣偶戲的專著，計有：江武昌《台灣布袋戲的認識與欣賞》（1995，台灣藝術教育館）、石光生《南台灣傀儡戲劇場藝術研究》（2000，國立傳統藝術中心）、金清海《合興皮影戲團研究》（1998，高師大國文系碩士論文）。偶戲音樂的論著則有：趙陽明《論新錦福傀儡戲團及其戲曲音樂》（1999，成功大學藝研所碩士論文）、徐雅玟《台灣之布袋戲後場音樂初探》（2000，台灣師大音樂系碩士論文）、張雅惠《潮調布袋戲金簪記音樂研究》（2000，台灣師大音樂系碩士論文）、李婉淳

《台灣皮影戲音樂研究》（2005，台灣師大民族音樂所碩士論文）。

　　台灣的偶戲，根據戲偶造型的不同，分為布袋戲、傀儡戲以及皮影戲，彼此的演出體系則相同，都有前場與後場的區劃，且偶戲前場、後場的特徵與人戲仍一致，不但如此，用於戲偶的唱腔，也多吸收自人戲，如北管戲曲、南管戲、京劇等之唱腔。

第一節

台灣的偶戲概述

　　根據戲偶的造型特徵，台灣的偶戲分為木偶與影偶。依操作方式的不同，木偶戲又分為以懸絲引動，與直接以手掌操弄，兩者的偶頭都為木雕，身體的部分則為以布裁製，再綴以手與腳。木偶以木雕刻，偶為圓雕，戲偶的造型立體，臉部的勾勒與人戲的腳色無異，服飾方面也都模仿人戲，可謂維妙維肖。影偶以牛皮刻製，再塗以彩繪，造型為平面的，並無立體感，至於色彩方面則頗為鮮明艷麗。

㈠偶戲的種類

　　台灣的戲偶，俗語稱為「戲尪」（hi²-ang¹）[1]。木偶戲方面有布袋戲、傀儡戲，影戲方面為皮影戲。偶戲的演出型態與人戲有基本上的不同，人戲雖有職業戲班，不過業餘的戲曲團體仍頗多，如過去的北管戲，演出團體之一即為稱為子弟館的業餘北管館閣，至於偶戲班都屬於職業性質。

　　布袋戲屬於木偶戲的一種，表演時以手掌操弄戲偶，因此，也稱為掌中戲，此種表演藝術普遍地分布於全台各地。從造型上論之，布袋戲的偶

---

1 「戲尪」（hi²-ang¹）的口語，習慣上都在語尾加「阿」（a¹）音。

頭有大小之分，劇場中將之區別為「大粒頭」與「小粒頭」：小粒頭的戲偶屬於純粹的木雕，北部若干知名的戲班，如王炎的哈哈笑、李天祿的亦宛然、許王的小西園，都使用這種造型的戲偶；大粒頭的戲偶並非全屬木刻，有一種乃採用稻殼為原料所製，稱為金光布袋戲的戲班，多使用這種戲偶，如民國五十至六十年代，風靡一時的布袋戲《六合三俠》、《大俠史豔文》等，戲偶的造型即屬於此類。

　　傀儡戲為以懸絲操弄的木偶戲，即中國古代所稱的懸絲傀儡，按中國古代的傀儡戲有多種，分別有懸絲傀儡、水傀儡、肉傀儡或藥發傀儡。以戲劇的功能論之，台灣的傀儡戲分為嘉禮以及除煞。根據實地調查所見，用於嘉禮場合的懸絲傀儡，分布於南部地區與金門，這種類型的偶戲用於結婚的拜天公、謝神、正月的拜天公。當前台南地區的民俗，子女結婚前的拜天公謝神，仍有聘請搬演懸絲傀儡的習俗，這種儀式性的演出多在半夜間十一、二點。金門地區的婚嫁習俗，仍有於拜天公場合請懸絲傀儡演戲的情形，儀式的時間則於上午舉行。至於正月期間的拜天公，各地廟宇甚至民宅，仍非常盛行懸絲傀儡戲。除煞的懸絲傀儡，演出場合為廟宇落成之時開廟門的除煞儀式，以及因不幸事件罹難亡身的處所，如車禍、水難等的肇事現場。這些場合的演出純屬儀式性，目的為將當場的邪煞不潔的事、物逐除，舉行的時間通常皆為深夜。

　　懸絲傀儡的分布情形，根據呂訴上的論著[2]，台灣光復前後，中部與南部有二十個戲團，不過該些劇團究竟屬於嘉禮場合表演或為除煞，從他的文章中並無法進一步地了解。據作者所知，以戲班的型態營務者，目前尚存者有宜蘭縣頭城鎮的新福軒、高雄縣的錦飛鳳、金門的新良興，此外尚有以跳鍾馗出煞者。

　　以懸絲表演的木偶戲，台人稱之為 ka^1-le^2 hi^3，案 ka^1-le^2 的漢文應作嘉禮，學術界皆書為傀儡，這當直接承襲中國古代的寫法。傀儡戲是否為懸

2　參見呂訴上，1961，第 471 頁。

絲傀儡的簡稱,本文無法解決此一歷史問題,從客觀描述台灣懸絲傀儡的文化現象論之,應從名稱上直接反映這兩種不同功能的偶戲。因此,南部與金門地區的懸絲傀儡,由於它的演出為吉事場合,故應作嘉禮戲(ka^1-le^2 hi^3)為是;至於除煞的懸絲傀儡,可逕稱為傀儡戲(khui^5-lui^2 hi^3)。

　　偶戲的另一類型為皮影戲,這種戲乃藉著操弄以皮革所製的戲偶,俗語皆稱為皮猴戲(phue^5-kau^5 hi^2)。根據作者的實地調查所見,皮影戲只流傳於台灣的南部,這點與呂訴上先生在民國五十年代所見的情形一致[3]。皮影戲的影偶為牛皮所製,表演的方式異於布袋戲或傀儡戲:後兩者乃直接在戲台上操弄戲偶,以展現於觀眾的眼前;皮影戲則以戲偶在透光的白色布幕後面,藉著強光將影偶打在布幕之上,使觀眾看到戲偶的影子,故稱為皮影戲。台灣民間稱這種戲劇表演為皮猴戲,應與皮影戲在台灣的發展過程中,以演出《西遊記》而大受觀眾歡迎與喜愛有直接關係,由於《西遊記》中的特徵腳色為俗稱潑猴的孫悟空,這種以搬演孫悟空而出名的戲劇,乃被稱為皮猴戲。

㈡腳色與動作

　　偶戲中的布袋戲、傀儡戲等,戲偶的造型皆隨著它所代表的腳色身分,而有不同的類型,情形與人戲一致。

　　布袋戲戲偶的造型[4],分為生、旦、淨、丑,依據年齡的不同,生行又分為小生與老生,旦行分為小旦、老旦,淨俗稱花臉,它與丑行並無年齡上的區劃。如根據腳色的身分,則分為文生、武生,或正旦、花旦。由於木偶以木頭雕刻,因此外型與人戲相同。傀儡戲或嘉禮戲,所用的戲偶較

3　皮影戲只流傳於台灣南部的情形,參見呂訴上著《台灣電影戲劇史》第425頁的敘述。

4　台灣的布袋戲戲偶造型,可參見吳榮昌、吳正德編校的《布袋戲布袋戲圖錄》。

布袋戲為少，種類沒有布袋戲之複雜，不過基本上仍可分為生、旦、淨、丑。至於皮影戲，它的戲偶造型雖為平面式，基本上仍有如人戲的生、旦、淨、丑的劃分[5]。

戲偶的動作，因腳色的不同而有幅度大小的區別，幅度大者如武生與淨，由於動作大，因此較無細節；小生、小旦的動作幅度較小，也較為細膩。至於丑行，它的動作仍大，卻不是粗線條性的運動方式，屬於難度較高的表演。

後場樂隨著每個戲偶的特性，有不同的音樂表現：大體上，性格文雅者節奏中庸，音色的變化較為平順；粗獷詼諧的腳色，音樂的節奏則較為輕快，音響也較有變化。

㈡場面之劃分

根據所執掌工作性質的不同，偶戲劇場仍與人戲一般，區劃為前場與後場。前場負責戲偶的操弄，由於戲偶也有分量輕重之別，主要腳色的分量多，動作細膩複雜，猶如人戲的生或旦類的腳色，因此，演師也分為頭手與二手。頭手演師為主要的操弄者，並負責說白與唱腔，而唱腔的部分亦可由後場樂師代勞。二手為助演性質，當場面的腳色多於兩名之時，則由二手撐弄其他的戲偶。二手通常為一名，場面大的演出仍有兩名二手之例。以劇團的營運言之，戲班的負責人皆為頭手演師，二手則為聘僱。

後場為音樂的演奏者，基本上再劃分為文場與武場，文場負責旋律性樂器的演奏，武場職司節奏性樂器。後場樂器中的鼓類與銅類樂器，由戲團的團主提供，文場樂器則由樂師自備。後場樂師為演出之時受戲班之聘所組成，戲劇結束之後即解散。

根據實地調查所見，中部北部的布袋戲、宜蘭縣頭城新福軒傀儡戲團、

---

[5] 皮影戲的影偶造型與分類，可參閱張榑國《皮影戲張德成藝師家傳影偶圖錄》。

金門的嘉禮戲、高雄縣的新錦福傀儡戲團，演出之時後場都劃分為文場與武場，不過人員的編制則有多寡的差異：新錦福傀儡戲團所使用的後場樂師為四人，文場、武場各兩名；金門或高雄縣的嘉禮戲演出，後場人員都只有兩名，亦即文場、武場各一人。

第二節

偶戲的劇目

　　布袋戲、傀儡戲以及皮影戲的戲偶造型與操作技術上，各有不同的特質，因此，也形成各自特有的劇目系統。

㈠布袋戲

　　一般而言，偶戲雖有劇目之說，演出之時頗為即興，基本上乃在總綱的架構下展開劇情，並無固定的說白或唱辭，從作者較為熟識的李天祿先生之演戲生涯，即可略知一二。

　　茲將有劇本可查的偶戲劇目略述如下。根據教育部編印的布袋戲資料6，由李天祿藝師口述的布袋戲劇本計有：掛印封金、過五關、取冀州、失徐州、白馬坡、南陽關、古城會、晉陽宮、魏徵斬龍王、薛仁貴征東、龍門陣、精忠報國、羅定良、鐵公案、小紅袍、虹霓關、白馬寺、番狀元、小八義、年羹堯、道光斬子、鮑自安打雷、乾隆遊西湖、金魁生、養閒堂、假按君、四幅錦裙記、金印記、劉西彬回番書、蜈蚣嶺、喜鵲狀元、天褒樓、蝴蝶盃、風波亭、烏袍記、乾隆遊山東、湯伐夏、豬八戒招親、火雲洞、大鬧天宮、寶塔記、連窯村。

---

6 參見由林保堯主編的《布袋戲李天祿藝師口述劇本集》（1995，教育部）。

　　另根據李天祿先生留傳下的資料，屬於南管戲劇目計有[7]：劉希彬、養閒堂、通（湯？）伐夏、金魁生、番狀元、取徐州、白馬坡、掛印封金、過五關、古城會、喜雀告、錦裙記、金印記、白馬寺、唐朝儀、打李道宗、誤斬馬州、風波亭、假案君、道光斬子、烏袍記、寶塔記、天波樓、遊大城、小紅袍、孫叔敖、朱泊藝、鬧蘇州、萬花樓、斬蛟龍、草船借箭、孔明請風、火燒七磐、華容道、取冀州、取宛城、取長沙、羅懿良、吳市吹簫、文召關。根據郭端鎮先生的整理，云李天祿的南管籠底劇目有[8]：打李道宗、武松殺嫂、羅定良審烏盆、武松打虎、王昭君、白扇記、陳世美、金印記、唐朝儀、二度梅、孟麗君、晉陽宮……共計四十齣。

　　潮調布袋戲的劇目，彰化縣員林鎮與台南縣下營鄉潮調布袋戲班共有的劇目為金簪記、李顏貴賣水，該兩齣戲也見於皮影戲，其他的潮調布袋戲劇目尚有：薛平貴征東、薛平貴征西、羅通掃北、反唐、薛剛鬧花燈、收旗、崔文瑞、掃西蒼、金石緣、二才子、秦世美反奸、李奇哭監、一門三及第、節義雙團圓、宋飛花偷金印、鄭思春、陳靖姑、封神榜、鋒劍千秋、隋唐演義、西遊記、南遊記、東遊記、乾坤印、八美圖、黃巢試劍、蔣興哥、莊子破棺等[9]。

㈢傀儡戲

　　由於台灣的傀儡戲分為吉事與凶事兩種不同場合，為便於區別，並反應它們的功能，本文稱吉事場合的懸絲傀儡為嘉禮戲，凶事場合者為傀儡戲。台灣的懸絲傀儡戲分為北部與南部兩種不同的系統，北部的傀儡戲用於除煞，這種場合的傀儡並不能稱為戲，俗皆稱這類型者為「跳鍾馗」，

7　引自郭端鎮著《布袋戲李天祿藝師》，第 69 頁。

8　引自郭端鎮著《布袋戲李天祿藝師》，第 65 頁。

9　潮調布袋戲劇目，引自張雅惠著《潮調布袋戲金簪記音樂研究》，第 27-28 頁。

屬於以戲偶代人的儀式，利用木偶形式的鍾馗，以逐除凶煞。北部傀儡戲班的分布，主要見於宜蘭縣，如宜蘭市的福龍軒（班主許天來）、頭城鎮的新福軒（班主林贊成），他們皆有學習北管戲曲的背景。

從民國七十年代之後，有些文化性的場合，如在鹿港鎮舉行的鹿港民俗節、文建會主辦的民間劇場，偶會聘請北部的傀儡戲班（多為宜蘭縣頭城鎮的林贊成先生）表演傀儡戲，所演出的劇目多為〈桃花女鬥周公〉。另根據曾擔任宜蘭市福龍軒傀儡戲班後場的王秋明先生表示，他們曾演出的傀儡戲劇目有：破五關、黑四門、渭水河、出京，該些劇目都來自北管戲，顯見北部傀儡戲與北管的密切關係。王秋明先生為宜蘭市總蘭社的館員，該館的文物於二〇〇二年贈送給國立傳統藝術中心，之後館閣形同散鋦，他乃於前年（二〇〇二年）創組宜蘭市西門總蘭社，有繼承原來總蘭社衣缽之意。

南部的嘉禮戲用於吉慶場合，如迎神賽會以及結婚的拜天公，金門地區傀儡戲的功能與此相同，該地區目前仍有此習俗，廟宇於正月的拜天公或結婚時答謝上蒼，聘請傀儡戲班演出酬謝神明的嘉禮戲。功能屬嘉禮性質的懸絲傀儡戲，演出的劇目皆屬於吉慶劇，所用的劇目計有：薛仁貴征東、薛仁貴封王、子儀封王、子儀教子、一門雙喜、七子八婿、父子狀元、狀元回府、童子戲球[10]。

㊂皮影戲

皮影戲的劇目，根據教育部出版發行的《皮影戲－張德成藝師家傳劇本集》，皮影戲項目的重要民族藝師張德成先生，其家族保存的皮影戲劇本有：高良德、秦大遊征交趾、二度梅、度滾歌、過五關、斬七將、鬧花燈、救木陽、催學忠、清風亭、打南昌、鄭三寶下西洋、濟公戰八魔、刁

10南部的傀儡戲劇目，引自江武昌著《台灣的傀儡戲》，第102頁。

玉輝排牛陣、斐忠慶、恩德佩情記、黃蜂毒計、祭梅花、三箭良緣、李顏貴、高顏真、收四怪、水月洞、四鵬嶺、烏龍崖、西河連環塔、高文峰、嬌妻之禍、鬧東京、朱鳴鳳台、白虎關、沙江關、鳳凰關、麒麟關、郭子儀（計七冊）、樊梨花征西。

　　上述劇目中的〈高良德〉，又稱為〈金簪記〉。台南縣下營鄉中營村的潮調布袋戲班中清社，也有〈金簪記〉與〈李顏貴〉兩劇目，根據比較，潮調布袋戲與皮影戲所用的該兩劇目，劇本大體上是相同的。

第三節

聲腔系統

　　偶戲的媒介不論為木偶或影偶，表演形式皆相同地為掌中藝術，亦即演師耍弄操控的技巧，將戲偶做出各種擬人的科介動作，並配以說白唱唸，以描述戲偶所代表的腳色之狀態或情境。偶戲的音樂系統一如人戲，仍分為前場的唱腔以及後場樂。與人戲略為不同的是，偶戲的唱腔可以由演師演唱，如李天祿先生，他除了工於戲偶的操弄，也擅於演唱；金門、高雄的嘉禮戲，唱腔也由演師負責，後場樂師偶幫唱每個樂段的下句。如演師對演唱較為生疏，則由後場樂師負責唱腔，知名的小西園布袋戲團即如此，演唱的工作乃由朱清松先生負責。

　　台灣的偶戲雖分為布袋戲、傀儡戲以及皮影戲，所使用的音樂並非各為不同的聲腔。以縱切面觀之，布袋戲的聲腔分為南管、北管以及潮調，傀儡戲的聲腔分為南管與北管；如以橫切面觀之，則布袋戲與傀儡戲的聲腔都互有相同者。因此，要了解台灣的偶戲音樂，以聲腔系統切入，將能較清楚地掌握其特徵。

㈠南管曲

　　使用南管曲的偶戲，有布袋戲與嘉禮戲。嘉禮戲使用南管曲的具體情形，確實可知者為金門以及南部地區，至於民國二十年代的布袋戲曾引用南管曲，也頗為論者所樂道，不過情形皆僅透過布袋戲藝師的口述，並無具體的資料可以了解當時布袋戲所使用的南管曲。

　　民國二、三十年代，台北地區曾有以南管為後場樂的布袋戲，實地調查方面所引用的說法，多出自李天祿先生的口述，至於具體所使用的唱腔有哪些？報告者就缺少進一步的敘述。如為文字資料，最早論及布袋戲聲腔系統者，為呂訴上的《台灣電影戲劇史》，從呂訴上對台灣布袋戲聲腔的論述，顯示最早的布袋戲使用的聲腔為南管，隨著劇本的發展，在武戲興起之後，音樂方面也以北管取代南管。

　　從李天祿先生留傳下的劇目資料，可以看出確實曾有南管曲的布袋戲，至於所演唱的曲調為何？從被稱以「南管戲」的布袋戲劇目觀之，實際上該些劇目應為交加戲（亦稱為高甲戲），而不是真正的南管戲（七腳戲）。交加戲中使用的南管曲，主要為【將水】、【玉交枝】、【短相思】、【雙閨】、【福馬】等較短的樂曲；由於布袋戲劇場的空間狹小，能使用的樂曲，當以樂節小、速度快者為合宜，據此，可知布袋戲劇場曾使用的南管曲調，應與交加戲所用者一般。

　　由於李天祿所創的亦宛然布袋戲班，在民國二十年代曾有使用南管曲的經驗，因此，該劇團的繼承人李傳燦，曾於二〇〇四年五月在台北市中山堂光復廳，演出一齣新編的南管布袋戲〈觀音收五百羅漢〉，唱腔部分由吳素霞女士編曲，該齣戲所使用的南管曲調計有：【步步嬌】、【逐水流】、【望遠行】、【短滾】、【逐水疊】、【玉交疊】、【北地錦】、【二北疊】。茲以【玉交疊】、【北地錦】、【二北疊】為例，呈現布袋戲使用的南管曲情形，其曲調如下，彼此的共同特徵為速度較快，每個唱

詞所對應的曲調也較少，亦即戲曲音樂中所稱的「字多腔少」型的唱腔。

南部地區以及金門地區的嘉禮戲，場面使用的唱腔同為南管曲，不過由於演出機會頗少，演師日漸疏於其技，作者在偶然的機會所採集的演出錄音，很難聽出其中的唱詞，故本文暫無法呈現嘉禮戲所使用的南管曲。

【玉交疊】

南管布袋戲
〈觀音收五百羅漢〉
亦宛然布袋戲團
2004年5月

【北地錦】

南管布袋戲
〈觀音收五百羅漢〉
亦宛然布袋戲團
2004年5月

【二北疊】

南管布袋戲
〈觀音收五百羅漢〉
亦宛然布袋戲團
2004年5月

驚　驚得　我　魄散　魂　飛，

誰思　疑　強盜　相　尋，欲劫　錢銀　無分　毫，只

案上　都是　神佛　香　火。　若欲　害人　性　命

我　是　奉佛　人　也　無　乜　罪。　不爾

㊁北管戲曲

　　使用北管戲曲的偶戲，計有布袋戲以及北部地區的傀儡戲。根據呂訴上的論著[11]，以及知名布袋戲藝師李天祿的口述，早期台灣北部的布袋戲使用的聲腔為南管，大約在民國三十年代，武戲興起之後，南管乃被北管所取代。根據作者所見，布袋戲使用北管戲曲最具代表性者，當為台北縣新莊的小西園布袋戲團，以及彰化縣二水鄉的明世界布袋戲團。小西園布袋戲團的後場樂師，皆有學習北管音樂的背景，其中較為知名者如邱火榮先生，他長年擔任小西園的頭手樂師，在傳藝教學工作繁忙之後，才於兩年前辭去小西園的後場；另一位知名的樂師為朱清松。二水鄉明世界布袋戲團的演師以及樂師，也是當地有名的北管館閣震樂軒的樂員。以上述兩個布袋戲團為例，由於前場或後場樂師都有北管音樂戲曲的訓練，因此，

11 參見呂訴上著《台灣電影戲劇史》，第 416 頁。

所使用的北管戲曲唱腔，與北管館閣基本上是一致的。

　　以北管戲曲作為布袋戲唱腔的劇團，所使用的北管戲曲多為古路戲唱腔，常用者為【平板】、【流水】、【緊中慢】，曲調與北管館閣藝人所唱者相同，該些曲調可參閱第四章〈北管戲曲與細曲〉中的介紹，本文不另行舉例。而二水鄉明世界布袋戲班所演出的文戲〈斬瓜〉，唱腔的部分由當地北管藝師傳授，因此演師茆明福先生所唱的曲調，與北管藝師葉美景先生的曲調皆相同，計有：【彩板】、【平板】、【緊中慢】以及【平板尾】。用於〈斬瓜〉中的【平板】，並不同於其他古路戲劇目所用的唱腔，屬於〈斬瓜〉專用的【平板】。關於二水鄉明世界掌中劇團演出的〈斬瓜〉，國立傳統藝術中心曾錄製出版[12]，由該團團主茆明福先生所演唱唱腔，見下面的樂譜，第一段唱腔為【彩板】，只有一句，為自由拍，之後立即接唱【平板】，仍只有一句，屬於通式的【平板】，亦即北管古路戲常用的【平板】；停頓片刻，隨著的唱腔為較特殊的【平板】，該唱腔為〈斬瓜〉的主要曲調。

　　宜蘭地區的傀儡戲班所演出的傀儡戲，根據作者的實地調查，由宜蘭市福龍軒與頭城鎮新福軒在鹿港鎮（一九七九年）、台北市新公園（一九七九年）以及台北縣五股鄉福興宮（一九九六年）的演出，場面的唱腔都來自北管古路戲曲，曲調計有【彩板】、【緊中慢】、【平板】、【流水】。傀儡戲班所演出的劇目，扮仙戲方面常為〈三仙會〉，這乃出於該齣戲的腳色較少，易於操弄戲偶。

---

[12] 二水鄉明世界掌中劇團在『民間藝術保存傳習計畫』下，曾由國立傳統藝術中心於 1999 年，出版一套「二水明世界掌中劇團經典劇目」的 VHS 影片，計為九十分鐘帶子二捲，劇目有南賢山火龍神火柱、斬瓜、三法司、古城會。

【彩板－平板】

北管布袋戲
〈斬瓜〉
二水明世界掌中劇團
1999年

(三)潮　調

　　使用潮調的偶戲，為中南部的若干布袋戲，以及南部地區的皮影戲。根據呂訴上的說法，台灣南部布袋戲中心的雲林縣，分別有白字、亂彈、以及潮調三種聲腔[13]。其中所指的「白字」，究竟為何種聲腔不得而知，根據實地調查資料，並未見中部或南部的布袋戲有北管或潮調之外的聲腔。「亂彈」應為北管戲曲，目前該地區（以及中部的彰化縣）的布袋戲班，尚有該聲腔的使用。至於使用潮調的布袋戲，除了雲林縣之外，據作者的實地調查，彰化縣的員林鎮、台南縣下營鄉等地，也有潮調布袋戲班。員林鎮潮調布袋戲的狀況，作者於一九九四年訪問詹柳械先生時，他已是碩果僅存者，故對當地潮調布袋戲音樂的呈現情形，已無法親見。台南縣下營鄉的潮調布袋戲，作者於一九八四年六月二十三日曾有訪問錄音，演唱團體為中清社掌中班，以清唱的方式演唱《金簪記》，演唱者李振財，後場樂器計有：殼子絃、三絃、四絃、小鼓、板、鑼、鈔，其中的四絃實即吊鬼子，只有兩根絃，為絲絃，音箱以林投木所製。

　　彰化縣員林鎮藝人詹柳械以及台南縣下營鄉中營村的藝人李註，所保存的潮調布袋戲劇目《金簪記》，其中所使用的曲調計有：【紅衲襖】、【駐雲飛】、【下山虎】、【鎖南枝】、【香柳娘】、【哭相思】、【山坡】等。詹柳械所保存《金簪記》劇本的全文，可參見張雅惠著《潮調布袋戲金簪記音樂研究》。至於向稱潮調布袋戲大本營的雲林縣，該地知名的新興閣掌中班，所保存的潮調唱腔已經不多，根據《布袋戲新興閣鍾任璧技藝保存計畫報告書》，新興閣布袋戲所使用的唱腔，扮仙戲方面為北管，也有使用南管曲調者，如《孝子復仇記上集》，使用南管曲調【玉交枝】[14]，而潮調布袋戲的傳統老戲《一門三及第》，所用的潮調为【十三

---

[13] 參見呂訴上著《台灣電影戲劇史》，第 417 頁。

[14] 參見《新興閣鍾任璧技藝保存計畫報告書》，第 134 頁。

腔】15，此外，若干劇目也使用了交加戲（亦稱高甲戲）的曲調，如【五開花】、【將水】，以及南管的【相思引】。

根據教育部編印的《皮影戲－張德成家傳劇本集》，用於皮影戲中的潮調，《封神榜》一劇的曲調計有16：【紅南襖】、【大北飛】、【鎖南枝】、【山坡羊】、【下山虎】、【雲飛】、【大北非】。《高良德》一劇的唱腔有17：【紅目襖】、【下山虎】、【雲飛】（作云非）、【鎖南枝】、【香柳娘】、【哭相思】、【昆山】（夫妻相會）。

用於布袋戲或皮影戲中的潮調，聯套體裁屬於曲牌體，不論布袋戲或皮影戲，唱腔的共同特徵為，句末常有拖腔，如下例由台南縣下營鄉潮調布袋戲藝人李振財所演唱的【駐雲飛】，首句「再步行」後有三小節的鼓介，隨著的唱腔並無唱詞，以聲辭「下」（e）唱三小節的旋律。另一首樂曲【紅衲襖】的演唱方式亦然，潮調布袋戲的唱腔，運用了相當多拖腔唱法。潮調布袋戲唱腔【駐雲飛】與【紅衲襖】的樂譜參見下面的譜例。

---

15 參見《新興閣鍾任璧技藝保存計畫報告書》第二部分，第94頁。

16 劇目引自《皮影戲張德成藝師家傳劇本集》第十五冊。

17 劇目引自《皮影戲張德成藝師家傳劇本集》第一冊。

【駐雲飛】

潮調布袋戲
〈金簪記〉
台南縣下營鄉
1984年6月

再步行，　　　　　　　（鼓介）　　　下

青山　重重路　崎嶇，　　　　　下

人煙 阿呵 來 又 稀 少，　跋涉 路 迢

希。紅日 來墜 呵　　　　西　天。　　　　（鼓介）

　下　　　　　　　　　　　　　　緊尋　客

店　暫安　身己，　緊尋客店暫安身己 候待 我明早

再　行　起，　　　下　　　　　　　急忙

行上 莫延 遲，　莫　延　遲。

【紅衲襖】

潮調布袋戲
〈金簪記〉
台南縣下營鄉
1984年6月

娘子聽呵 說呵阿 起，下 (鼓介)

下 下 為阿著 家 貧，為著阿家貧無阿

所依。阿下 下 (鼓介) 虧咱爹媽早過

世，放丟爾我，放丟爾我無下 所依。阿下

下 (鼓介) 一日是三餐難得 過，受盡

苦楚，受盡了苦楚受下 盡飢。阿下 下

(鼓介) 感妻來為我受艱 苦，何日 得報，

何日得報妻 恩義。阿下 下 (鼓介)

拋離 詩書 來務 農，免得飢餓人笑恥。

免得飢餓人笑恥。阿下 下

(四)皮　黃

　　皮黃為京劇的主要聲腔，包括西皮與二黃，如以台灣傳統音樂戲曲的主體性言之，皮黃也能歸納於北管戲曲中的新路戲聲腔，亦即新路戲的唱腔即由西皮與二黃組成，不過本文所指的皮黃，則與北管新路戲的皮黃有些差異，而完全與京劇的西皮、二黃相同。

　　台灣的偶戲使用京劇唱腔的情形，根據作者所知，代表性者為李天祿先生的亦宛然布袋戲團，至於其他偶戲班雖也有運用京劇音樂的情形，實際上所使用的皆為鑼鼓或鼓吹的部分。根據作者從中國廣播公司蒐藏地方戲曲資料的了解，李天祿先生在民國四十年代錄製的劇目計有：〈蝴蝶盃〉、〈唐朝儀〉、〈古城會〉、〈失徐州〉、〈過五關〉、〈失荊州〉、〈徐母罵曹〉，該些布袋戲都以京劇的西皮、二黃唱腔演唱，從唱腔的聲音辨識，可知演唱者即為李天祿先生。作者曾於民國六十年代訪問過李天祿先生，他云曾學過京劇，故唱腔韻味與京劇演員相較，並無遜色。由於使用皮黃腔的布袋戲，所唱的西皮或二黃唱腔，與京劇藝人所唱者並無差異，因此本文不另行舉其譜例。

第四節

唱腔之伴奏

　　偶戲的演出一如人戲，整個場面仍分為前場與後場，前場人員執掌戲偶的操弄，後場人員負責音樂的演奏以及唱腔的演唱，不過由於劇場空間的特殊性，人員的位置以及坐序與人戲有些差異。人戲的後場並不在戲場的後面，所稱的「後」有協助之意，乃設座於劇場的兩側，至於偶戲的後場，則與前場演出人員同處於幾乎沒有分割的空間，坐序也無法如人戲明

顯分為文場與武場。

㈠樂器種類

　　台灣偶戲的音樂系統雖分為南管、北管、京劇、潮調，樂器則只分為南管樂器與北管樂器。南管布袋戲後場所使用的樂器，據李天祿先生的敘述，計有琵琶、二絃、三絃、洞簫，仍合稱為頂四管，節奏性的樂器有雙鐘、四塊、響盞、叫鑼，合稱為下四管，此外並有噯、品[18]，這些樂器都相同於南管館閣。

　　以京劇或北管、潮調作為後場樂者，所用的樂器基本上是相同的：武場方面，鼓板類為單皮鼓、通鼓、大鼓（或稱戰鼓）、板、叩板（亦稱梆子），銅器類為小鈔、大鈔、響盞、鑼；文場樂器為大吹（即嗩吶）、殼子絃、吊鬼子、二絃、月琴、三絃、大廣絃[19]。這些樂器目前在小西園布袋戲團的後場都仍使用，至於月琴、三絃則較罕用。

㈡樂隊編制

　　偶戲的後場，根據樂器的不同功能，仍分為文場以及武場，就人員的執掌言之，則沒有如人戲後場的明顯分工。人戲的文場、武場分座於不同的空間，因此在演出之中無法兼演不同的樂器，偶戲的文場與武場，尤其是布袋戲，並無空間距離，故文場的樂師也能兼操作武場的樂器，至於嘉禮戲的劇場結構有異於布袋戲，後場仍分座於演出區的兩旁。

　　綜觀布袋戲、嘉禮戲（傀儡戲）、皮影戲後場，不論文場或武場，都各以兩名樂師為常態，武場兩人分別執掌鼓板與銅器，負責鼓板者為頭手，

---

18 引自郭端鎮著《布袋戲李天祿藝師》，第 36 頁。
19 布袋戲後場所使用的樂器，可參閱《布袋戲布袋戲圖錄・樂器篇》之介紹。

所操作的樂器計有單皮鼓、通鼓以及板（或叩板），後者為二手或下手，負責所有的銅器，包括棒擊式的鑼類樂器以及互擊式的鈔。

文場部分的分工情形，兩名樂師因能力的不同，分別為頭手絃吹、二手（或下手）絃吹，兩人負責的樂器都相同地為吹與絃。吹即大吹，為嗩吶的俗稱，用於以北管音樂為後場樂的劇種，如布袋戲、傀儡戲，所用的吹包括大吹、叭子；南管系統的偶戲如嘉禮戲，吹則有大吹與小吹。絃為絃類樂器的總稱，主要為殼子絃、吊鬼子、二絃、大廣絃。

在鼓吹類的過場樂中，文場的兩位樂師都相同地吹奏嗩吶，如為絲竹類的過場樂，頭手演奏殼子絃，二手負責二絃或大廣絃。為唱腔伴奏的情況，如為北管的古路或新路戲曲的一般曲調，或京劇的西皮、二黃唱腔，頭手樂師執掌殼子絃或吊鬼子，二手樂師通常負責二絃或大廣絃，二手樂師所演奏的絃類樂器，一般通稱為和絃。至於較特殊的唱腔如【梆子腔】，頭手則吹奏叭子，下手演奏和絃。

㈡伴奏方式

從傳統戲曲的整體觀察，偶戲音樂中的唱腔與人戲並無不同，差別僅為演唱者為戲偶的演師或後場樂師，人戲皆無例外地由裝扮腳色的演員演唱。至於偶戲的科介動作，毫無疑問地由演師操弄戲偶，唱腔部分的演唱則分為兩種情形：擅長演唱者如亦宛然的李天祿或二水明世界的茆明福，都一面操弄戲偶一面演唱；如對戲曲唱腔較不熟悉，可由後場樂師代為演唱，如新莊小西園的情形，作者十多年來所見，唱腔部分都由後場樂師朱清松擔任。關於傀儡戲與皮影戲的情形，根據實地調查所見，仍由前場演師負責。

與人戲相同，偶戲唱腔也以絲竹樂隊伴奏。一九三〇年代的南管布袋戲，唱腔伴奏的方式，由於缺乏有聲資料，因此無法具體分析，如以目前重現的南管布袋戲《觀音收五百羅漢》觀之，唱腔的運用以及伴奏方式，

都與南管戲相同，每支曲牌演唱之前，由琵琶的撚指起始，並以琵琶作為領奏，同時以南鼓演奏具有高低起伏的音響，以襯托曲調與節奏的舒張律動。以音樂的觀點言之，南管布袋戲儼如以木偶搬演的南管戲。

運用北管戲曲的偶戲，如北部的布袋戲、傀儡戲，小西園後場的朱清松先生或林贊成先生，所唱的【彩板】、【緊中慢】、【平板】、【流水】等，仍直接學自北管館閣，曲調都與北管館閣或職業北管戲班所唱的一致，伴奏方式也相同，皆以殼子絃作為頭手樂器，【緊中慢】唱腔起唱之前，也以「緊中慢介」、「緊中慢過門」作為唱腔的起始，【平板】或【流水】兩唱腔，也相同地以「平板頭」作為起始，唱腔中樂器所拉奏的旋律，基本上與唱腔的部分相同，實際上並視樂師個人的技藝，有不同程度的裝飾。

使用以京劇唱腔的布袋戲，唱腔的伴奏仍相同於京劇，例如李天祿先生所唱的京劇唱腔【西皮原板】、【西皮流水】、【二黃】等，由於他都直接學自京劇，因此，不但後場的伴奏方式相同，仍以京胡作為頭手樂器，起腔的鑼鼓多使用慢長槌或快長槌，所演唱的唱腔也有十足的京劇味道。

第七章

儀式音樂

　　本章所描述的儀式音樂，為漢人社會的音樂文化現象，由於章節架構的關係，並未涉及原住民的儀式音樂，後者的部分曲目，可參見〈民歌·原住民〉節次的描述。

　　佛教為漢族的主要宗教信仰，由於教義、教理、儀軌相當有系統，並有持齋受戒的儀禮，因此，基本上人們對佛教儀式的認識，似乎並未有混淆不清的現象。如果從儀式的角度切入，除了存在於佛教僧團（或在家居士）所主持的佛教儀式，台灣民間也有一種由未皈依受戒者所主持的儀式，而所崇奉者仍為佛陀以及三寶佛，為了區別兩者的儀式屬性，並便於描述，本章所稱的佛教（或寺院佛教）音樂，為皈依受戒的僧團所主持的儀式音樂，非佛教徒所主持具有佛教色彩的儀式，則稱為釋教。

　　道教亦為漢人的主要宗教信仰，以信仰者與宗教的關係言之，道教分為全真道與天師道：前者的信徒需皈依齋戒，並居住於宮觀，以修煉求長生為目的；後者則無須皈依齋戒，仍過著世俗生活，故學術界也稱這類儀式主持者為伙居道士。台灣的道教儀式主要為天師道，而由於道法的不同，又分為正一派與靈寶派，兩者都以從事道教儀式活動為生。佛教與道教之外，另有一種為人醫療補運的法事，可統稱為法教，所崇奉的神明部分地

包括道教系統，因此有時也被視為道教的支派。

第一節

佛教音樂

　　佛教音樂，古代的文獻多稱以梵唄。佛教雖遠出自古代的印度，中國人所信奉的佛教已經完全漢化，且該宗教的始出地印度，已不盛行佛教；至於佛教經典雖出自印度，用於儀式中的音樂，我們相信應為古代中國人的創作，而無古代印度音樂的元素，基於此，本文乃稱該宗教的音樂為佛教音樂，而不以梵唄為稱。一如中文的聲韻分析，南北朝時吸收梵文的理論而來，長期以來稱為聲母、韻母，目前則轉而稱為注音或拼音。

　　佛教儀式主要為誦唸經懺，科儀性的儀式少，因此，音樂的量並不多，如果以單一儀式的音樂觀之，焰口儀式可謂極為豐富，為了突出此特徵，本文所呈現的佛教音樂曲譜，皆來自焰口儀式，有聲資料為何麗華小姐所提供，演唱者為戒德法師。佛教音樂的相關論著頗多，見於學位論文者計有：林久惠撰《台灣佛教音樂—早晚課主要經典的音樂研究》（1983，台師大音研所）、高雅俐撰《從佛教音樂文化的轉變論佛教音樂在台灣的發展》（1990，台師大音研所）、張杏月撰《台灣佛教法會—大悲懺的音樂研究》（1995，文大藝研所）、何麗華撰《佛教焰口儀式與音樂之研究—以戒德長老為主要研究對象》（2000，成大藝研所）。

㈠儀式概述

　　佛教以清修為目的，儀式主要在佛教的寺院舉行，幾乎未涉入民間習俗信仰的部分，故法事類型、儀式種類也較為單純。由於佛教具有系統性的制度，且相關的規範制度也都能透過寺院頒行於各地，因此，台灣的佛

教儀式，大體上與中國佛教寺院所使用者並無基本的差異。

1.法事類型

常見的佛教法事為早課與晚課，屬於佛教徒的日常功課，用於叢林的佛教寺院，以及居士自宅的佛堂；由於兩者的基礎訓練頗為懸殊，故所呈現出的儀式音樂現象有相當大的差異，佛教寺院的早晚課音樂較為豐富，居士的課誦則較為簡易。近十年來，隨著佛教普及於民間，非佛教系統的廟宇，也常聘請在家修的居士前往做早晚課。

比較大型的佛教法事活動為水陸法會，或水陸道場，該法事需七天，並需搭建內壇與外壇，外壇共有六處：大壇、法華壇、楞嚴壇、諸經壇、淨土壇，主要為誦經唸佛，具有特殊的音樂者，主要是在內壇[1]。而台灣佛教界所舉行的水陸法會，可能由於佛事昌盛的緣故，外壇常增加至七至九壇[2]。

焰口亦屬佛教大型的法會，法事之目的為普渡陰間的無主孤魂，成為獨立的法會舉行者，為每年的中元節，而焰口也經常指單一的儀式，用於大型法會的最後一天。這種情形與道教的各型法會相同，道士也有單獨的普渡法會，於中元節時行之，至於禮斗法會或建醮活動的最後一日，也都例行地舉行普渡，以超渡陰間的孤魂。

2.儀式種類

早晚課誦可視為一種法事，也能視為儀式，亦即早課儀式與晚課儀式，兩者所依據的本子，通行於中國各地寺院者，為《禪門日誦》[3]；現時台灣

---

1 佛教水陸法會之概述，引自楊蔭瀏採訪《佛教禪宗水陸中所用的音樂》。

2 目前台灣佛教界的水陸法會概況，可參閱高雅例撰《從佛教音樂文化的轉變論佛教音樂在台灣的發展》，第 103 頁。

3 此一觀點，引自楊蔭瀏採訪《佛教禪宗水陸中所用的音樂》，第 4 頁。

佛教界的早晚課所依據的文本，主要為《佛教朝暮課誦》或《佛門必備課誦本》[4]，各佛寺的早晚課儀式內容則有些微的差別，根據林久惠的調查，早課所使用的經咒主要為：大悲咒、三皈依、十小咒、善女天咒、楞嚴咒、心經、韋馱讚，晚課為：阿彌陀經、蒙山施食儀、大悲咒、心經、三皈依、禮佛大懺悔文等。

根據知名的音樂學者楊蔭瀏的調查，一九五〇年代中國佛教叢林水陸法會所使用的儀式計有：啟壇結界、發符懸旛、奉請上堂、奉堂上供、告啟、誦地藏經、奉請下堂、說幽冥戒、禮大懺悔文上供、奉供下堂、上圓滿供、燒圓滿香、送判宣疏、送聖，共計十五個儀式[5]，台灣佛教界所行的水陸法會，儀式內容大致與此相同[6]。

焰口所依據的文本，為《瑜伽焰口施食要集》，該科儀書通行於各地的佛教寺院，在佛教用品供應社也能買到。焰口雖為單一科儀，不過篇幅極長，且結構也相當複雜，它由兩部組成，上部為敬供分，包括：昇座、入定、灑淨、歸依、道場觀、獻曼荼羅、普供養，下部為悲施分，計有：入定、召請、顯施食、滅障、密施、回向。整個儀式的宣行約需六小時。

3.演出形式

常見的佛教早晚課儀式，於佛教寺院中的宣行方式，為在大雄寶殿舉行，除了唱誦之外，也引用若干具有聲響性的器物，計有：鼓、木魚、銅磬、引磬、鐺子、小鐃等[7]，在佛教文化的語彙上，都稱這類使用於課誦儀

---

4 引自林久惠撰《台灣佛教音樂—早晚課主要經典的音樂研究》，第 27 頁。

5 引自楊蔭瀏採訪《佛教禪宗水陸中所用的音樂》，第 3 頁。

6 台灣的水陸法會儀式，可參閱高雅例撰《從佛教音樂文化的轉變論佛教音樂在台灣的發展》，第 106 頁。

7 小型的鐃俗稱 kua[t4]，詞彙常被書寫為鈷或鈴，按兩者都有確定詞義，前者為鐵叉，後者為金屬元素名，都與該件樂器的型制或聲響無涉。

式中的器物為法器，不過該些器物在儀式過程中，並非作為具有法力性的物件，而是作為儀式節次段落的標示，並刻畫所誦唸經文的節奏，亦即上述物件在儀式中的作用，為音樂性的法器。

大型法會的宣行，則視法會的性質，需搭建符於法事所需的道場，儀式由俗稱和尚的法師主持，並有後場人員演奏樂器，為法師的唱誦伴奏。參與儀式的法師人數，視法會與儀式而有差異：水陸法會的內壇法師三名，大壇法師二十四名[8]，瑜伽焰口所需的法師人數仍視法會規模的大小而異，一般而言都在五人以上。

大型法會的場面較大，亦即道場空間大，故除了參與的法師人數多，也都設有樂隊，以為法師的演唱伴奏，同時為各種節次的法事演奏過場音樂。後場使用的樂器，有胡琴、洋琴、電子琴等，並無定制，通常視法會的規模、或所聘請的後場樂師音樂能力而定，亦即擅於電子琴者，由該人擔任後場樂師的道場，所見的後場樂器即為電子琴。

(二)樂曲組成

佛教的早晚課音樂，基本上只有唱唸部分，如為大型法會，由於參香禮佛的時間較長，因此，視法會規模的大小，能運用後場器樂，作為場面的襯托。總體觀之，佛教道場不若道教道場具有濃厚的民俗性，故佛教儀式引用後場器樂的情形較少。本文所描述用於佛教儀式的樂曲，為儀式主持者的唱唸，亦即經韻部分。

1. 曲目

根據音樂學者楊蔭瀏的調查紀錄，一九五〇年代著名的水陸法事音樂

---

8 參與水陸法會的法師人數，可參閱高雅例撰《從佛教音樂文化的轉變論佛教音樂在台灣的發展》，第 104 頁。

的大師隱蓮認為，焰口音樂比水陸的音樂複雜且難[9]；根據個人的了解，焰口儀式的音樂確實相當豐富，且演唱技巧頗高，該儀式的音樂曲目，比道教正一派或靈寶派的單一儀式音樂還多，因此，本文將以焰口儀式為例子，呈現用於佛教儀式中的曲目。根據《焰口施食要集詳註》，以及戒德法師的演唱，焰口儀式中的樂曲如下：

佛號：甘露王菩薩、雲來集菩薩、迎請文、請本尊文、三十五佛、請地藏文。

咒：曼荼羅供、淨法界真言、十二姻緣咒、五方結界咒、六供養咒1、六供養咒2、音樂咒1、音樂咒2、音樂真言、普召請真言、準提咒、上師三寶真言、大輪明王咒、火輪印咒、加持米花真言、加持鈴杵真言、加持寶錯真言、召請餓鬼印咒、伏魔印、伏魔印咒2、乳海真言、受三昧耶戒真言、奉食印咒、金剛地咒、金剛國土咒、施甘露食真言、施甘露真言、真空印咒、破地獄印咒、破定業真言、淨地咒、普供養真言、結界咒、開咽喉真言、運心供養印咒、摧罪真言、遣魔印咒1、遣魔印咒2、障施鬼真言、點淨真言、寶錯真言、懺悔滅罪真言、獻曼荼羅真言、變空印咒、六字大明真言、佛智隨喜真言、散花米真言、灌沐咒、召罪印咒、供養咒、發菩提心言。

偈：曼荼羅偈、請三寶偈、請觀音偈、寶錯偈、獻曼荼羅偈、六供養偈、六趣偈、召六道偈、召請偈、回向偈、自性偈、奉食咒願偈、皈依偈、振鈴偈、淨地偈、發願偈、道場觀、請應供偈、啟會偈、禮三寶偈、禮佛偈、獻供偈、讚佛偈、加持手印偈、淨法界偈、加持寶冠偈、大輪明王偈、六字大明偈、召罪偈、召請餓鬼偈、印現曼荼羅偈、乳海偈、奉食偈、施甘露食偈、施甘露偈、毘盧遮

---

9 焰口與水陸音樂難易的說法，引自楊蔭瀏採訪《佛教禪宗水陸中所用的音樂》，第5頁。

那偈、破地獄偈、破定業偈、普供養偈、發菩提心偈、開咽喉偈、運心供養偈、摧罪偈、遣魔偈、障施鬼偈、請本尊偈、懺悔滅罪偈、變空偈、讚觀音偈、淨水偈、請地藏偈、讚佛偈。

　　讚：三寶讚、召請讚並真言、吉祥讚、受食讚、皈依讚、啟會讚、群除讚、彌陀讚、準提讚。

　　關於焰口儀式所使用的樂曲體裁、演唱方式等，參見下文。至於常見的早晚課，儀式中所使用的樂曲為：寶鼎讚（早課）、爐香讚（晚課）、摩訶般若、佛偈、繞佛、佛號、觀文發願、四生九有、三皈依、戒定真香、佛寶讚、韋陀讚、結齋偈、四生生於寶地、讚佛偈等。

2.體裁

　　從文本的結構言之，佛教儀式的文章分為白文、韻文以及梵文的音譯，前兩者的文本為可理解的中文，後者為古印度文的語音漢譯，如【施甘露真言】中的「曩謨蘇魯巴耶怛他誐哆耶……」，並無法直接透過字面了解文意。白文部分為儀式中各節次法事的說明，呈現方式分為吟唱與誦唱；韻文部分屬於詩體或詞體，體裁分為讚與偈，讚為對佛陀、諸菩薩或法物的歌頌，如【彌陀讚】、【香讚】，屬於讚體的佛曲，都為演唱式，亦即有固定節拍的演唱；偈為對佛教義理或事蹟的描述或稱揚，在焰口儀式中，在各節次法事前也都有偈，以稱頌法事的功德，如【施甘露偈】、【破地獄偈】、【遣魔偈】等，偈的數量頗多，演唱方式有演唱式與誦唱式。

　　梵文音譯的部分，可分為咒以及佛號。咒也稱為真言，如【淨地咒】、【伏魔印咒】等，每個咒都具有特定的法力，在焰口儀式中，基本上為每個手印都有一個咒；多數的咒都以吟唱的方式呈現，也有演唱式者，如【音樂咒】，極少數的情形則為誦唱，如【六字大明真言】。佛號為佛陀、諸菩薩的名諱，呈現方式有演唱式、吟唱式以及誦唱式。

　　焰口儀式中較特殊的體裁為【七如來名】，七如來分別為：寶勝如來、

離怖畏如來、廣博身如來、妙色身如來、多寶如來、阿彌陀如來、世間廣大威德自在光明如來，文本共分為七段，每段的格式為：讚（如來名號）－咒－偈（稱頌），其中的讚為如來名諱，為演唱式，咒為吟唱式，偈為誦唱式。

3.演唱方式

音樂學家楊蔭瀏在一九五〇年代的調查所見，佛教音樂的演唱形式分為誦、白以及唱，誦為有節奏的朗誦形式，以木魚伴奏，以此形式演唱者，主要為經文與咒；白又分為直白、梵白、書聲白、書梵白、道腔白，除了直白為平常的話語，其餘都有相當程度的音調；唱為專指有固定曲調的演唱，在水陸音樂中以此形式演唱者，為讚、偈、真言[10]。此一分類可謂相當全面，唯其中的白既為尋常的說話，以不包括在演唱形式之中為妥當。

如果根據曲調組織以及節拍型態，佛教儀式中的樂曲，其演唱方式可分為演唱式、吟唱式以及誦唱式三類。演唱式指有固定節拍的演唱，且旋律有一定的組織，亦即具有樂句、樂段的形式。演唱式為佛曲的主要呈現方式，以該形式表現者含括讚、偈、咒以及佛號，整體言之，曲調都頗為抒情，表現方式莊嚴肅穆。根據楊蔭瀏的調查，水陸法會中的讚、偈、真言、佛號等，都有以有板方式演唱的例子。

吟唱式為節拍自由的演唱，根據文本體裁的不同，又可分為歌曲式的吟唱，以及自由的吟唱。歌曲式的吟唱也可稱為拍法自由的歌曲，如崑曲中的引子，部分的偈，如【請三寶偈】即是。自由的吟唱無固定的旋律音型，主要用於咒文的吟唱。至於水陸法會中的散文與四六文，都以吟唱方式呈現，若干佛偈與真言，也以「梵白」方式吟唱[11]。

---

10 中國佛教儀式中的演唱形式，引自楊蔭瀏採訪《佛教禪宗水陸中所用的音樂》，第6-7頁。

11 佛教水陸法會儀式各種體裁的演唱方式，參見楊蔭瀏採訪《佛教禪宗水陸中所用的音樂》，第8頁。

以樂曲的習得與演唱技巧言之，演唱式的樂曲有固定節拍與樂句，學習與背誦都較為容易；反之，吟唱式的樂曲無固定節拍，且沒有固定的旋律模式，拍子既難於掌握，旋律也不容易揣摩，故學習較為困難，即今專業的音樂學研究生，聽寫採譜也覺得頗為吃力。

㈡樂曲特徵

佛曲的演唱方式頗為多樣，前文所稱的演唱式、吟唱式、誦唱式之三類分法，屬於去繁就簡的概括式分類，假如以微觀的角度審視，演唱式中仍有開始以吟唱方式呈現者，一如崑曲中的正曲，雖有整曲始終以固定拍法演唱，也有第一句的前半句以自由拍演唱之例，如〈牡丹亭‧遊園〉中的【步步嬌】即是；誦唱式的情況亦然，仍有誦唱之中夾以吟唱者。佛曲的體裁既以讚、偈、咒為主體，本文將分別對三者的音樂特徵予以概要性的描述與分析。

1. 讚

讚類體裁通用於佛教與道教儀式，功能皆相同，用以稱揚諸神佛，佛教儀式中的讚，並藉以讚美法物，如用於早課儀式中的【寶鼎讚】。讚類的樂曲多較長，為規律式節拍，演唱速度緩慢，聲情莊嚴。以數量觀之，佛教儀式中的讚並不多，如焰口儀式中的讚，約只有十首。

讚的曲辭多屬於詞體，亦即長短句，如焰口儀式的第二首樂曲【啟會讚】，文本如下：

> 吉祥會啟，甘露門開，孤魂佛子降臨來，聞法赴香齋，永脫輪迴，幽暗一時開。

六句約三十字的樂曲，演唱時間將近三分鐘；如加上其後緊接著所演

唱的【佛號】「雲來集菩薩摩訶薩」，全曲約五分三十秒。如將這段連續的演唱視為一首樂曲，則它的曲式為二段式，A 段為【啟會讚】本文，調中心為 do，B 段為佛號，調中心為 re，該首樂曲如下。

【啟會讚】

2.偈

　　根據一般說法，偈類的文本為對佛教義理的描述，或佛教事蹟的稱揚，以焰口儀式而言，偈類樂曲占比例最多者，為對各節次法事的提引或稱揚，如【開咽喉偈】、【施甘露食偈】、【摧罪偈】等，此外，也有讚頌佛陀者，如【讚佛偈】：

　　　　佛面猶如淨滿月，亦如千日放光明，圓光普照定十方，慈悲喜捨皆具足。

　　故如果以內容觀察，則佛偈與佛讚並無截然的區別。以唱詞形式觀之，絕大多數的佛偈皆為整齊句，其中又以七字句所占的比例最多，以焰口儀式為例，七字偈約三十五首，五字偈約十五首，四字偈一首，至於長短句型的偈僅二首。綜合文本內容與形式的觀察，可以看出佛偈與佛讚的基本差異為文本形式，佛偈為整齊句，佛讚為長短句。

　　焰口儀式中約有一半以上的偈都以誦唱的方式呈現，這類樂曲短，旋律簡樸，曲辭大體上為一字一音，速度較快，同時擊打木魚為節，如果以擊打木魚一下為一拍，則每句唱詞除最後一字為一拍，句中的情形基本上為兩字一拍，例如【六字大明偈】為五字句四句，只約需十秒就誦唱完畢：

　　焰口儀式中的偈將近一半的樂曲具有固定拍法，以拍法的長短言之，有2/4拍與4/4拍兩種，【召諸六道偈】的速度極為緩慢，以戒德法師的演唱言之，第一段（A）每分鐘約三十拍，每兩拍擊打引磬一下，故可視為

2/4 拍，第二段轉為稍快（B），約每分鐘八十拍，每拍擊打引磬一下，拍法轉為 1/4 拍。佛偈的樂曲形式為兩段式者有多例，根據《焰口施食集要》，其唱詞為：

　　　　方便自性不壞體，金剛不壞大勇識。最勝無比超出相，令此所作皆成就。

　　　　勝慧自性甚深性，演說最上法輪音。以無生現方便身，令此所作願得成。

　　戒德法師的演唱，第七句為「以今生現方便身」。前四句為第一段（A），調中心音為la；後四句為第二段（B），調中心為為do。兩段文本相同地為二十八個字，不過由於 A 段的速度極為緩慢，除了首句第一分句為自由拍，拍子為 4/4，演唱時間需三分四十五秒，B段轉為稍快，拍子轉為 2/4，演唱時間則約僅一分。【自性偈】的樂譜如後。

【自性偈】

佛曲
戒德法師演唱
1979年

3.咒

以內容觀之，佛教儀式中的咒（真言）多數為隱語，亦即古印度文的音譯，文本難懂，甚或不可解。至於道教儀式中的咒，文本都屬明語，如靈寶派早朝科儀的【衛靈咒】：

金真綠霞，煥映三天，飛雲丹霄，諸天控軒。……

或【發爐咒】：

無上三天玄元始三炁，太上老君召出臣等身中。……

咒文雖多為道教養煉方面的詞彙，內容則可透過詮釋以理解。

佛教儀式的各式咒，演唱方式多樣，分別有演唱式、誦唸式以及吟唱式。吟唱式的咒量最多，焰口儀式的咒有五十首以上，吟唱式者有三十多首。吟唱式的咒無固定的曲調模式，速度都極為緩慢。根據戒德法師的演唱，吟唱式咒的樂曲，所使用音階的律制與演唱式或誦唱式的音階稍不同。如果以準確、不準確的觀點言之，演唱式或誦唱式樂曲的音階為準確的，則吟唱式樂曲的音階將被視為不準確，這種情形可能出自於兩者的律制不同所致。猶如城市文化階層對傳統音樂極為陌生的民國六十年代，人們聽到傳統樂曲時，常謂第四音為不準確一般，這乃出於西洋藝術音樂或通俗音樂的第四音為純四度，本國傳統樂曲所使用者，常為升高的四級音。吟唱式的咒如下之【遣魔印咒】，咒文反覆兩次，其樂譜如後。

演唱式的咒將近十首，曲調都頗為優美且流暢，有速度緩慢者，如【準提咒】，也有較為輕快的樂曲，如【十二因緣咒】、【音樂咒】。以【音樂咒】言之，該曲為兩段式，第一段 A 由兩個反覆的樂句組成，其調中心為 do，第二段 B 的調中心音為 re，樂曲如下。至於誦唱式的咒非常少，唱法與誦唸式的偈大體上相同。

【遣魔印咒】

佛曲
戒德法師]演唱
1979年

【音樂咒】

佛曲
戒德法師〕演唱
1979年

第二節

釋教音樂

釋教為一種由未皈依佛教的人員所從事的拔亡法事的統稱,儀式主持者過著世俗生活,結有家室,且飲食並無齋戒,至於所從事的儀式仍屬佛教,並禮拜三寶佛以及諸菩薩。由於儀式主持人員的生活背景與皈依齋戒的佛教僧尼不同,為了區別此文化背景,該文化圈乃自稱為釋教。至於見諸文字的文章或論著,也有將此系統的從事人員稱為「香花和尚」,持此說法的依據,乃認為儀式中常有「香花請-香花奉請-」,不過此詞彙仍見於為道教正一派或靈寶派的儀式,並非釋教儀式的獨特現象。民間語確有「hiong¹-hua¹ 和尚」之說,考察儀式主持者的文化背景,我們認為該語彙的文字化當以「鄉化和尚」較妥當,語音以及詞義都較為接近,且能清楚地區別於「寺院和尚」或「出家和尚」。

關於釋教儀式音樂的論著目前所見者,有兩本由作者指導的碩士論文,分別為:邱宜玲撰《台灣北部釋教的儀式與音樂》(1996,台灣師大音研所 [12]),以及林怡吟撰《台灣北部釋教儀式之南曲研究》(2004,台北藝術大學音樂系碩士論文)。關於釋教音樂的進一步論述,讀者可參閱該兩著作。

㈠儀式概述

釋教的儀式乃為超渡亡魂而設,分布於全國各地,雖有因文化背景的差異,派別上再分為沙門、鐃門,兩者的法事內容以及作法並無基本的差異。

---

[12] 國立台灣師範大學音樂研究所已經歸併於該校音樂系碩士班。

1. 法事類型

釋教儀式主持者所做的法事，俗稱作功德，為人剛亡故、尚未安葬期間所做的超渡法事。台灣民間的習俗，當人亡故之後，為了安亡者的魂魄，每七日需為亡者舉行超渡，稱為「做旬」，共計需做七次，亦即俗所稱的「七旬」。一般而言，多於頭旬（即第一個旬）做超渡功德，至於較為講究或富裕之家，則於奇數旬，即頭旬、三旬、五旬、七旬，都為亡故的親人舉行超渡法會。於亡故安葬期間所舉行的超渡法會，也稱為「出山功德」，亡故之後滿一年所舉行的功德稱為「小祥功德」，滿三年的超渡法會則稱為「大祥功德」。

釋教的法事以亡故的超渡為最常見。此外，也於農曆七月間為信士舉行普渡，如稱超渡功德為個體式法會，在信士的宅第舉行；中元普渡則屬於集村式或聚落式法會，舉行的場所為廟宇，參與者包括祭區內的信眾。

2. 儀式種類

釋教的法事雖有若干種，常見者則為出山功德，法事節目中科儀性計有：開通冥路、發表、請佛、獻供、放赦、引魂沐浴、打城、過金橋、填庫。發表又稱發關，為發奏表文，以啟告諸佛菩薩；請佛為啟請諸佛菩薩以及地獄界冥王蒞壇；獻供為向諸佛菩薩敬獻香、花、燈、果、茶等物，之後則赴靈堂向亡者獻食；引魂沐浴為召引亡者的靈魂，將魂身沐浴潔淨以朝禮三寶；經懺類儀式有：《梁皇懺》、《金剛經》、《藥師懺》、《十王懺》、《水懺》、《阿彌陀經》。

3. 演出形式

釋教儀式為在經特定布置的空間舉行，該空間通常在亡者家屬宅第的庭前，擇適當的場所搭建釋場，該空間的正面布置為三寶壇，懸掛三寶佛，分別為釋迦牟尼佛、阿彌陀佛、彌勒佛，左右兩側為十殿地獄，懸掛十幅

地獄圖。孝眷宅第大廳設置為靈堂，以紙糊的人像代表亡者，兩側兩尊紙像，分別代表金童、玉女。多數的儀式皆在釋壇宣行，放赦、打城在壇外舉行，填庫在離房舍較遠之處，引魂、沐浴、過橋（或過金橋）等，則在靈堂舉行。

科儀性的儀式通常由三至五位共同宣行，經懺之拜誦，以一位主持為常見。科儀類儀式中的主持者稱為首座，他的職務如同道教儀式中的高功，立於科儀桌的中央，執行各節次的法事；立於首座左右兩側者分別稱為正主懺、副主懺，協助執行各項法事。科儀性儀式的宣行，宣行者稱為前場，並設後場為演唱伴奏，以及演奏過場樂。

根據樂器性質的不同，後場分為武場與文場，口語分別稱為武棚、文棚[13]。武場樂器分為鼓板類樂器與銅類樂器，鼓板類樂器中的鼓計有小鼓、通鼓、大鼓，板類有手搖的板、扣板以及拍。手搖的板也稱為檀板；扣板又稱梆子，不過卻不同於中國西北地區梆子戲中所使用的梆子；拍的型制相同於南管樂器中的拍，只是尺寸較小。

文場樂器分為吹類與絃類。吹類計有嗩吶與噯：嗩吶俗稱大吹，用於伴奏多數釋教樂曲；噯俗稱小吹，屬於中型的嗩吶，至於真正的小型吹口語稱為叭子，即通常所稱的海笛。絃類口語稱為「線路」，與道教儀式後場一般，也有「豎線」與「倒線」，前者主要為殼子絃、和絃，後者為三絃，二十世紀八十年代以來，常見引用電子琴、電吉他的情形。

樂曲組成

釋教儀式中的科儀或經懺，都有固定的文本作為宣行的依據，使用於其中的樂曲概況，茲簡述如下。

---

[13] 棚語音為 pieng⁵，相同於「東邊」的「邊」，也有人書寫為文爿、武爿。

1. 曲目

釋教儀式所使用的樂曲，如根據曲調源流，可分為釋教固有音樂、以及非釋教固有音樂，凡是讚、偈、真言等，曲調都為釋教文化圈所固有，這類曲目計有：佛陀讚、聖者明通（七字偈）、道場初啟（七字偈）、灑淨真言、陀羅尼真言、奉請真言、準提讚、回向偈、五佛讚等。

非釋教固有音樂的部分，為運用於目連挑經、打城以及謁靈時所唱的曲子，該類樂曲風格頗不同於前述的讚、偈、或真言，釋教文化圈稱此類曲目為南曲，而他們所稱的南曲實即為南管，不過我們也不能將釋教儀式中的南曲等同於南管曲，兩者的相同點只為曲調，多數曲辭（文本）並不相同，至於演唱的相關現象更是不同，南管曲以琵琶、三絃、洞簫、二絃伴奏，釋教儀式中的南曲以小吹（即噯）伴奏。

用於挑經中的南曲曲目計有：告蒼天（普天樂）、黃泉路、崇釋教（生地獄）、鬼門關、西天路、遠望鄉里、論西方（水車歌）、只見樹木、母親隔別、告大王（南北交）、來到西天路（北滾）、算見人生（相思引）、思量只事（北青陽）、行出靈山寺（福馬郎）。打城科儀中的南曲曲目有：黃泉路、死地獄、行出靈山寺、奈何橋（落花生韻）、望鄉台、出路人、昔日、遠望獄城。

此外，可使用於謁靈的南曲曲目有：十月懷胎、那虧、人生在世、五更挑、四時景（一封書）、五更鼓、四時、朱門半掩、行來到只（相思引）、行來路遠、別離母親、春景（疊字）、太子遊四門、南海顏容、鼓返三更、說著母親、冬天寒、心堅意堅、生我離娘胎（五聲悲）、人生無定期、出路人、雙手擺開（玉交枝）、自細出家、當初食菜、二十四孝歌。

2. 體裁

釋教儀式中的科儀名目，雖與寺院佛教儀式有所不同，儀式中所使用的音樂體裁，則與寺院佛教儀式完全相同，都分為讚、偈、真言，且各類

體裁的作用也一致。釋教儀式的讚體也為長短句，如發表科儀的【佛陀讚】，該首曲子的文本，參見後文；釋教儀式的讚也有直接引用寺院佛教儀式的讚，如用於請佛科儀中的【準提讚】：

> 稽首皈依蘇悉帝，頭面頂禮七俱胝，我今稱讚大準提，惟願慈
> 悲垂加護。

根據《焰口施食要集詳說》的本文，【準提讚】第一為「稽首皈依蘇悉帝」，註解中則作「蘇悉地」。本首曲子的文本則為整齊句的七字句。

偈體的文本都為整齊句，每句七字，因此，口語都將這類樂曲稱為【七字偈】；換言之，【七字偈】為唱辭形式的通稱，並非指某首特定樂曲，例如發表科儀中的【七字偈】為：

> 道場初啟廣無邊，預具關文達陰陽。藥石疏燈陳供養，香花茶
> 果列敷筵。…

而請佛科儀中的【七字偈】則為：

> 佛身清淨似琉璃，佛面猶如滿月輝。佛在世間常救苦，佛心何
> 處不慈悲。

上述的【佛身清淨】，體裁與內容都頗像寺院佛教焰口儀式中的【讚佛偈】。

真言也稱為咒，不過在釋教的科儀書中，通常都書寫為真言。用於釋教儀式中的真言，多數的詞亦為不可解的古印度文的音譯，如發表科儀中的灑淨真言：

吽唵吽吽唵畔遮那那捨哩啞吽吽唵伴

不過仍有部分為可理解的文本，如奉請真言，該曲的內容參見後文。

3.演唱方式

釋教儀式音樂的演唱方式，讚、偈、真言等，都以規律式的拍法演唱，且皆相同地以後場樂隊伴奏；白文的部分，為唸白中夾吟唱，通常都為段落的首句以吟的方式，隨後的句子為唸白，這類文本不用後場伴奏，只於句子段落處偶而以通鼓的音響為節；至於經懺則以誦唱的方式呈現，同時擊打木魚為節，情形與寺院佛教經懺的課誦方式相同。

如相較於寺院佛教的演唱類樂曲，釋教儀式中演唱類樂曲的演唱方式特點為幫腔的運用，通常樂曲中的每個樂段都由首座演唱，樂段的下句或第二分句由助法的正主懺、副主懺演唱，至於後場的鼓師也經常幫腔演唱。

㈡樂曲特徵

釋教儀式音樂可分為釋教固有音樂，以及吸收的傳統音樂，固有音樂部分的體裁與寺院佛教儀式音樂的體裁完全相同，仍分為讚、偈以及真言，曲調方面則互不相同。吸收的傳統音樂指曲調而言，乃來自南管音樂，至於多數曲辭則為釋教文化圈所自創。

1.讚

與寺院佛教儀式的讚一般，釋教儀式讚的曲風仍極為莊嚴典雅，不過由於後場樂隊的民俗性較強，故音樂音響上稍熱鬧些。以一九九五年八月在中和市圓通路舉行的拔亡功德，發表科儀中的【彌陀讚】為例，該首的文本如下：

　　　　志心讚禮釋迦牟尼佛，為三界師四生父。玉毫眉際現，金口談妙法。潤群生，如朽木霑甘露。八十種隨行，三十二相具，大慈大悲能救苦。我今稽首禮，惟願垂加護，當來世捨閰，浮生淨土，端薦亡靈，亡靈早超昇，生淨土。

　　樂曲的拍法為 2/2 拍，速度極為緩慢，每分鐘約三十五拍；如根據樂句，本首曲子曲辭的段落為：

　　　A：志心讚禮，釋迦牟尼佛，為三界師，四生父。
　　　B1：玉毫，玉毫眉際現，金口談妙法，潤群生，群生如朽木霑甘露。
　　　B2：八十，八十種隨行，三十二相具，大慈大悲能救苦。
　　　B3：我今，我今稽首禮，惟願垂加護，當來世捨閰，浮生淨土。
　　　尾聲：端薦亡靈，亡靈早超生，生淨土。

　　如以開始的樂句 A 為中心的考察，樂句 B 為 A 的換頭式反覆，樂句 B 的第一句都有疊唱現象。全曲雖分為四個樂句，調中心則一致地為 la，最後一段尾聲的速度轉為稍快。【彌陀讚】的樂曲如下。

【佛陀讚】

釋教儀式
發表科儀
1995年8月25日
主壇：高樹清

台灣傳統音樂概論・歌樂篇

2.真言

釋教儀式中的真言，用於發表科儀中者計有：灑淨真言、陀羅尼真言、奉請真言。寺院佛教儀式中所用的咒多為吟唱式，速度也都極為緩慢；釋教儀式中的真言則皆屬歌唱式，亦即規律式拍法的曲子，且速度也較快。釋教儀式中的真言，文本也有能解者，如【奉請真言】：

　　　　以此振鈴申奉請，陰陽二界明通使者遙聞知，願承三寶力加持，
　　今則道場初啟，發奏關文，攝召亡靈，香花請時來降赴。南無步步
　　哩迦哩哆哩怛哆誐哆耶。

【奉請真言】用於召請幽冥界各部使者的節次，文本第一段敘述法事的意旨，第二段為咒語，藉著咒語加持的力量，以傳喚宣召。

【奉請真言】的曲式頗為工整，以樂句為基礎，根據實地調查的資料，該首唱詞的形式為：

　　　　A：以此吽吽吽，振鈴申奉請。
　　　　B1：南無三洲感應護法，韋陀尊天菩薩遙聞知。
　　　　B2：願承三寶力加持，今則道場初啟，發奏表文，香花請時來
　　降赴。
　　　　B3：南無步步哩迦哩哆哩怛哆誐哆耶。

實際演唱的文本與科儀書有些許差異。如果以全曲審視，開始的 A 段為引子，隨後的 B 為主題，計反覆三次，調性也不同於引句，轉到下方五度調，如果將 A 段視為 C 調，則 B 段轉到 F 調。【奉請真言】的樂曲如下。

【奉請真言】

釋教儀式
發表科儀
1995年8月25日
主壇：高樹清

3.南曲

　　超度功德法事的主要目的：對亡者而言，為超度亡者的靈魂至西方極樂世界；對家屬而言，則為悼念亡故的親人。因此，法事節目中的所有儀式，包括科儀類以及經懺類，都需到靈前參謁亡者，亦即釋教文化圈所稱的謁靈。謁靈的方式，為由儀式主持者演唱曲子，透過文本的詞義，表達對亡者的哀思，或闡述人生的短暫、幻變無常。用以悼念亡者時演唱的曲子，曲調多吸收自南管，釋教文化圈稱該類曲子為南曲。儀式主持者在靈堂前演唱，並擊打拍以制樂節，演唱南曲的場合，後場樂師通常都改用小吹作為伴奏，而不用大吹（嗩吶），此時鼓的打法也較為特殊，多為節奏細膩的滾奏，釋教文化圈稱此種演奏法為「攆鼓」，猶如南管琵琶的攆指一般。

　　釋教文化圈所演唱的南曲，由於演唱場合的特殊性，故法師演唱這類樂曲時，多能使聲情具有哀傷的色彩，有些樂曲的演唱速度，甚至比南管曲更為緩慢，以作者於一九八七年在台北縣蘆洲鄉所蒐集到的【嘆人生】為例，全曲的演唱時間將近二十五分鐘，該曲的曲式特徵為，曲前為散拍式的引子，接著為正曲，拍法為 4/4 拍，最後以散拍式的尾聲做結，該曲的部分曲調如下。【嘆人生】的文本描述中國歷代的知名人物，最終也免不了命歸黃泉，故也稱為【十代英雄】，而由於第一句唱詞的關係，又稱為【人生在世】。

【嘆人生】

釋教儀式
1987年7月18日
蘆洲市
賴清文演唱

人　　　生　　　　在世

葉　　　茂

花　　　　　　紅，

大　限　到　　來，恰是朝　霜

亦 欲 曉 露，朝　霜　　　亦 欲 曉

露。　　　　　　人　　　　　　生

嘆 人 生

恰　親　像　許　風　中　燭　　眼　前　花，猶　如

第三節

道教正一派音樂

　　道教正一派隸屬天師道，以從事科儀活動為內容，為相對於全真道的教派，後者以修煉求長生為目的。如稱全真道士為出家道士，則正一派道士為在家道士，平時過著與常民相同的生活，從事法事活動時，身分才轉化為道士。台灣的正一派道士主要分布於台北地區，近百年之間道法逐漸擴散至花蓮縣、宜蘭縣、桃園縣、新竹縣等地區。而台中市與豐原市、彰化縣埔新鄉、雲林縣虎尾鎮也有若干正一派的道壇，然而由於相同道派的道士少，故並無法從事大型的拜神類法事，所從事的法事多為法場類的小法。

　　道教音樂，指的是用於儀式中的音樂，包括道士的演唱，以及後場樂師演奏的過場音樂。道教正一派儀式音樂具有頗為古老的成分，另一方面則也吸收當地的傳統音樂（北管），作為儀式中的過場音樂。本文所呈現的道教儀式現象以及音樂內容，主要為台北地區的正一派道士所主持的儀式，法事空間則涵蓋宜蘭縣、台北縣市、桃園地區，並選擇性地呈現較具代表性的四首正一派道曲，至於該道派的樂曲全貌，可參閱作者的專著《台灣的道教儀式與音樂》。

㈠儀式概述

　　以營務內容言之，正一派道士從事的法事包括拜神類與醫療類，這種情形道士稱為「道法二門」，其中的「道」指道教法事，「法」指法教的法事。本文所指者，為拜神類的道教儀式。

1. 法事類型

在道教活動中，法事一詞有兩意，廣義方面作為集合名詞，指由若干儀式所組成的節目，以宣述某一特定的道教活動。狹義方面則作為分析性的詞彙，以描述儀式中的各個具有特定作法的段落，如淨壇法事、發爐法事等。由於職業的關係，正一派道士通常都從事兩種不同的法事，一般稱為正一法的法事屬於拜神類，另有醫療補運的法事，通常都稱為小法或法場。正一派道士所從式的拜神類法事，大致可以分為建醮法事以及禮斗法會。

建醮，意為延聘道士以主持敬拜神明的法事，屬於最大型的迎神賽會活動。根據作用的不同，正一派道士所做的醮分為清醮、慶成醮：清醮也稱為祈安清醮，屬於一般的醮事，以祈求風調雨順、國泰民安為目的；慶成醮為廟宇新建完成或翻修之後，為奠安謝土而舉行的法事。建醮又依據規模的大小，分為一朝醮、二朝醮、三朝醮、五朝醮，其中的「朝」多被解釋為天數，例如三朝醮舉行三天，其餘類推。

禮斗法會簡稱為拜斗，亦即以祈求信士闔家平安為目的。禮斗法會與建醮的主要區別，建醮有禁忌，祭區內禁屠殺生、信眾要齋戒素食，道教儀式以科儀為主；禮斗法會基本上對祭區無禁忌要求，儀式以誦唸經懺為主。禮斗法會通常在廟宇神明誕辰期間內舉行，一般多無規模的區別，視各種條件狀況，舉行的天數最小者有一天內完成，也有三天、七天，甚至九天的例子。

2. 儀式種類

正一派道士從事的法事活動，所安排的系列儀式稱為法事節目表，根據儀式功能的不同，儀式分為科儀與經懺，科儀為由若干不同節次的法事所組成，隨著目的的不同、結構的複雜程度有頗大的區別，組成儀式的各節法事，多需借助科介動作以闡述，故稱為科儀。換言之，科儀為「具有科介性的儀式」之簡稱。經懺為經書與懺文的合稱，經屬為闡述道教經典

義理，懺文多懺悔謝過之詞，亦即經懺的結構單純，宣行的方式為課誦。

正一派的全套科儀，根據演出的順序分別為：發表、啟請（又稱請神）、午供、解結、祝燈延壽、早朝、午朝、晚朝、開啟、禁壇、重白、宿朝，最後則有拜天公與普渡。每個科儀都具有特定的作用，如發表科儀以發送表文至天上各界，使不同階層的神明知道凡間廟宇從事的法事活動，啟請為啟告並奠獻前來醮壇的神明。早朝、午朝、晚朝、宿朝合稱為四朝科，這四個科儀為道教科儀中結構最複雜者，彼此的結構基本上相同，唯一的不同為儀式的目的，早朝朝觀度人三十二天大帝，午朝為雷聲普化天尊，晚朝為北斗九皇大帝，宿朝朝禮玉皇上帝與泰皇真君。

正一派道士常用的經書有：《五斗經》、《三官經》。《五斗經》之中以《北斗經》與《南斗經》最常用，由於《北斗經》能消災，《南斗經》解厄，功能最大之故。懺文方面有《星辰懺》、《三元懺》，如大型法事則有《朝天大懺》（計十卷）。

3.演出形式

道教儀式演出的空間，通稱為道場或道壇，如為建醮的場合，也稱為醮壇。禮斗法會的道場通常無壇禁，亦即開放給一般的信士入內朝拜；建醮的道場則實施禁壇，亦即斗燈首以外的信士無法入內，以免影響道場的莊嚴性。道場多搭建於廟宇正殿前的空間，為了法會而臨時給予特定的布置，其主要布置為道教的神明，以及象徵信士闔家平安的斗燈。道教神明的布置分為三個空間，正面為道教最高階的神明三清大帝，以及玉皇上帝與紫微大帝，兩側為左右班神明；斗燈主要放置於廟宇神明前的空間。

儀式的演出乃在三清大帝神像之前的空間，該處所擺設的桌子稱為科儀桌，作為儀式演出之用，除了發表、解結、拜天公、普渡，其他科儀以及經懺都在科儀桌前的空間舉行。儀式的演出包括道士的唱唸，以及後場樂師的音樂演奏，道士科演的部分稱為前場，樂師的部分稱為後場。後場仍根據樂器的性質分為文場與武場，設座於道場的兩側，以面對三清大帝

而言，武場在左側，文場在右側。

　　正一派參與科演的道士，除了發表與拜天公的人數較多（常為五至七人），多數科儀皆以三人宣行，其中一位稱為高功，為儀式的主要闡述者，餘二位分別稱為左班道士、右班道士，協助高功演出。

㈠樂曲的組成

　　正一派道教儀式音樂分為道士的演唱，以及後場樂師所演奏的過場樂，本文所論者為道士的演唱，該部分的音樂可簡稱為道曲，道士的行語則稱為「曲韻」。

1.曲目

表 7-1　正一派道曲一覽表

體裁	曲名	出處	演唱方式
天尊號	頓頭	各科儀	吟唱式、自由拍
步虛詞	頓頭	發表、起請、祝燈延壽、開啟、宏文夾讚	吟唱式、自由拍
散花詞	頓頭	發表、起請、早朝、午朝、晚朝、開啟、禁壇	吟唱式、自由拍
淨壇咒（天地自然）	四字偈	發表	演唱式、規律拍
化紙咒		發表、啟請	演唱式、規律拍
玉京山上	七字偈	啟請	演唱式、規律拍
玉樞偈	七字偈	洪文夾讚、午朝	演唱式、規律拍
水偈	七字偈	開啟	演唱式、規律拍
香偈	七字偈	開啟	演唱式、規律拍
三清讚	引子	開啟	吟唱式、自由拍
三清偈	七字偈	開啟	演唱式、規律拍
步虛詞	嵯峨玄都山	開啟	演唱式、規律拍

請師頌	請師頌	早朝、午朝、晚朝、宿朝	吟誦式
雲輿頌	雲輿頌	早朝、午朝、晚朝、宿朝	吟誦式
捲簾偈	捲簾偈	早朝、午朝、晚朝、宿朝	演唱式、規律拍
入戶偈1	玉京金闕	早朝、晚朝、宿朝	演唱式、規律拍
入戶偈2	重整衣冠	午朝	演唱式、規律拍
衛靈咒	四字偈	早朝、午朝、晚朝、宿朝	演唱式、規律拍
發爐咒	發爐咒	早朝、午朝、晚朝、宿朝	吟誦式
兩班偈	六字偈	早朝、午朝、晚朝、宿朝	演唱式、規律拍
別龍樓	別龍樓	早朝、午朝、晚朝、宿朝	演唱式、規律拍
焚表偈		早朝、午朝、晚朝、宿朝	吟唱式
三皈依		早朝、午朝、晚朝、宿朝	吟唱式
入經偈	五字偈	早朝、午朝、晚朝	演唱式、規律拍
出經偈	五字偈	早朝、午朝、晚朝	演唱式、規律拍
三聞經		早朝、午朝、晚朝、宿朝	吟誦式
復爐咒	復爐咒	早朝、午朝、晚朝、宿朝	吟誦式

2.體裁

以樂曲拍法特徵言之，正一派道曲分為引子與正曲，引子屬於散漫式節拍，正曲為規律式節拍。如以曲辭的結構論之，則可分為詩文體以及散文體。詩文體的樂曲，道士皆以字數作為曲名，如：四字偈、五字偈、六字偈、七字偈等。以【四字偈】曲調演唱的體裁，主要為衛靈咒，以【五字偈】演唱的體裁為入經偈與出經偈，【六字偈】套用於啟兩班偈。至於【七字偈】的曲調則有兩種，第一種以兩句唱詞為一個樂段，此種方式的曲調用於早朝、午朝、晚朝等科儀的轉經偈，以及開啟科儀的香偈與水偈；第二種【七字偈】以四句唱詞為一個樂段，此曲調用於午朝的入戶偈與開啟的啟請偈。

長短句形式的曲子所佔比例較少，根據對科儀書的調查，計有：【六腑水】、【入戶偈】（早朝、午朝）、【別龍樓】，兩首的曲辭有部分相

同之處：

　　【入戶偈】－早朝、晚朝、宿朝

　　　　A：玉京金闕嵯峨主，修真得道經中過。

　　　　B1：仙花萬朵，淨侶吟仙曲，一對仙童和。

　　　　B2：鈞天廣樂雲中過，奏仙音上大羅。

　　【別龍樓】

　　　　C1：別龍樓，離鳳閣，萬里無雲，一天寥闊。前排九鳳肅雝雝，後擁千官威灼灼。

　　　　C2：噴天香，揚錦幄，雨散香花，鳳篆帝軒。寶節三節接天真，金鐘一聲離碧落。

　　　　B1：仙花萬朵，淨侶吟仙曲，一對仙童和。

　　　　B2：鈞天廣樂雲中過，奏仙音上大羅。

　　為了便於了解兩首樂曲的唱詞、旋律的關係，【入戶偈】的樂段標示以 A、B（B1、B2），【別龍樓】標示為 C（C1、C2）、B（B1、B2），兩者的 B 段不但唱詞相同，曲調也一致。

3.演唱方式

　　相較於靈寶派科儀，正一派科儀所用的樂曲較少，不過演唱的樣式彼此則相同。正一派道曲的演唱方式分為道眾齊唱，以及輪唱兩種樣式，而兩種演唱方式都有後場的幫腔，可謂為正一派道場頗為突出的現象。

　　凡屬於正曲類的樂曲，包括【四字偈】、【五字偈】、【六字偈】、【七字偈】、以及長短句式的曲子，都由共同演出儀式的道士合唱，武場的樂師以及在道場協助的道士，通常也會在每段的下句處幫腔，形成前後呼應的演唱；所有這些曲子，都以兩支嗩吶伴奏，在演唱聲中，也有顯著

的鑼鼓音響，作為唱腔的襯托，而道士演唱的音調通常也都相當高，使音樂的氣氛頗為高亢。

正一派道曲中有稱為【頓頭】的曲調，屬於吟唱式，由一位道士演唱，或彼此輪唱，這類曲子皆屬於徒歌，亦即道士清唱，未使用樂器伴奏。以【頓頭】演唱的體裁包括天尊號、步虛詞以及散花詞，天尊號用於開科，以及儀式中的相關節次，通常由主持儀式的高功道士吟唱。使用步虛詞有特定的科儀，計為：發表、啟請、開啟、以及祝燈延壽，不若靈寶派的儀式，每個科儀都程式性地使用步虛詞。散花詞分為五言與七言，亦即有【五言散花】與【七言散花】，使用於發表、啟請、開啟早朝、午朝、以及晚朝。

以【頓頭】演唱的步虛詞，全曲八句，為整齊句，每句五字，以兩句為一個樂段，並以該樂段反覆，相同於板腔體音樂的情形，因此，我們也可以將奇數句稱為上句，偶數句稱為下句，每段的上句由高功演唱，下句由左班與右班輪流演唱，亦即第一段的下句由左班，第二段下句由右班演唱。散花詞不論五言或七言，都由兩句組成，不過由於這一體裁的特殊性，每句唱過之後都有應答句，因此，實際上的句子為四句，演唱方式為，兩句都由高功演唱，應答句由左班與右班輪流演唱。

以【頓頭】曲調演唱的天尊號、步虛詞、散花詞等，都屬於存想性的法事，故演唱的方式為低聲緩歌，音量也較小，以便能集中精神於冥想。

🔳 音樂特徵

正一派道士從事的法事包括建醮與禮斗法會，法事性質雖不同，兩者所用的科儀如發表、啟請、解結、祝燈延壽等都相同，而所用的經懺也大致相同，道士所從事的儀式可謂頗多，至於不同儀式所使用的唱腔多有相同之處。根據儀式中道士所使用唱腔性質的不同，正一派所用的道曲基本上可分為存想類、灑淨類以及讚頌類。

1. 存想類

存想，亦即存思冥想，為正一派道士的主要法事之一，藉著音樂以存想的法事有：存思天尊（天尊號）、步虛、散花，以及朝科的入戶，至於內秘性的存想法事，主要為朝科的飛罡進表，以及敕水禁壇科儀。

【天尊號】、【步虛詞】、【散花詞】的唱法，統稱為【頓頭】，實際的曲調則分為兩種，【天尊號】為一個樣式，唱詞為單句六字，演唱時都會增加一個字成為七字，句型乃成為四‧三，每個科儀【天尊號】的句型、唱腔皆相同，而除了天尊的名諱之外，唱腔中也會加入聲辭。【天尊號】的曲調如下：

【步虛】與【散花】的體裁雖不同，兩者的曲調基本相同，都以兩句為一個樂段，並以之反覆，且唱腔中都加入大量的聲辭，所使用的聲辭並非如北管戲曲為單聲辭（粗口阿音，細口伊音），而是多聲辭；正一派用於【步虛】中的聲辭計有：阿（a）、伊（i）、下（e）、呵（o）[14]。【步虛詞】為五字句，唱腔中的句型為二‧三，每句都相同，每分句末字的唱腔較為綿長，其餘位置的唱詞大體上為一字一音。以發表科儀為例子，【步虛詞】的樂曲如下[15]，其他科儀【步虛詞】的唱法與此相同。

存思類的樂曲之一為朝科的【入戶偈】，用於四個朝科的文本有兩種，午朝【入戶偈】為整齊句型，每句七字，共八句：

---

[14] 呵（o）為表亡音的聲辭。

[15] 本文所採正一派【步虛】的曲調，稍異於作者在《台灣的道教儀式與音樂》一書中的樂譜。

　　重整衣冠入道場，仙風吹下御爐香；金鐘玉磬聲飄揚，寶節旌旗引鳳揚。

　　殿前滾依明日月，人間仙樂奏宮商；法壇內外清和韻，稽首皈依大法王。

　　根據樂曲的結構，上述八句的文本分為兩段，第二段為第一段曲調的反覆。早朝、晚朝、宿朝科儀【入戶偈】的文本已見前文（體裁節次），為長短句，樂曲屬二段式，第一段的唱詞為整齊句，第二段為長短句。【入戶偈】的唱詞雖有不同，法事則皆一致，於入戶繞壇的時候由道眾演唱，且無例外地以兩支嗩吶伴奏。午朝【入戶偈】的樂曲如後面譜例所示。

　　以【頓頭】演唱的存想性道曲，節拍較舒緩，演唱的氣氛也較為莊嚴，樂曲都相同地以 la 音終止。由於正一派道教科儀活動頗活躍，在演唱現象蓬勃的生態中，道士之間的唱腔仍有些微差異，而基本特徵則皆相同。【入戶偈】的唱法則較富於聲情，音調較高之外，道眾演唱的神情也較為飛揚。

【步虛】

道教正一派儀式
發表科儀

【入戶偈】

道教正一派儀式
午朝科儀

♩≒75

重整衣冠入道場，　　　仙風

吹　下　御　爐　香。　金

鐘　玉　磬聲　交　雜，

寶節幢　幡　引　鳳　揚。

殿　上　滾依明　日　月，

人　間　仙　樂　奏　宮　商。

法　壇　內外清　和　韻，

稽　首　皈依　大　法　王。

2.灑淨類

　　相較於靈寶派，正一派科儀並無程式性的灑淨法事，在每個科儀開始的時候滿壇灑淨，而只有發表、啟請、開啟等科儀，在若干節次有灑淨法事。用於發表科儀中者，屬於大淨壇，高功道士透過各種內秘大法準備法水，該節次歷時較長，道眾齊聲演唱【天地咒】，由於文本為整齊的四字句，故唱腔以【四字偈】演唱，唱法完全相同於朝科中的【衛靈咒】。正一派的【天地咒】文本，與靈寶派的【淨天地神咒】完全相同，曲調則各異。啟請科儀與開啟科儀中的灑淨法事，使用於啟告神明之前，目的為使道場潔淨無穢以表忱悃，因此需先以法水灑淨儀式空間以及人眾，這兩場合演唱的曲子為【六腑水】。

　　以法水灑淨道場之外，另一種方法為宣召官將護衛壇場，這種法事並有演唱，為發爐前的衛靈，此時道眾齊聲演唱【衛靈咒】。該首曲子用於四個朝科，節次在入戶之後，道眾昇入內壇，禮請五方天尊、三師（道、經、師）並上手爐香之後，隨著的重要法事為發爐，其目的為召出身中各部元神以會神真，由於為重要的大法，故需宣召官將以翊衛壇場。四個朝科【衛靈咒】的咒文彼此都不相同，篇幅也不一致，早朝與晚朝為十二句，午朝與宿朝各為三十六句、十八句，句型則相同地為整齊句，每句四字，以兩句為一個樂段，並以該樂段做多次的反覆演唱，法事過程中，左右班道士立於兩側齊聲演唱，高功則在科儀桌前做各種宣召的法事。

　　各個朝科【衛靈咒】演唱時的音調，仍屬於高調型態，道眾演唱時的聲情較高，後場並以兩支嗩吶伴奏；至於樂曲型態，拍法為 4/4 拍，速度為稍快板，以 la 音終止，亦即羽調式，為正一派道曲的慣用終止法。下例為用於早朝科儀的【衛靈咒】，由於文本有十二句，故相同的樂段（A）反覆六次；如為午朝的【衛靈咒】，由於文本有三十六句，故樂段 A 需反覆十八次。如以句型特徵命名，上述諸科儀的【衛靈咒】唱腔都稱為【四字偈】，該首曲子的主腔第一遍為七小節，第二遍之後都為六小節，雖反

覆演唱六至十八遍，然而幾乎沒有裝飾性的變化。

【衛靈咒】

道教正一派儀式
早朝科儀

3.讚頌類

除了存想、灑淨，正一派道曲數量較多者皆用以讚頌，至於讚頌的對象，主要為三清大帝以及稱為「九御」的九位道教上神。其次則為法物，而並無如靈寶派道曲尚有讚頌北極玄天上帝、以及道教創始人張天師的曲子。讚頌三清大帝的曲子用於啟請與開啟兩科儀。讚頌法物方面，一為讚頌獻給神明的供品，由於通常都獻十類，故該曲也稱為【十獻偈】，該法事與樂曲用於發表、早朝、午朝、晚朝等科儀；讚頌法物之二為禮經，用於早朝、午朝、晚朝三個科儀，計有：【入經偈】、【轉經偈】、【出經偈】。

為了方便描述，本文將讚頌三清的曲子稱為【三清讚】，啟請科儀演唱的文本為：

諸天散香花，肅然靈風起，素願定命根，故至飄高遊。
歡樂太上前，萬劫由來始。

開啟科儀中所唱的文本為：

嵯峨玄都山，十方宗皇一；迢迢天寶台，光明耀流日。
煒燁玉林華，倩爛耀珠室；長念餐元精，練液固形質。
金光散紫微，窈窕大乘蓋。

根據《道藏》，該兩首唱詞都出自古代的步虛詞，【諸天散香花】可見於〈太上洞玄步虛經詠〉[16]，【嵯峨玄都山】可見於《玉音法事》[17]，故如以文本的性質，也能將這兩首曲子稱為【步虛】，不過正一派道士處理

---

[16] 參見《正統道藏》第 18 冊，第 644 頁。

[17] 參首曲詞可參見《正統道藏》第 18 冊，第 568 頁。

這兩首的方法卻不同於存想類所提到的【步虛】，存想性的【步虛】以【頓頭】演唱，節拍為散漫型態，此處的唱腔則為正曲，亦即以規律型態的拍子演唱；兩首曲子各有六句與十句，曲調則以一個句子為一樂段，並以之做多次反覆，基本的樂段如下譜：

該首樂曲的唱詞處理方式較為奇特，每句五字的曲詞，由於疊唱的關係，唱腔中變成九個字，如下例的句子：

諸天散香花→諸天諸天散香散香花

亦即將五字的音節結構視為二二一，前兩小分句各疊唱一次，而為（二二）（二二）一，【諸天散香花】與【嵯峨玄都山】的處理方法都相同。

讚頌九御的曲子為【別龍樓】，用於請九御的法事中，該法事用於四個朝科，節次為發爐、啟請神明之後。該首樂曲的形式屬於正一派道曲中最為複雜者，屬於三段式，第一段（Ａ）與第二段（Ｂ）的調中心音相同地為 re，第三段則轉為 la，因此如以全曲論之，該曲為羽調式，仍屬於正一派道曲的慣用調式。【別龍樓】的曲譜如下，唱詞、曲調等，通用於四個朝科。

讚頌法物的樂曲，讚頌法水、香者有【水偈】、【香偈】，用於開啟科儀；陳獻給神明的供品者為【十獻偈】，分別用於發表、早朝、午朝、以及晚朝；讚詠經書之功者有【入經偈】、【出經偈】、【轉經偈】，為早朝、午朝、晚朝的通用體裁，由於句型為五字或七字，故所套用的樂曲

為【五字偈】或【七字偈】。早朝與晚朝的【出經偈】文本相同,共計八句,以四句為一樂段(A),反覆一遍,調中心為la,屬羽調式,為正一派道曲的慣用終止法。【出經偈】的樂曲如下,該首樂曲的旋律亦使用於演唱早朝與晚朝的【入經偈】,只需將唱詞文本換過即可。

【別龍樓】

【出經偈】

道教正一派儀式
朝科通用

♩≒115

〔A!〕
智　慧　生　戒　根，　真道

戒　為　主，三　寶　由　是　興，高仙

〔A〕
所　崇　受。　泛　此　不　死

丹，　倏忽　濟　大　有，當此

說　戒　時，　諸　天　皆　稽　首。

當此　說　戒　時，　諸　天　皆

稽　首。

第四節

道教靈寶派音樂

　　道教靈寶派也隸屬天師道，以從事科儀活動為內容。約在百餘年之前，靈寶派道教分布於台灣各地，而在北部地區傳入正一派的道壇之後，目前它主要分布於中部與南部，尤其以台南地區為最盛；台北地區雖也有若干靈寶派道士，不過都只從事拔亡類的法事，廟宇的建醮或禮斗法會已都由正一派道士主持。

　　靈寶派道士從事的法事包括拜神類以及拔亡類，其中拜神類法事又分為建醮與禮斗法會，儀式空間在廟宇；拔亡類法事以超渡亡魂為目的，儀式空間在亡者家屬的宅第。靈寶派道教儀式的相關文化為各地的普遍現象，至於道士演唱的唱腔則有地區性的若干差異，本文所呈現的樂譜，錄音資料來自台南地區道士，並分析其中若干代表性樂曲，至於靈寶派道曲的泛論，可參閱作者的專著《台灣道教儀式與音樂》。

㈠儀式概述

　　靈寶派道教儀式為各類法事節目的組成之一，道士所從事的法事包括拜神類與拔亡類，根據結構的不同，靈寶派儀式仍基本地分為科儀與經懺：科儀的結構複雜，音樂豐富；反之，經懺結構單純，音樂體裁簡單。

1. 法事類型

　　靈寶派道士從事的拜神類法事分為建醮與禮斗法會，依據功能的不同，建醮類法事分為清醮、慶成醮、火醮、瘟醮。清醮又稱祈安清醮，以祈求境內風調雨順為目的，用於清醮中的法事節目，為其他各類醮事的基礎。

慶成醮以奠安慶成為目的，用於廟宇落成或翻修竣工之後，所安排的法事，為清醮法事之外，加上安龍謝土。火醮也稱為禳火醮，以逐除火災為目的，法事節目仍以清醮為基礎，在前一天加上火部發表、火部啟請、打火疫。瘟醮又稱王醮、王船醮或王爺醮，以逐除瘟疫為目的，法事包括清醮儀式，加上請王、每日朝謁王爺、以及送王，其中送王俗稱燒王船，特徵為將王船拖拉至特定地點[18]，並予以燒化。

靈寶派拜神類法事所安排儀式的多寡，依據法事規模的大小仍有所區別。建醮類法事的規模有一朝醮、二朝醮、三朝醮、五朝醮等之分，通常以三朝醮或五朝醮最為常見，而七朝醮或九朝醮也偶而可見，台南市鹿耳門天后宮於一九八四年，甚至曾舉行過一次為期四十九天的建醮活動，法事由台南市集神壇陳榮盛道長主持，該規模據稱為最大型的道教建醮活動，也稱為羅天大醮。根據靈寶派道士的文檢，三朝醮的法事節目需包括早朝、午朝以及晚朝等三個朝科，然而由於儀式經濟等因素，從一九八〇年代以來作者所見，三朝醮通常都沒有安排朝科，五朝以上的醮典才有，因此，道士稱這種三朝法事為「空殼三朝」。

禮斗法會通常並無規模的說法，舉行的天數從三天至九天不等，所安排的儀式以經懺為主，科儀類通常為〈發表〉、〈啟請〉，有時也會安排分燈、宿啟，最後也相同地有進表（俗稱拜天公）以及普度。禮斗法會與建醮的差異可分為兩方面：一為禁忌與民俗，建醮有較多的禁忌，祭區需齋戒，道場實施壇禁，禮斗法會並無禁忌的規定；二為外壇之有無，建醮活動除了需布置供科演用的道場，祭區內以廟宇為中心的四周，並需搭建外壇，包括天公壇、福德壇、觀音壇、天師壇以及北帝壇，禮斗法會無這類外壇。

拔亡法事俗稱做功德，亦即拔度剛過世者的亡魂脫離地獄之苦，至西

---

18 傳統上，燒王船的地方都選擇海邊。近二十年來王船醮成為例行性的民俗活動之後，舉行該醮事的廟宇並非都濱海，而是於內陸擇處燒化。

方極樂世界。法事的規模分為午夜功德、一朝功德、二朝功德以及三朝功德，其中以午夜功德法事最為常見。午夜功德約從上午十點左右開始，至晚上九或十點結束，故稱「午夜」。一朝以上的功德皆在一天以上，所安排的法事除了經懺之外，並包括朝科，由於這類法事需時較長，目前已經相當罕見。

2.儀式種類

道教靈寶派的儀式分為科儀與經懺，拜神類與拔亡類法事所用的科儀彼此不同，經懺部分有同用的情形，也有獨用的經懺。

拜神類科儀計有：玉壇發表、啟請、揚旗、午供、分燈、捲簾、鳴金嘎玉、道場進茶、敕水禁壇、宿啟、早朝、午朝、晚朝、重白、玉皇經啟闕、進表、正醮，此外，並有民俗性的普渡儀式。玉壇發表由玉壇與發表組成，通常用於三朝以上的醮典，該規模以下的同性質科儀為發表。每個科儀都有特定的目的：玉壇為淨壇逐穢，發表為發送表章至天界各曹局，以通知各司神明以法事活動；啟請也稱為請神，啟告前來醮壇的神明，並祈求賜福平安；揚旗在廟宇前面的燈篙處舉行，將天燈、天旗升上燈篙，以使大地朗照；分燈為引燃燈火，使道壇與斗燈光輝照耀；捲簾為朝覲三清大帝；鳴金嘎玉為鳴金鐘與玉磬，以象徵陰陽開泰；道場進茶為朝禮三清大帝，科儀基本上相同於早朝科儀；敕水禁壇由敕水與禁壇組成，敕水為召請破穢司的官將，將道場的所有厭穢不潔之炁袪除，禁壇為將潔淨無穢的道場封禁，使一切鬼祟無法進入；宿啟為安五方真文，並朝禮十方天尊；早朝、午朝、晚朝合稱三朝科，屬於結構最複雜的道教科儀，每個科儀都需二小時以上，除了本科，前面都各有啟聖科與啟師科，本科在科儀桌前宣行，啟聖與啟師則在三界壇前舉行，早朝朝謁三清大帝，午朝為紫微大帝，晚朝為勾陳大帝；重白為再次啟請神明，科儀書與啟請大致相同；玉皇經啟闕為拜誦《玉皇心印妙經》前，向玉皇大帝請經；進表為進拜玉皇大帝朱表，俗稱拜天公；正醮包括兩個部分，前部為設醮筵宴請諸階神

明，後部為解壇，將宿啟科儀所安的五方真文收回。

用於拜神類法事中的經懺計有：《玉樞經》、《五斗經》、《三官經》、《玉皇心印妙經》（三卷五品）、《朝天大懺》（十卷），《五斗經》之中以《北斗經》為較常用，由於該部經書可以消災解厄之故。

午夜規模的拔亡類科儀計有：開冥路、發表、請神、引魂、走赦、打城、沐浴、過橋、解結、填庫，每個科儀之前都冠有「靈寶拔度」或「無上拔度」。如為一朝以上規模的法事，則另有：分燈、捲簾、鳴金嘎玉、宿啟、道場進茶、早朝等，這些科儀與拜神類科儀的意義目的基本上相同，只是宣行的方法稍簡。

用於拔亡類法事的經懺計有：《度人經》、《太上慈悲滅罪寶懺》（三卷）、《太上靈寶冥王拔罪寶懺》（十卷）、《九幽拔罪寶懺》（十卷）、《靈寶藥師寶懺》、《救苦寶卷》。

3.演出形式

靈寶派道士所從事的法事，雖有拜神類與拔亡類的分別，兩者演出儀式的場所大致相同，都在特定布置的空間舉行，該場所通稱為道場，拔亡類法事的空間，除了宣演科儀的道場之外，並有靈堂。拜神類法事包括建醮與禮斗法會，儀式空間布置基本上相同，差別為建醮道場有四尊紙糊的官將，禮斗法會道場則無。道場正面掛著道教上層神明，基本上為三清大帝，並視空間大小的不同，可以再布置玉皇大帝、紫微大帝、勾陳大帝、雷聲普化天尊，三清大帝前面擺置一張桌子，稱為科儀桌，以供科演之用；左右兩側也掛畫像式神明，分別稱為左班神明、右班神明；三清大帝的掛像對面為三界壇，包括一個紙糊的三界亭，亭後掛著天師與北帝的畫像。

與正一派道教儀式一般，靈寶派道教儀式主要的演出空間，為前述提及之道場科儀桌前，而玉壇發表科儀在三界壇前，進表科儀則在廟宇外所搭建的玉皇壇，普渡在廟外臨時搭建的普渡壇。靈寶派儀式的演出也區分為道士的儀式宣行，以及後場樂師的音樂演奏，科儀類儀式通常由五名道

士共同宣行，除了敕水禁壇為一名道士。科儀由一名主要的道士詮釋，該位道士稱為高功，他的扮身特徵為穿絳衣，頭頂的金冠插一支金仰。其餘四位道士分別為都講、副講、引班、值香：都講立於高功左側，負責唱讚，演唱時職掌擊奏木魚；副講立於高功右側，職司各種表文的宣讀，演唱時則負責銅磬；引班立於都講左側，職掌繞壇時引領班序，以及灑法水淨壇；值香立於副講右側，職掌科儀中所需香、金紙等之準備。

根據靈寶派道教文化圈之行語，道士的演出稱為前場，樂師稱為後場，樂師也根據所使用樂器的類別，設座於道場兩側，其中節奏性的樂器位於道場左側，旋律性樂器位於道場右側，與傳統戲劇劇場的武場、文場設座的情形相同。武場使用的樂器分為鼓板類與銅器類，分別由一位樂師負責演奏，鼓板類中的鼓計有小鼓、通鼓、扁鼓。實際究竟用幾面鼓，個別性頗大，少者只用一面，多者也有用三面之例。板類有扣板與檀板，以使用扣板的情形較常見。銅器類計有：銅鐘、鑼、響盞、鈔，由於僅有一位演奏者之故，棒擊式銅器都懸掛於架上，以便於擊奏。文場樂器主要為大吹（嗩吶）、小吹、殼子絃、三絃，有時也能見洋琴、秦琴、笛子等。

樂曲的組成

本文所討論者，包括用於道教靈寶派儀式中的曲目、樂曲體裁以及各類樂曲的演唱方式。

1. 曲目

靈寶派道教的儀式，如果將拜神類與拔亡類的科儀與經懺全部計算，將近有八十個儀式 [19]，用於儀式的唱腔，並非以算數級數式的倍增，而是

---

[19] 道教靈寶派的拜神類與拔亡類儀式全套，可參閱日・大淵忍爾著《台灣の道教儀禮》。

彼此有通用或同用的情形。根據調查，靈寶派道士使用於科儀中的曲子計
如下表：

表 7-2　靈寶派道曲一覽表

體裁	曲名	出處	演唱方式
步虛詞	步虛	所有科儀	演唱式、規律拍
淨天地神咒	淨壇調	所有科儀	演唱式、規律拍
洞中文	水白	玉壇發表	吟唱式、自由拍
香白	道香一炷	發表	吟唱式、自由拍
金光咒	天地玄宗	發表	吟唱式、自由拍
香偈	大羅天	啟請	演唱式、規律拍
水偈	五龍吐	啟請	演唱式、規律拍
揚旗偈	七字偈	揚旗	演唱式、規律拍
七獻偈	無	午供	演唱式、規律拍
三清樂	玉清樂、上清樂、太清樂	捲簾	吟唱式、自由拍
太上散十方	明燈頌	分燈	演唱式、規律拍
北帝頌	短相思	宿啟啟聖	演唱式、規律拍
天師頌	青陽疊	宿啟啟師	演唱式、規律拍
三皈依讚	無	宿啟	演唱式、規律拍
真武頌	雁過沙	早朝啟聖	演唱式、規律拍
天師頌	雁過沙	早朝啟師	演唱式、規律拍
三清讚	金字經	早朝	演唱式、規律拍
真武讚	金字經	午朝啟聖	演唱式、規律拍
天師讚	金字經	午朝啟師	演唱式、規律拍
大羅天	雁過沙	晚朝啟聖、晚朝啟師	演唱式、規律拍
禮三師頌	金字經	晚朝	演唱式、規律拍
請師頌	無	玉壇發表、道場進茶	誦唱式
雲輿頌	無	玉壇發表、道場進茶	誦唱式
昇壇頌	彌羅範	道場進茶、宿啟、早朝、午朝、晚朝	演唱式、規律拍

衛靈咒	四字偈	道場進茶、宿啟、早朝、午朝、晚朝、正醮	誦唸式
發爐咒	無	道場進茶、宿啟、早朝、午朝、晚朝、正醮	吟誦式
焚詞頌	無	道場進茶、宿啟、早朝、午朝、晚朝	演唱式、規律拍
三清讚	茶讚	早朝、午朝、晚朝	吟唱式、自由拍
三啟頌	緊板、慢中緊、緊中慢	道場進茶、宿啟、早朝、午朝、晚朝	演唱式、規律拍
復爐咒	無	道場進茶、宿啟、早朝、午朝、晚朝、正醮	吟誦式

其中【步虛】、【淨壇調】能見於各科儀，每個科儀都有【步虛】，只有曲辭有差異，【淨壇調】為各科儀所同用。

2.體裁

以樂曲拍法特徵言之，靈寶派道曲可分為引子與正曲，引子屬於散漫式節拍，正曲為規律式節拍。如以曲辭的結構論之，則可分為詩文體以及散文體，詩文體中常見者為整齊句型，又以五字句為多，如【步虛詞】、【三啟頌】皆是，兩者皆為極古老的道曲體裁，第四世紀的南北朝時期已經出現。靈寶派道士所用的【步虛】有兩體，科儀開始之時所唱者有四句與八句兩款，用以存神淨思，以演唱的方式呈現；至於三個朝科在朝禮玉京山旋行繞壇時所唱者，每個科儀都相同地為三首，句數各為三十八句、四十四句、四十四句，由於篇幅長的關係，故也稱為【大步虛】，如以篇幅長短作為區別，則開科時所唱者也可稱為【小步虛】。【三啟頌】共計

三闋，每闋都為整齊的五字句，各有八句，結構上相同於【小步虛】。

詩文體中屬於長短句者，如朝科中的【茶讚】與【讚道歌】，用於三個朝科中的【茶讚】，曲辭都互不相同，形式則相同。以早朝為例，讚頌玉清元始天尊的【茶讚】曲辭為：

> 清微天玉清境，道祖凝真無色頂，梵炁彌羅帝一尊，神光輝映虛空境。
> 萬天中綿劫永，出有入無朝九聖，惟願天尊降道場，天龍人鬼皆稱慶。

【茶讚】用於【三啟頌】之前；讚頌上清靈寶天尊、太清道德天尊的文本形式與此相同，全曲共計八句，以四句為一段，每段第一句為六字，其餘各句都為七字。【讚道歌】只用於早朝以及晚朝科儀，接於【三啟頌】之後；本曲仍用於讚頌三清大帝，讚頌玉清元始天尊的唱詞如下：

> 玉清聖境元始尊，鬱羅蕭台演經文，萬道祖千百應號身，救諸苦無量度天人。

以四句為一段，前兩句七字，後兩句八字。

3.演唱方式

道教儀式為透過朝禮道教高階神明，以祈求庇蔭鄉里，並賜福信眾居止平安，福祿綿長。為了達到此目的，儀式中尤其是朝科，使用了相當多的讚頌，以歌頌三清大帝；至於每個朝科前的啟聖與啟師，也有歌頌北極玄天上帝與道教創始者張天師之辭。屬於讚頌性的曲子，演唱方式都採用較高的音調，曲情較為熱烈，其中如為正曲類的樂曲，由於拍法規律，因此，都由道眾合唱。至於屬於引子型態、散漫式拍法的曲子，則以道士獨

唱，具體的方法為每位道士唱一段，前後乃構成輪唱的情形，每一循環的輪唱都以都講、副講、引班、直香的順序進行。

　　靈寶派道士在進行儀式演出之前，身分與常民並無異，要進入法事境界，仍須經過某種特殊的過程，亦即洗去塵世的俗念，並存想處身於虛無的境界，【步虛】即為了存想思神而設的法事。道士在這過程中，除了透過存想淨慮，同時也藉著歌聲以提升精神境界，這類法事的演唱方式由道眾合唱，演唱方法則不同於讚頌式，所採取的音調較低，音量也較小，而速度也較緩慢，以配合平靜的情緒。

㈡音樂特徵

　　相較於正一派道曲的高亢熱鬧，靈寶派道曲較為華彩抒情；如果稱正一派道曲具有北管音樂的高亢熱情氣氛，則靈寶派道曲近似南管曲的婉約綿長。靈寶派道曲根據功能的不同，基本上也可分為存想、灑淨、讚頌三類。

1. 存想類

　　存想指存思冥想，目的為進入特定的道教儀式境界。屬於存想類的曲子為【步虛】、【彌羅範】，此外，吟唱式的【魔王歌】也屬之。【步虛】用於靈寶派道士的所有拜神類儀式，包括科儀以及經懺，體裁則有八句式與四句式兩種。使用八句式【步虛】的科儀計有：玉壇、發表、啟白、分燈、萬靈聖燈以及正醮，此外，其他科儀的【步虛】為四句式。

　　根據實地調查，台南地區、高雄地區、雲林縣北港鎮、南投縣竹山、彰化縣的二林鎮與鹿港鎮以及台中縣清水鎮等地，皆有靈寶派道壇，道士們所唱的【步虛】基本上都相同，而金門地區靈寶派道士所演唱的曲調，就非常不同。如果以演出的機會言之，中部地區（台中縣與彰化縣）靈寶派道士一生中幾乎未曾參加醮祭法事，而台南市的道士每年都有多次主持

廟會法事的機會，尤其是集神壇道士陳榮盛先生，每年常有十餘科醮事。可能出自經常有機會做儀式，台南市靈寶派道教儀式音樂保存得較為完整，因而【步虛】也較為完整或流暢，其他地區的【步虛】的旋律似乎有片段性遺失的情形。台南地區道士所演唱的八句式【步虛】，以四句為一段，全曲為兩段式，調中心為 re，亦即商調式，其曲調如後。

【彌羅範】為固定曲辭的樂曲，只用於宿啟、道場進茶、早朝、午朝以及晚朝等科儀，用於上述朝科道士欲入戶昇壇的過程；換言之，這些科儀所演唱的該首樂曲，曲調與唱詞都相同。目前所見靈寶派道場雖為平面式的一層結構，在古代它乃由三層壇組成，亦即內壇（上層）、中壇（中層）以及外壇（下層）。上層壇為供奉三清大帝之所，朝科的主要目的在於朝禮三清大帝，因此，宣行科儀都要從一般的壇所進入上層壇，此一昇壇的過程稱為「入戶」。入戶時道眾由外壇旋行，經中層壇以昇入內壇，同時需朝禮布置於各壇的天尊，在昇壇旋繞之時，道眾一面合唱【彌羅範】，氣氛極為莊嚴肅穆。

【彌羅範】為靈寶派道教最長的曲子之一，全曲分為三段，第一段第一樂句之內，道眾序立於科儀桌前，以微弱的音量演唱，同時隨著節奏擊打各種法器，都講為木魚，副講為引磬，引班為鐃，直香為帝鐘；進入第一段第二樂句（渺渺紫金闕），開始緩慢地旋行繞壇，高功依序在三清、玉皇、紫微、左班、右班以及三界壇等處運香。第三段（C）時，道眾面向三界壇序立，以朝禮三界神明。

【步虛】

靈寶派道教儀式
道場進茶科儀

道　德　無　為　　　靜，　真　香　妙　　洞

然．　　　氤　　氳　　　　通

法　　界，　　　　　逍　離　　徼

高　　　天．　　　瑞　散　　　　　三

清　　境，　　　　　　祥　含

九　　氣　　　煙，　　　金　童

并　　　玉　女，　　　　　傳　奏

高　真　前．

【彌羅範】

道教靈寶派儀式
朝科通用

發　光　明。

〔B2〕
寂　寂　浩

無　蹤，　　玄

範　玄範總　十　總十　方。

〔B3〕
湛　寂　真

常　道，　恢　漠

大　神大神　通。玉皇　大天尊，玄穹

高上　帝。三元　天　地水三　官　大

帝。三宮　九　府應感　大大天　尊。

2. 灑淨類

　　道場為莊嚴肅穆的空間，需保持潔淨無厭穢之氣，因此，每個儀式都有灑淨的法事。最大規模的淨壇法事為敕水禁壇，該科儀分為兩部分，第一部分為敕水，主要為藉著天師劍與法水的威力，將道場灑淨，其中的【辟邪蕩穢咒】以北管曲調演唱；第二部分為禁壇，為將道場的五方結界，依序為東、南、西、北、中央，在各方結界時都演唱【結界咒】，曲調採用北管扮仙戲中的【梆子腔】，結界完畢時並藉著【禹罡咒】，再次巡行道壇，以封鬼門，該咒則利用潮調【駐雲飛】演唱。

　　第二種灑淨類的法事為「水白」，該法事用於玉壇發表、道場進茶、宿啟、早朝、午朝、晚朝等科儀，不過通常僅於玉壇發表有宣行水白法事，其餘科儀未見過做水白。水白法事包括安心神、變身、取五方炁、步九鳳罡破穢。在法事過程中，都講吟唱【水白文】，曲調屬散漫式拍法，不用後場伴奏，為徒歌形式；【水白文】之後為【洞中文】，沒有間斷地接唱，拍法變為四拍子，速度極為緩慢，並以嗩吶伴奏。【水白文】與【洞中文】共需時約十四分，為靈寶派道曲中高難度的曲子，樂曲特徵為每個音充分延長的吟唱，故道士也將這種唱法稱為「牽調」（khan^1-tiau^3）。

　　上述兩種灑淨類法事都屬特定用法，另有使用於各個科儀的灑淨法事，通稱為淨壇，這種淨壇為程序性，在【步虛】之後，道眾已經做好心神方面的準備，接著為將道場灑淨，以便啟神會聖。灑淨法事的作法，道眾旋行繞壇，引班引領在前，他手執天師劍（或柳葉枝）以及水盂，在繞壇之時並一面灑法水，以滌淨道場，整個過程道眾同時合唱【淨天地神咒】，這首樂曲用於所有靈寶派科儀，曲調與唱詞都相同。

　　【淨天地神咒】的樂曲形式極有規律，拍法為規律式，每小節二拍，唱詞的首兩句為引子，其次以四句為一個樂段（A），共反覆五次（A1-A5），調中心為do，可稱為宮調式，最後的天尊號（命魔攝穢天尊）則以re為中心音，而尾奏的中心音也是re，故如以尾聲解釋調式，該曲以商調

做結，樂曲如下，演唱時並以兩支嗩吶伴奏。

【淨天地神咒】

道教靈寶派儀式
拜神類科儀通用

3.讚頌類

讚頌性質的樂曲，在靈寶派道曲的數量上最為豐富，這應為出自儀式本身的需要，需不斷地向神明祈求，而祈求的方法之一為歌頌神明的法力。靈寶派道曲屬於讚頌類者，如以演唱方式觀察，可分為引子與正曲，引子的拍法為散漫式，這類樂曲通常都以一位道士演唱一個樂段，全曲由道士輪流演唱。正曲的拍法規律，通常都由道眾一起演唱。

如以曲調的來源觀察，靈寶派讚頌類樂曲可分為道教固有，以及吸收自當地的傳統音樂。屬於道教固有的讚頌類樂曲，當以【三啟頌】與【三清樂】最具代表性，前者的唱詞出現於中世紀的南北朝時期，至唐宋時期普遍地用於所有朝科（即早朝、午朝、晚朝），今僅見的道教樂譜《玉音法事》中，也有【三啟頌】的曲線譜。根據道藏，【三清樂】出現於宋代，《玉音法事》中也有該樂曲的曲線譜，該首曲子目前用於靈寶派道教的捲簾科儀，為散漫式拍法，計有三首，分別讚詠玉清、上清以及太清。

【三啟頌】亦有三首，於朝禮三清大帝時演唱，使用該曲的科儀計有：宿啟、道場進茶、早朝、午朝、晚朝，唱詞雖都相同，不過曲調則分為三種，為了區別三種不同的唱法，道士將它們分別稱為：緊板、緊中慢、慢中緊。緊板形式的【三啟頌】全曲始終為二拍子，速度快，因以為名，曲調名稱的意義與北管古路戲曲的【緊板】並不相同，兩者的曲調無任何關係，拍法也各不相同。【三啟頌】每首都為整齊句八句，以四句為一樂段（A），調的中心音為 do，故可稱為宮調式，並以之反覆，最後則加「善聲」作為尾聲，該小段尾聲的調中心音則轉為 re，這屬於靈寶派道曲的慣用結束方式。緊板的【三啟頌】樂曲如後。

慢中緊形式的【三啟頌】，第一樂段為極緩板（B），4/4 拍，以四句唱詞為一段；第二樂段為緊板（A），唱詞亦為四句，曲調相同於前述緊板【三啟頌】的唱腔，其曲調名稱指慢板之後接以緊板之謂。至於北管古路戲曲中仍有【慢中緊】的唱腔，靈寶派道曲的慢中緊完全與之無關。緊

中慢形式的【三啟頌】，第一段唱詞四句，曲調（A）同於上述緊板形式的【三啟頌】；接著兩句的拍子轉為 4/4 拍，速度極為緩慢（B）；最後兩句又轉回緊板（快板）（A），形成 A-B-A 的三段式。

三種不同曲調的【三啟頌】，都相同地以兩支嗩吶伴奏，道眾一面演唱，一面繞壇旋行，不過繞壇的方式並不同於灑淨繞壇，而是有舞蹈動作，這種用於【三啟頌】中的舞蹈，特稱為「三演三舞蹈」。由於【三啟頌】為朝禮三清大帝的演唱，故演唱時的調子頗高，且道眾演唱時的情緒也較為熱烈，有異於演唱【步虛】時的低聲緩歌。

【三啟頌·緊板】

【三啟頌・慢中緊】

第五節

法教音樂

　　法教為一種為信士消災補運、祭煞除凶的法事之總稱，這類法事由於屬於直接處理人們的身體安危或家庭事業，歷來都被政府以及文人階層視為迷信或封建迷信，由於種種因素，使得法教儀式成為隱晦的社會文化現象。法教的分布極為廣袤，可以說有人類居住的地方，就有這種文化現象。見諸中國古代文獻中的巫、巫術，或其他民族的薩滿（shaman），都與當代漢人基層社會的法教為相同的宗教文化現象。

　　法教為處理單一信士的儀式，舉行的空間並非公開場合，且法事目的因人而異，故現象繁多。本文所描述者，為北部地區補運法事中的音樂。至於中部地區的法教音樂，可參閱馬上雲撰《犒軍儀式之音樂研究──以台灣西南沿海地區為主的考察》（1996，國立台灣師大音研所碩士論文）。

㈠儀式概述

　　法教的儀式規模小，故從業人員也常以小法稱之，以相對於規模大、結構複雜的道教法事。法教有時也簡稱以「法子」，儀式執行者稱為法官或法師，在執行儀式時，頭上都綁有紅巾，因此，也有人將他們稱為紅頭 sai¹-kong¹。其中的「sai¹-kong¹」多被書寫為師公或司公，我們則認為該語彙的文字形式應作獅公為正確。

　　北部地區從事法教法事者，由正一派道士兼行，由於這種道士以兩種不同的法事營生，因此，所奉的宗師為「道法二門」，亦即道教以及法教，其中屬於法教的法事：常見者為祭煞改運，這類法事通常僅需數分鐘或十數分鐘；另有一種稱為大補運的法事，於人們病危求諸醫藥無效之後，家

屬乃轉而求助於神力，這類法事的規模較大，故通常都稱為大補運，法事的從事人員也稱這類法事為「sai¹ 場」，執行這類法事則稱為「做 sai¹」。根據法事節目的觀察分析，大補運法事之中有弄獅子以除煞的翻土儀式，以此觀之，sai¹ 場應為「獅場」的口語，做 sai¹ 則為「做獅」，至於「sai¹-kong¹」則指弄獅子以除煞者，因此，詞彙當以獅公方符合語意。

大補運的法事以午夜的規模為常見，作者見過的儀式計有：請神、安灶、安井、奏狀、拋法、安營、敕符、翻土、割鬮、打天羅地網、過限、送火、卜碗卦以及拜天公，實地調查的演出記錄為：台北縣五股鄉顯真壇道士林清智於一九八八年十一月七日，在台北縣貢寮鄉美村所做的午夜獅場，一九八九年一月一日在台北縣雙溪鄉坪林村所做的午夜獅場，以及台北縣蘆洲市顯妙壇道士朱坤燦於一九九五年九月四至五日，在台北市迪化街二段所做的二天獅場。未親眼見過的儀式尚有：打傘、奏北斗、落河搖孩兒、栽花、祭斗等。

請神為啟請相關的天兵將吏，安灶與安井為祭祀灶神與龍神，以保護飲食無災殃；奏狀又稱走狀，為向天曹各界投遞狀文，以祈保信士居家安泰，屬於歌舞式的儀式；拋法為拋擲象徵三元的法物，以卜筮患者的吉凶；安營為安鎮五方五營兵馬，以鎮守宅第，使不受妖孽之侵；翻土為捲弄草席，象徵舞弄獅子之狀，以逐除屋宇內的煞氣；打天羅地網為打破居留患者的牢獄，將他的魂魄救回來，使能康復，為頗具戲劇性的儀式；送火儀式為法師將宅第內的各種陰火吞噬，使居止能舒暢無恙。

🔲曲目概述

相較於佛教（寺院佛教或鄉化佛教）或道教（正一派或靈寶派），法教儀式短、結構較為簡單，每個儀式的宣行時間約在半小時之內，故曲目並不多，而北部地區執行這類法事的法師，由於兼行道教正一派的法事，因此，用於儀式中的音樂，乃部分地引用道教正一派的樂曲。換言之，北

部地區的法教儀式音樂，根據源流的不同，可分為法教固有音樂與道教正一派音樂。法教固有的曲目計有：【開天門】、【請灶神】、【請神】、【走狀】、【送火】、【請三師】、【敕冠】、【開天門】等。吸收自道教正一派的曲目有：【安灶偈】、【香偈】、【發露偈】、【燒香咒】等。

🔲樂曲特徵

北部地區的法教音樂，法教固有音樂的部分，以唱詞的組成言之，並無韻文體的文本，多由神明的稱號組成。以請神儀式言之，文本如下[20]：

> 三聲鳴角聲纏纏，天門神門法門一齊開，再聲鳴角聲纏纏，天門地府宮門一齊開。年值功曹傳信到，月值功曹傳信來，日值功曹傳信到，時值工曹傳信來。（下略）
>
> 敕上之時開天門，敕下之時閉地戶，留人門，塞鬼路，早不早，遲不遲，今日恭就某家中添補運途正當時。拜請左衙排來張天尊，右衙排來李天君尊，中央上座梁天尊，三元成法主，法主成天尊。
>
> 三清玉皇高上帝，太上五靈聖老君。王母七千諸部將，閭山三官信九郎，福州陳林李三奶，尤溪沙縣法主厙姑娘。（下略）

每個儀式的文本組成基本上都相同，第一段皆為啟告各階神明兵將，而每段的第一句大體上都為吹奏鳴角口號，如上例的「三聲鳴角聲纏纏」，其中的「纏纏」為狀聲辭，選用何種狀聲辭，乃視第二句的聲韻而定，上例的第二句為「一齊開」，故以「聲纏纏」與之諧韻。法教儀式並無讚頌體的文本，大抵皆為神明稱號，或口白的用事，全篇文本基本上由歌唱式的樂段，以及誦唸式的樂段組成，由於唱腔並無樂句化的曲調，故演唱時並無定譜。由於法教儀式宣演時皆為背誦，不若拜神類的道場儀式，都將

---

[20]法場補運的請神科儀書，來自台北縣五股鄉顯真壇道士林清智。

科儀書放置在科儀桌上，因此，實際演出時，可能有若干程度改編的情形。

由於法教儀式無韻文體的讚頌，因此，以狹義的樂曲組成言之，法教儀式並無歌謠體形式的樂曲，每個文本段落都由一段歌唱以及誦唱組成。不論歌唱或誦唱，速度頗為為輕快，節奏富於變化，旋律也較為流暢。如下面所舉的三段樂譜，第一首為奏狀儀式開始的啟請神明，第二首為奏狀儀式的奏狀時所唱，第三首為送火儀式開始的啟請神明，採譜所根據的音樂為台北縣蘆洲市顯妙壇朱坤燦道士，於一九九五年在台北市迪化街的補運法事錄音。

【請神】

法場〈奏狀〉
1995年9月4日
蘆洲市顯妙壇朱坤燦

【走狀】

法場〈走狀〉
1995年9月5日
蘆洲市顯妙壇朱坤燦

♩≒95

文狀 遭遭 緊緊 走，文狀

遭 遭 緊緊 走。文狀傳到

東嶽青帝南嶽赤帝 舉 旗 杆，身騎青

馬 掛 青 鞍。手執 金

鞭 打快 馬，搖鞭摧 馬

到 東 嶽。文狀傳到東嶽老君南嶽老君衙

內 去，老君衙 內 通 去

傳。（下略）

【送火請神】

法場〈送火〉
1995年9月5日
蘆洲市顯妙壇朱坤燦

口吹 鳴 角 聲 蘇 蘇， 當在

壇 前 送火是請 庀 姑。庀姑 娘娘 大名 叫做朱

法 勝，小 名 叫 做 庀 姑 娘。

庀姑 娘娘 六通口教 娘 親 傳，陽刀 水碗

娘 親 傳。烘爐 戴鼎是 娘親 教，生樝 律煉是 娘 親

傳，三十 六層刀梯 娘 親 教，七十 二步

刀橋是 娘 親 傳。捐魂 合竹是娘親 教，踩打 糠火煮油娘親

傳。 （下略）

參考資料

一、聲音類—出版品

㈠民歌

1. 原住民民歌

第一唱片行：《卑南族與雅美族（達悟族）民歌》（1979）、《台灣山胞的音樂——曹、排灣、賽夏、雅美、平埔》（1980）、《泰雅與賽夏族民歌》（1984）

風潮有聲出版公司：《布農族之歌》（1992）、《卑南族之歌》（1992）、《阿美族的複音音樂》（1992）、《雅美族之歌》（1993）、《泰雅族之歌》（1994）、《平埔族音樂紀實系列》（1998）

原音文化公司：《布農族音樂》（1999）、《布農族傳統兒童歌謠》（1999）、《魯凱族傳統歌謠》（1999）

水晶有聲出版社：《阿美族民歌》（1994）、《泰雅族與賽夏族民歌》（1994）、《卑南族與雅美族之歌》（1994）

台原出版社：《山谷的迴響——布農族祭典之歌》（2000 年）

2. 客家民歌

書評書目社：《第一屆民間樂人音樂會選粹》（1978）

第一唱片行：《賴碧霞的客家民謠》（1982，唱片一張）

文建會：《賴碧霞的台灣客家山歌》（1992，CD 兩張）

3. 福佬民歌

第一唱片行：《陳達與恆春民謠》（1979）、《陳冠華與福佬系音樂》

（1979）（兩張唱片皆由中華民俗藝術基金會策劃）

國立傳統藝術中心：《台北褒歌之美》（2002，VCD 一片，洪惟仁主持）

(二)南管曲

第一唱片行：《台灣的南管音樂》（1980，台南市南聲社演奏唱）

法國國家廣播公司（Radio France）：《蔡小月的南管曲》（1988-1993，六
張 CD）

(三)北管戲曲

第一唱片行：《彰化梨春園的北管音樂》（1982—唱片，2000 複製為 CD）

行政院文建會：《潘玉嬌的亂彈戲曲唱腔》（1992，CD 二片）

彰化縣文化局：《林阿春與賴木松的北管亂彈藝術世界》（1999，CD 四
片）

宜蘭縣文化局：《宜蘭的北管戲曲音樂》（1999，CD 八片）

國立傳統藝術中心：《本土音樂的傳唱與欣賞》（2000，CD 六片，內含南
管音樂、北管音樂、客家音樂、原住民音樂、歌子戲唱腔、說唱與民
歌，其中一片為北管戲曲）《聽到台灣歷史的聲音》（2000，CD 十
片，包括歌子戲、文化劇、皇民化劇、北管戲曲、南管曲、客家戲曲、
勸世歌，其中三片為北管戲曲）

國立傳統藝術中心：傳統音樂輯錄北管卷《亂彈嬌北管戲曲唱腔教學選輯》
（2002）

(四)歌子戲

第一唱片行：《歌子戲陳三五娘》（1984，唱片一張），《台灣車鼓戲與歌
仔戲（早期）》（1984，唱片一張）

國立傳統藝術中心：傳統戲劇輯錄歌仔戲卷《陳旺欉宜蘭本地歌仔劇目選
粹》（2000，VCD 二片）

望月文化：廖瓊枝歌子戲《薛平貴回窯戲曲欣賞與教唱專輯 1》（1999，CD

三片）

國立傳統藝術中心：《聽到台灣歷史的聲音》（2000 年，CD 三片）

㈤其他

第一唱片行：《台灣車鼓戲與歌子戲》（1984）、《客家三角採茶戲》
　　（1984）

文建會：《楊秀卿的台灣說唱》（1992，CD 二片，民族音樂系列專輯第六
　　輯）

國立傳統藝術中心：《二水明世界掌中劇團經典劇目》（1999，VHS 錄影
　　帶二卷）

二、聲音類─實地調查錄音

阿美族民歌：1986 年 9 月 9 日，台東市馬蘭。

阿美族民歌：1994 年 11 月台東縣成功鎮宜灣、白桑安、基納鹿角、膽曼。

恆春民歌：1963 年 10 月 9 日，屏東縣車城鄉，該件資料為中國廣播公司
　　高雄台所錄製。

南管曲：冬天寒、心頭悶憔憔、風落梧桐等二十六首，1982 年 12 月 2
　　日、1983 年 9 月 16 日，台南市南聲社。

太平歌：班頭爺、心頭傷悲帶歌頭等，共計二十五首，1981 年 5 月 1 至
　　2 日、1983 年 9 月 10 日，台南縣麻豆鎮民族路巷口公厝集英社。

車鼓調：早起日上、共君走到等四首，1983 年 9 月 10 日，台南縣麻豆鎮
　　民族路巷口公厝集英社。

北管細曲：文中曲譜依據的有聲資料，皆為王宋來先生所唱，錄音時間從
　　1994 年至 1998 年，地點為台北市西園路龍山寺旁，王宋來先生府
　　第。

歌子戲：陳三五娘、玉蜻蜓、郭華買胭脂、金姑看羊、李少明認妻，資料
　　來自中國廣播公司台北台，錄音日期為 1951 年至 1960 年。

潮調布袋戲：金簪記，1984 年 6 月 23 日，台南縣下營鄉中營村中清社。

道教正一派儀式音樂：台北市北投區鎮安宮三朝清醮，1987 年 10 月 7 至 9 日；台北縣樹林鎮濟安宮三朝清醮，1987 年 11 月 26 至 28 日；桃園市鎮撫宮三朝清醮，1987 年 12 月 25 至 27 日；三重市護山宮五朝清醮，1993 年 12 月 25 至 29 日；台北市大稻埕慈聖宮禮斗法會，1995 年 11 月 8 至 14 日。

道教靈寶派儀式音樂：台南縣佳里鎮金唐殿五朝王醮，1987 年 2 月 14 至 20 日；高雄縣湖內鄉太爺村鎮安宮五朝清醮，1988 年 1 月 14 至 18 日；高雄縣茄定鄉崎漏村正順廟七朝祈安慶成清醮，1988 年 4 月 15 至 21 日。

三、文字類

楊蔭瀏採訪

1956　《佛教禪宗水陸所用的音樂》。北京市：中央音樂學院中國古代音樂研究室。

呂訴上著

1961　《台灣電影戲劇史》。台北市：銀華出版部。

張再興編

1962　《南管名曲選集》。台北市：中華國樂會。

史惟亮著

1971　《民族樂手——陳達和他的歌》。台北市：希望出版社。

許常惠著

1974　〈恆春民謠思想起的比較研究〉，《東海民族音樂學報》，第一期。台中市：東海大學音樂系民族與教會音樂研究中心。

1978　《台灣山地民謠—原始音樂第一集》。台灣省民政廳策劃。台灣省山地建設學會出版。

1978　《台灣山地民謠—原始音樂第二集》。台灣省民政廳策劃。台灣省山地建設學會出版。

1982　《台灣福佬系民歌》。台北市：百科文化。

蓮池大師註述

　　1980　《焰口施食要集詳註》。台北市：佛教出版社。

王振義著

　　1982　《台灣的北管》，中國民俗藝術叢書5。台北市：百科文化。

張炫文著

　　1982　《台灣歌仔戲音樂》，中國民俗藝術叢書4。台北市：百科文
　　　　　化。

楊兆禎著

　　1982　《台灣客家系民歌》。台北市：百科文化。

呂錘寬著

　　1982　《泉州絃管（南管）研究》。台北市：學藝出版社。

　　1986　《台灣的南管音樂》。樂韻出版社。

　　1987　《泉州弦管（南管）指譜叢編》。台北市：行政院文化建設
　　　　　委員會。

　　1994　《台灣的道教儀式與音樂》。台北市：學藝出版社。

　　1999　《北管細曲集成》。台北市：傳統藝術中心籌備處。

　　2000　《北管音樂概論》。彰化市：彰化縣文化局。

　　2001　《北管細曲賞析》。彰化市：彰化縣文化局。

　　2001　《北管細曲選集》。彰化市：彰化縣文化局。

　　2004　《北管古路戲的音樂》。宜蘭縣：國立傳統藝術中心。

　　2004　《北管古路戲唱腔選集》。宜蘭縣：國立傳統藝術中心。

林久惠著

　　1983　《台灣佛教音樂—早晚課主要經典的音樂研究》。台北市：
　　　　　國立台灣師範大學音樂系碩士論文。

黃玲玉著

　　1986　《台灣車鼓之研究》。台北市：國立台灣師範大學音樂系碩
　　　　　士論文。

徐麗紗著

1987　《台灣歌仔戲唱曲來源的分類研究》。台北市：國立台灣師
範大學音樂系碩士論文。

1991　《台灣歌仔戲唱曲來源的分類研究》。台北市：學藝出版社。

李文政著

1988　《台灣北管暨福路唱腔的研究》。台北市：國立台灣師範大
學音樂系碩士論文。

吳榮順著

1988　《布農族的傳統歌謠及祈禱小米豐收歌的研究》。台北市：
國立台灣師範大學音樂系碩士論文。

林清財著

1988　《西拉雅族祭儀音樂研究》。台北市：國立台灣師範大學音
樂系碩士論文。

高雅俐撰

1990　《從佛教音樂文化的轉變論佛教音樂在台灣的發展》。台北
市：國立台灣師範大學音樂系碩士論文。

林維儀著

1992　《台灣北管崑腔（細曲）之研究》。台北市：國立台北藝術
大學音樂研究所碩士論文。

陳俊斌著

1993　《恆春調民謠研究》。台北市：國立台北藝術大學音樂研究
所碩士論文。

林保堯主編

1995　《布袋戲—李天祿藝師口述劇本集》（10 冊）。台北市：教
育部。

1996　《皮影戲—張德成藝師家傳劇本集》（15 冊）。台北市：教
育部。

邱宜玲著

1996　《台灣北部釋教的儀式與音樂》。台北市：國立台灣師範大學音樂系碩士論文。

馬上雲著

1996　《犒軍儀式之音樂研究：以台灣西南沿海地區為主的觀察》。台北市：國立台灣師範大學音樂系碩士論文。

蔡郁琳著

1996　《南管曲唱唸法研究》。台北市：國立台灣師範大學音樂系碩士論文。

洪敏聰著

1997　《澎湖的褒歌》。澎湖縣：澎湖縣立文化中心。

張榑國著

1997　《皮影戲張德成藝師家傳影像圖錄》。台北市：教育部。

郭端鎮著

1998　《布袋戲李天祿藝師》。台北市：教育部。

林峰雄主持

1999　《布袋戲新興閣鍾任璧技藝保存計畫報告書》。宜蘭縣：國立傳統藝術中心。

何麗華著

2000　《佛教焰口儀式與音樂之研究──以戒德長老為主要研究對象》。台南市：國立成功大學藝術研究所碩士論文。

林麗紅、李國俊合著

2000　《台灣高甲戲的發展（周水松先生紀念專輯）》。彰化市：彰化縣文化局。

張雅惠著

2000　《潮調布袋戲《金簪記》音樂研究》。台北市：國立台灣師範大學音樂系碩士論文。

楊馥菱著

　　2002　《台灣歌仔戲史》。台中市：晨星出版公司。

鄭榮興著

　　2004　《台灣客家音樂》。台中市：晨星出版公司。

Note

Note

Note

國家圖書館出版品預行編目資料

臺灣傳統音樂概論・歌樂篇／呂錘寬
著.
--初版.--臺北市：五南, 2005 [民94]
面； 公分. 參考書目：面
ISBN 978-957-11-3885-5（平裝）
1.民俗音樂 - 臺灣
539.4232   94002435

1Y24 藝術系列

台灣傳統音樂概論 ● 歌樂篇

作　　者 — 呂錘寬(75.1)
發 行 人 — 楊榮川
總 經 理 — 楊士清
主　　編 — 陳姿穎
出 版 者 — 五南圖書出版股份有限公司
地　　址：106台北市大安區和平東路二段339號4樓
電　　話：(02)2705-5066　傳　　真：(02)2706-6100
網　　址：http://www.wunan.com.tw
電子郵件：wunan@wunan.com.tw
劃撥帳號：01068953
戶　　名：五南圖書出版股份有限公司
法律顧問　林勝安律師事務所　林勝安律師
出版日期　2005年3月初版一刷
　　　　　2017年5月初版五刷
定　　價　新臺幣420元